金色記忆

蔡武

新中国早期文化交流口述记录

主编 赵少华

图书在版编目 (CIP) 数据

金色记忆——新中国早期文化交流口述记录 / 赵少华主编 .- 北京 : 作家出版社 ,2011.12
ISBN 978-7-5063-6235-1
Ⅰ . ①金… Ⅱ . ①赵… Ⅲ . ①纪实文学 - 中国 - 当代 Ⅳ . ① 125
中国版书图书馆 CIP 数据核字 (2011) 第 268010 号

金色记忆——新中国早期文化交流口述记录

封面题字：蔡 武
主 编：赵少华
责任编辑：那 耘
责任校对：贾松波
装帧设计：红君设计机构
出版发行：作家出版社
社址：北京农展馆南里 10 号 邮编：100125
电话传真 :86-10-65930756(出版发行部)
86-10-65004079(总编室)
86-10-63213053(邮购部)
E-mail:zuojia@zuojia.net.cn
http://www.haozuojia.com(作家在线)
印刷：北京金特印刷有限责任公司
成品尺寸：180× 250mm 1/16
印张：25.75
印数：00001~20000 册
版次：2012 年 3 月 第 1 版
印次：2012 年 3 月 第 1 次印刷
ISBN 978-7-5063-6235-1
定价：168.00 元

★ 1953 年，波兰玛佐夫舍歌舞团访华并参加我国“五一”节活动。毛泽东主席在天安门城楼上接见该团代表。

叶瑞福供图

1949~1966

★1957 年，毛主席观看苏联新西伯利亚歌舞剧院芭蕾舞团演出，并上台与演员握手祝贺。

★ 1964 年，毛泽东主席出席观看古巴芭蕾舞团访华演出，并上台祝贺演出成功。
叶瑞福供图

★ 1964 年，刘少奇、彭真等党和国家领导出席观看朝鲜艺术团演出并接见演员。
叶瑞福供图

★1960 年，刘少奇主席、周恩来总理、西哈努克亲王观看柬埔寨皇家舞蹈团演出。
叶瑞福供图

★ 50 年代，周总理陪西哈努克看杂技学员演出。

★ 1960 年，周总理出席观看瑞典皇家歌剧院芭蕾舞团演出，图为周总理观看演出后上台祝贺。 叶瑞福供图

★ 1962 年，周总理、陈毅副总理接见苏联音乐家。 叶瑞福供图

★ 1966 年，阿尔及利亚国家歌舞团访华演出，叶剑英观看演出。

★ 1966 年，陈毅接见日本中国问题专家岩村三千夫等。 叶渭渠、唐月梅供图

目录

序

《金色记忆》一书讲述了老一辈文化艺术工作者在新中国早期对外文化交流过程中的亲身经历，绝大多数内容是首次公开披露。包括如梅兰芳、周巍峙、田华、王昆、李少春、杜近芳、袁世海、贾作光等老一辈艺术家们所走过的艰苦岁月和辉煌历程，以及祖国文化繁荣发展的早期背景，在亲历者的深情回忆下，变得鲜活和生动起来。

回顾新中国成立早期，毛泽东、周恩来等党和国家领导人非常重视通过对外文化交流工作打开局面。根据周总理提出的“先文艺后外交”指示，当时的中国京剧院、中央歌舞团、东方歌舞团等多次前往非建交国开展工作。这些文化交流活动为打破西方封锁、扩大新中国在国际舞台上的影响，为国家和平建设争取有利国际环境发挥了不可替代的作用。同时，从发展民族歌舞艺术入手，我国开始学习借鉴国外先进经验和优秀文化艺术成果，改变了革命战争时期的“文工团”体制，先后建立了专业分工更精的国家级民族民间歌舞团、话剧院、歌剧舞剧院、交响乐团、芭蕾舞团等文艺团体，发展多样化艺术品种，促进了新中国文艺事业的繁荣。

在这里要特别介绍的是，这本书的起由源于一位老艺术家的倡议。2009 年春天，著名艺术家、全国政协委员资华筠给我本人写来一封饱含深情的信。在信中，她恳切地建议文化部在新中国成立 60 周年之际，对早期对外文化交流的历史进行抢救性整理，当年参与过早期对外文化交流工作的老同志年事已高，很多已相继离世，带走了珍贵的记忆。我和文化部的其他有关同志被这封信深深打动，在多次征求老同志的意见和想法之后，文化部外联局联合中国文化报社等单位启动了新中国早期对外文化交流工作的系列宣传纪念活动，在《中国文化报》开辟了“岁月如歌——新中国文化交流早期记忆”专栏，对30多位德高望重的老同志进行面对面采访，相关的文章陆续刊登在《中国文化报》、中国文化传媒网和中国文化网上。如今，文化部外联局又与中国文化报社合作，将已经刊登的文章结集出版成书，作为献给中国共产党成立90周年的一份礼物。

阅读这本亦薄亦厚的《金色记忆》，令人心中充满感慨与感动。本书的价值远不止是追溯往昔、记录史实，它的更大意义在于启迪今天、教育后人、影响明天，让我们这代人与未来人感受老一辈文化工作者为祖国文化事业忘我奋斗的真谛，感悟新中国与世界多国之间友好文化关系的来之不易，从中汲取智慧与力量，从而继承并发扬老一辈艺术家对祖国的挚爱真情、对事业的满腔热忱和对文化艺术的执着追求。

岁月如歌，精神永恒。谨以此序向文化艺术界的前辈们致以崇高的敬礼！愿广大文化工作者在老一辈革命家与艺术家的崇高精神鼓舞下，为中国文化事业的繁荣发展、为中华文化走向世界再立新功！

2011年10月

周巍峙

1916年生，江苏东台人。音乐家，理论家。原名周良骥，笔名有周歼夷、志静、惕然、何立山等。1934年参加上海左翼歌咏运动，任中国歌曲工作者协会执行干事，《读书生活》出版社出版部主任。1937年参加八路军。新中国成立后，曾任中央歌舞团团长，中央实验歌剧院院长，文化部艺术局局长，文化部党组书记、副部长、代部长，中国文学艺术界联合会主席。现担任中国文联名誉主席等职。谱写的歌曲主要有：《上起刺刀来》、《前线进行曲》、《起来，铁的兄弟》、《子弟兵进行曲》、《中国人民志愿军战歌》、《十里长街送总理》等，歌剧有《相信谁》、《不死的老人》等。

★周巍峙在海外参加文化交流活动旧影。

不能忘记那些壮丽的日子
——周巍峙与新中国早期文化交流

有一次在中南海西花厅，周总理和周扬、周巍峙三人一起研究对外文化交流工作，周总理笑着说，咱们三人都姓周，我是老周，周巍峙是小周，周扬就是大周吧，我们是三周一起使劲，把对外文化工作搞好。

★周巍峙（左）和欧阳山尊 1952 年在苏联访问。

从1999年那次对周老的采访至今，一眨眼就是整整10年的光阴飞逝。2009年7月8日，当我和文化部外联局相关同志一起，为了文化部“岁月如歌——新中国文化交流早期记忆”宣传项目的报道任务，再次来到周巍峙家中的时候，他已经从10年前那个83岁、精神矍铄的老人，变成了93岁、慈祥依旧，但因前段时间摔倒腿部受伤，起步已略显缓慢的老人。当周老丢下手中的饭碗，执意走到家门口迎接一大早就赶来的我们，并且笑眯眯地亲手接过我们送上的鲜花时，我的眼睛情不自禁地湿润了。我觉得我们现在能够直接听到周老的回忆，是多么的幸运！而在位列我们采访名单第二位的95岁的欧阳山尊先生2009年7月初突然辞世之后，抢救性的采访工作显得更加迫在眉睫。

老周的信任 小周的可靠

新中国成立初期，周巍峙是如何当上新中国出国最早、规模最大、时间最长的艺术团负责人的？是如何被选中成为接待新中国成立之后一些早期来华访问的重要外国文化艺术团队的负责人的？当年年纪轻轻的他为什么总是被选择担当“外事无小事”之大任呢？这次采访中，周老终于向我们披露了实情——是周恩来总理直接点的名。早在1950年国庆时，政务院调了几个少数民族地区的歌舞团来京观礼并演出，共有新疆、内蒙古、吉林延边及西南地区4个少数民族歌舞团，当时周总理专门指定政务院典礼局局长余心清负责生活接待，由周巍峙负责各团的业务，安排他们在怀仁堂为毛主席等党和国家领导人表演歌舞等。后来胡耀邦同志告诉周巍峙，早在50年代后期，周总理就曾对他说过“周巍峙这个同志办事是可靠的”。

在周巍峙的记忆中，保存着太多关于早期文化交流的记忆，但是他印象最为深刻的还是周总理对他的信任，他可以一口气讲几个小时关于周总理安排和指导对外文化交流工作的故事，内心深处充满了对周总理的深挚情感。

周老回忆说，那时候对外文化交流工作直接关系到新中国对外形象的塑造和扩大新中国在国际上的政治影响，周总理总是要亲自具体地过问。他不仅观看出国演出节目，而且十分关心出国人员的安全。他还清楚地记得当年与周总理一起研究对外文化交流工作的情景。有一次在中南海的西花厅，周总理和周扬、周巍峙三人一起研究对外文化交流以及民间专业剧团的发展方针等方面的问题，总理笑着说，咱们三人都姓周，我是老周，周巍峙是小周，周扬就是大周吧，我们是三周一起使劲，把对外文化工作搞好。

1951 年，新中国决定派出规模空前的、由 222 人组成的中国青年文工团赴德国柏林参加第三届世界青年与学生和平友谊联欢节，然后去几个国家进行正式访问演出。筹建艺术团之始，周总理问当时的团中央国际部负责人和文化部的周扬：此次谁带队？听说还没有最后确定，周总理马上说，让周巍峙去嘛。于是，周巍峙就成了这次为期长达一年多，参加联欢节后走访苏联东欧及奥地利 9 个国家的新中国青年文工团的团长，欧阳山尊、任虹、陈其通、

★ 1951 年，中国青年文工团赴德国柏林参加第三届世界青年与学生和平友谊联欢节，随后去几个国家进行访问演出。
图为演出结束后谢幕。捧花者为周巍峙。

★ 1951 年，中国青年文工团出访，周巍峙和奥共的接待人合影。

★ 1952 年，周巍峙（前排右二）在捷克观看中国国家歌舞团演出。

王地子、侣朋先后担任了副团长。这个团在促进中国人民与各国人民的友好情谊和文艺上的切磋交流等方面都获得了很大成功。周总理还多次指定周巍峙负责印度和南斯拉夫等来华访问的重要外国文化代表团的接待工作，而周巍峙每次都能克服重重困难，万无一失地完成工作，一次也没有辜负周总理的信任和期望。

周老记得，那时周总理好几次半夜给他打电话，话题大多与外事有关。有一次周总理打电话来，周巍峙头痛病剧烈发作，正躺在床上疼得打滚，夫人王昆喊他，他让王昆先接一下电话，然后赶紧艰难地强撑着去接总理的电话。总理等得特别耐心，还是那样语气亲切的开头："周巍峙呀，我是恩来呀！"总理要周巍峙马上给已到达广州的访日艺术团的负责人林林同志打电话，嘱他在日本朋友的协助下加强安全工作，保障团员的安全。

这次电话也使王昆感到了深深的不安——丈夫的头痛病发作如此严重，已经非同小可。王昆马上拉上周巍峙到医院看急诊，诊断结果为脑神经严重痉挛，一种常人难以忍受其痛苦的疾病。

1964年，国庆15周年，为了配合亚非拉会议的召开，对外文委和文化部一起准备在北京举办“北京音乐节”，向国际社会宣传新中国的成就。为表现中国音乐的气势，准备搞一个5000人大合唱。周总理得知后找周扬、齐燕铭、张致祥、周巍峙等几个人到西花厅商量国庆15周年的重点节目的安排。总理认为搞音乐节还不成熟，不一定能搞成。总理说，我有一个想法你们看可以不可以？我想搞一个大型音乐歌舞，反映20多年来中国人民在共产党、毛主席的领导下经过艰苦卓绝的斗争，从胜利走向胜利，终于建成新中国的历史过程。周巍峙对全国文艺创作演出情况（包括部队歌舞演出情况）比较了解，所以他大胆地向周总理说：“只要条件许可，是可以搞成的！”后来有人问他，你当时怎么敢于承担这个重任？他说，那时有些比较现成的表现革命历史的音乐舞蹈创作，也有大歌舞作品可以进行改编、加工，只要集中人才就可以编成。他说，当时主要是我对全国文艺队伍有很大信心，我认为他们思想水平和艺术水平较高，革命精神、责任心强，可以担当这个重任。周总理1964年7月30日在紫光阁最后拍板时特别说到，你们尽量搞，搞不成也没关系，我们可以用现代戏接待来宾。总理的建议促成了后来的大型音乐舞蹈史诗《东方红》的创作演出。当时成立了一个领导小组，由周扬负责，另外还组成了指挥部，由文化部、总政文化部、上海市文化局及北京市文化局有关负责人参加，负责大型歌舞的创编、演出工作。

周巍峙实际上是《东方红》总的策划者，又是重要的牵头负责人，他经过周扬同意，雷厉风行，紧急调集大批全国著名诗人、作曲家、舞蹈及歌舞表演的编导、美术设计人员、幻灯人员，8月初就集中起来。到8月12日全部人员集中，他讲话动员大家团结协作，圆满完成这一光荣任务。他既负责业务，审看所有排演节目，又负责政治工作，还负责各类演出用品的保障工作，行政事务非常繁忙。特别是他还负责每天和总理办公室联系一次，向周总理请示汇报，听取指示。有时遇到一些不协调的情况还要出面调解，以保持领导班子的团结协作。所以他从8月初到10月中旬一直与演员住在一起，两个半月没有回家一次。周总理对《东方红》的创作演出比较满意，他于10月19日在人民大会堂对《东方红》全体人员做了党史报告，讲党的三大法宝。

周总理常说，文艺界不要有那么多的框框，只要有一条大框框就够了，就是为人民服务。周总理一再强调，在对外文化交流方面，要大力介绍民族民间传统文化艺术，但他也同意根据具体情况安排西洋唱法的独唱和合唱，以及西洋乐器的独奏。1953年参加在罗马尼亚举行的联欢节，并去波兰及民主德国进行访问演出，周巍峙就破例吸收不是国家工作人员的林俊卿、傅聪两位音乐家参加出国团演出，周总理在最后审查出国节目时，同意邀请这两位音乐家参加艺术团出国演出。也就是在这次会上，经过团中央同志建议，他又当场决定让周巍峙带团出国。他对一味追求洋化排斥民族文化的现象很警惕。因此，宣传民族的、民间的、群众的文化艺术，一直成为周巍峙的重点工作之一。结合出国访问演出的需要，周巍峙总是组织人力认真整理民族民间歌舞艺术，对京剧及多种地方戏曲的传统剧目进行革新。出国演出都是以经过加工的民族优秀传统艺术为主，周巍峙主持的文化部艺术局每年都要组织民族民间文艺的重大活动，或会演、或调演，总有不少收获。有时根据对方情况也演现代题材节目，歌剧《白毛女》就在柏林及其他东欧国家上演，演出效果很好。对外文化的交流演出对国内的艺术创作和演出起到了很好的推动和促进作用。

★ 1955年，中国舞蹈家与印度文化代表团在广州。

★ 1964 年冬，周恩来与周巍峙、王平等同志研究拍摄大型音乐舞蹈史诗《东方红》电影问题。

周总理对重要的涉外演出总是亲自抓、亲自审，对文化艺术出国访问团也都是亲自审批。那时候只要在中南海怀仁堂的汇报演出，周总理全都看，看完之后再连夜回去办公。周总理对干部很严，对演员、艺术家、知识分子很宽。那时的文化部个别领导同志最怕向周总理汇报工作情况，怕一问三不知，因为周总理总是问得很细，常常是周巍峙进行汇报，所幸每次汇报都能让周总理满意，他甚至也敢坦率地对周总理在文艺上的个别说法提出不同意见，周总理也欣然接受了。

那么，周巍峙为何能够让周总理和周围的同志们如此信任呢？或许著名作家王蒙的一段话，有助于从侧面回答这个问题。王蒙认为，周巍峙有老延安的革命资历，有老音乐工作者的专业修养与实绩，有长期从事革命文艺工作的

经历，有几十年来与广大文艺工作者同甘共苦、荣辱与共、风里来雨里去的命运与沧桑经验，更主要的是，他身上有一种别人没有的亲和力，他是文艺工作者的朋友、兄长、领导与办事员。从“雄赳赳、气昂昂，跨过鸭绿江”这样影响了几代人的《中国人民志愿军战歌》以及《上起刺刀来》、《子弟兵进行曲》等歌曲的作曲者，到大型音乐舞蹈史诗《东方红》和《中国革命之歌》的编导工作（他称周总理是《东方红》的总导演），没有他的指导和帮助，《东方红》是不会成功的。周巍峙的业务能力和艺术成就的高度是毋庸置疑的。而他的“政治立场坚定，作风正派，既认真坚持原则，又能灵活对待各个具体事物，特别是善于团结各种各样的朋友，带领、扶持、抚育年轻一代的文艺工作者”的作风（李凌的评价），则使他成为非常受尊敬的领导者和文艺工作者的艺术知音。

★ 20 世纪 50 年代，中国青年文工团在东欧。

文化交流培养了新中国核心文艺骨干

采访那天，博闻强记、知识渊博、素有文化部“百科全书”和“活字典”美誉的周巍峙，一边嘱咐家里的小阿姨给我们上茶，一边拿出为我们这次到访提前做的“功课”——几页回忆提纲，一堆文字资料。“年代实在很久远了，我这两天特地抽空翻看了过去的笔记和相关资料，做了一些准备。”他说，你们这次报道的重点是“文革”前 17 年的文化交流工作，虽然我都经历过了，但是我想更侧重谈谈 1957 年以前的事情，1957 年之后的资料查起来太费劲了，我昨天晚上还特别查找了 1957 年以前的资料，应该都是比较准确的。可以说，这一阶段的对外文化交流，为新中国文化事业发展取得了宝贵的经验，奠定了坚实的人才基础。

周老说，常言道，万事开头难。中华人民共和国的对外文化交流实际上从新中国宣布成立之前就开始了。1949 年，新中国第一个文化代表团出访匈牙利，参加了在布达佩斯举行的第二届世界青年与学生和平友谊联欢节（简称世青节）。中国派出了由肖华任团长的 100 多人组成的文化代表团，其中包括一个由李伯钊任团长兼书记，周巍峙、吴雪任副书记的青年文工团。周巍峙当时是天津军管会的文艺处处长，正在参加在北京召开的第一届全国文艺界代表大会，突然接到周扬同志通知，让他出国，担任青年文工团支部副书记，负责日常政治思想工作。在团里，不少没有人干的活儿，他都主动去做，包括用茶缸子为贾作光《牧马舞》做马蹄声效果、参加大秧歌的乐队等等。文工团只有五六十人，大多是来自延安和晋察冀的文艺骨干，其中有不少名人，如李波、王昆、郭兰英等，还有些诗人、作家作为青年代表参加大会。文工团表演的节目主要是延安和晋察冀的节目，全体人员参加了大秧歌和大腰鼓表演并获得了特别奖。周老回忆说，美国代表团看了我们的大秧歌、腰鼓舞之后说，从那种精神状态，看出了中国人民胜利的豪气。许多参加“世青节”的外国青年和学生认为新中国了不起，对我们很是钦佩。当时新中国还没有国旗、国徽，中国代表团就用“八一”军旗代表国旗。我们是第一次参加这样的国际青年活动，我们的演出既是爱国主义的——要体现新中国的新状态、新中国人民的自豪和精神面貌，扩大新中国影响，让更多国家了解新中国。当时，国外很多人没见过中国人，认为黄面皮的都是日本人，通过青年文工团的表现，很多外国人对新中国有了好的印象，一见倾心。联欢活动同时又是国际主义的——担负着广泛争取各国青年朋友，共同为保卫和平、反对侵略、加强团结、促进友谊争作贡献。

★ 1952 年，中国青年文工团在捷克波罗维那城参观鞋袜工厂。

当时的文化交流工作是好几个系统在搞，青年联欢节是团中央在组织，当时廖承志负责团中央工作，负责人还有吴学谦、欧唐亮、朱良、柯在烁、吴青等同志。青年联欢节是以苏联为首的和平阵营的大型国际活动，主题是反对侵略和战争，歌颂和平与友谊。联欢节吸引了各国青年的参与，有时是几十个国家，有时有 100 多个国家都有人参加，大家的政治观点并不相同，有些是进步青年，积极参加各项活动，有的青年学生则是来游玩儿，对他们需要多做团结争取工作。中国共产党很重视支持这个活动，由共青团中央组织参与这个活动，在联欢节不仅有演出，还有联欢、座谈、报告、游玩、参观等丰富多彩的活动。1957 年胡耀邦同志曾带队参加了在苏联举办的最大的一次联欢节活动，当时毛泽东主席也出席了苏联十月革命纪念活动，去了莫斯科。那时中国派出了 400 多人组成的最大的青年艺术团，参加了莫斯科举行的世界青年联欢节，包括三个歌舞队、两个京剧团、一个杂技团，因为团内参加比赛的人很多，还专门组织了一个比赛团，声势十分浩大，在联欢节中受到高度重视。中国从 1949 年到 1959 年参加了分别在匈牙利、东德、波兰、罗马尼亚、苏联、芬兰举行的第二至第七届的青年联欢节活动。每一次都顺道到各国巡演、考察和学习，开阔了文化艺术视野，吸收借鉴了大量世界文艺发展经验，加强了艺术修养。此后新中国建立了中国歌剧舞剧院、中央实验歌剧院、中央实验话剧院、中国儿童剧院、中国青年艺术剧院、中央歌舞团、东方歌舞团、中央乐团、中央芭蕾舞团、中国杂技团等等，其中不少领导骨干和艺术人员都来自出国访问的这些青年文工团成员之中。各地方、各部队更有大量艺术人员参加出国演出，做出了重大贡献。

周巍峙说，新中国成立早期的文化交流工作目的是非常明确的，是有明确的方针和宗旨的。第一是进行爱国主义的宣传。每个艺术团成员都是新中国的形象代表，担负着让世界了解新中国的光荣使命，以弘扬、加强中国人民与外国人民之间的传统友谊，发挥“人民外交”作用，建立新的友好情感。第二是向世界展现优秀的中国艺术。对艺术精益求精，即使是成熟的节目，每天也要反复讨论如何使节目更好看，比如《红绸舞》如何才显得更热情、更火爆，《三岔口》的动作怎样才能更加精彩等等。第三是出国学习，为新中国的文化建设培养人才。那时出国演出的任务之一就是抓紧机会，进行学习考察，吸收借鉴外国优秀的艺术元素和演艺经验。那时在解放区呆久了的人们，学习新东西的愿望十分强烈，在国外往往是晚上演出，白天学习参观，争取机会多看欧洲剧目，不知疲倦地在学习外国一切有价值的艺术，对吸纳新东西充满激情。这样的学习对发展新中国各类艺术事业、借鉴办学经验、培养优秀艺术人才十分有益。

★ 1962 年，中国访日代表团为聂耳墓献花。

大使请客的传统延续至今

周巍峙说，新中国早期政府派出艺术团出访，每到一个国家，中国驻该国大使都要请一次客，这是中国艺术团成员最高兴的事情，这一传统一直延续到今天。不过那时的物资极其匮乏，大使请一次客可要倾囊而出的。记得那时驻德大使姬鹏飞和驻匈牙利大使黄镇请艺术团 160 人吃饭，地方本来就不大的使馆里哪儿都摆满了吃的，连大使的办公室也摆上了饭菜，年轻的团员兴高采烈地把大使馆里能吃的东西吃了个精光。

在那样的特殊年代，很多特殊而难忘的故事也不时发生。比如 1949 年访问苏联时，因为国内紧急召回周巍峙接待来华访问的苏联作家门捷耶夫，周巍峙在没有办理好签证的情况下，既出了苏联海关，又进了中国海关，这样在今天不可思议的事情，在当时却那么自然就办到了。

还有，周巍峙特别回忆到，新中国早期文化交流有三次大的流血牺牲，一次是因为特务破坏，中国艺术团的 11 名演员和 6 位工作人员在 1956 年访问拉美时坠机身亡；另一次是 1955 年中国艺术团访问越南时因翻船和汽车爆炸，牺牲了 8 位艺术团骨干成员；第三次是郑振铎 1958 年访问阿富汗和阿拉伯时乘坐的图 104 突然坠毁，时任文化部副部长的郑振铎等 10 余人当场牺牲。

★向烈士献花，左为周巍峙，右为王地子。

回想起那个火热而忙碌的年代，周老说，那时候从事文化交流可是实实在在的“战斗”。他说，当时自己担任文化部艺术局局长，国内国外任务繁重，工作十分忙碌，曾编顺口溜自我嘲讽：起床有人催，吃饭有人陪，走路有人追，看戏没法推。一天到晚都处在一种工作的状态，一天四班倒，全靠一种精神在坚持着。他说，因为我们知道，我们的对外文化工作，代表着伟大新中国的形象，不能有半点懈怠。

本文采访时间：2009年 | 采访人：张小兰

金业勤

北京人，满族，1925 年生，著名杂技表演艺术家。自幼学车技，12 岁起在北京、天津、南京等地卖艺。新中国成立后，曾任中国杂技团演员、队长、艺委会副主任，中国杂技艺术家协会名誉理事。1986 年加入中国共产党。

★ 1951 年，金业勤赴朝演出回来后，在上海演出募捐飞机大炮。

新中国文化外交的杂技旋风

——金业勤记忆中的早期对外文化交流往事

周总理想了一下，说："就叫杂技吧。"——杂技，这个名字起得妙！在座的人不约而同地鼓起掌来。从这一刻起，中国民间的杂耍、马戏、魔术等技艺终于有了一个合适、统一的名字。带着这个响亮的名字，新中国杂技一路蓬勃发展，走出国门走向世界，成为我国文化交流中演出国家最多、获得国际金奖最多、为国家创汇最多的艺术门类。

1950年10月20日，从各地选拔出来的艺人在中南海怀仁堂为毛主席、周总理等党和国家领导人演出。演出之后，周恩来总理向参加座谈的领导和演员询问道："你们这些节目是什么剧种？"大家的回答千奇百怪，有的说叫玩把戏的，有的说叫技术魔术，有的说叫马戏，还有的说叫杂耍，叫打把势卖艺的……周总理想了一下，说："就叫杂技吧。""杂技"——这个名字起得妙！在座的人不约而同地鼓起掌来。从这一刻起，中国民间的杂耍、马戏、魔术等技艺终于有了一个合适的、统一的名字。带着这个响亮的名字，新中国杂技一路蓬勃发展，走出国门走向世界，成为我国文化交流中演出国家最多、获得国际金奖最多、为国家创汇最多的艺术门类。而我国著名的杂技表演艺术家金业勤就参与并见证了这一重要的历史过程。当年秋天，他跟随也是在那时正式宣布成立的中华杂技团，作为新中国诞生后由政府派出的第一个出国访问演出的文艺团体，奔赴苏联。

★ 1950年，金业勤在莫斯科列宁勋章马戏院演出。

★金业勤兄妹三人。

首赴苏联，旧艺人实现巨大转折

这段经历深深地铭刻在金业勤的心里，令如今已是84岁高龄的他记忆犹新，因为这可以说是他人生重要的转折点，是他走进另一片新天地的开端。金业勤永远不会忘记，1950年夏天，经历了解放后巨大变革的他从天津来到北京，和从各大城市招集而来的艺人一起，参加了文化部选拔新中国杂技团演员的汇考。当时的考官有罗瑞卿、廖承志、田汉、李伯钊等人。金业勤对这次考试很有信心，因为这些年来他在天桥卖艺以及在天津的演出颇受观众喜爱，而从考官们的表情中，也可以看得出他们对节目的赞许。果然，这次考试，金业勤兄妹表演的《车技》和其他总共15个节目、46名艺人一起，在诸多节目中脱颖而出。更让人兴奋的是，他们一行人竟然在毫不知情的情况下，坐上汽车，一直进了中南海，在怀仁堂为毛主席、周总理、朱老总等人演出了杂技！金业勤说："看到毛主席鼓掌，大家一边乐一边流泪，要知道，我们这些一直生活在旧社会最底层的杂耍艺人，突然能为党和国家领导人演出，且受到如此的待遇，怎能不激动万分！"当时，金业勤浑身有一股使不完的劲儿，不但技巧发挥得特别好，而且情绪特别乐观奔放。演出结束后，毛主席还派人给每个演员都送了毛巾和香皂。演员们被巨大的幸福所包围，感动得简直不知道说什么才好。后来，他们中的部分人还与周总理一起座谈，聆听总理对出国任务等方面的重要指示，也就是本文开头所提到的那一幕。

★和苏联马戏演员在一起。

赴苏联参加十月革命33周年庆典的演出活动是中华杂技团成立后接受的第一个任务。作为曾经在旧社会串场卖艺、受人白眼、吃尽苦头的穷艺人，能够获得这样的机会，金业勤和其他杂技演员都感到无比的珍惜。

因为在新旧对比中感受到翻天覆地的变化，因为在共产党的指导和关怀下充满着对工作和生活的热情，告别了卖艺生涯、满怀主人翁精神的杂技演员们勤奋练习、刻苦钻研，力求奉献出一台技巧高超而又健康向上，同时能体现中华民族特色的优秀节目。为了使节目更加好看，领导还专门从中央实验歌剧舞剧院调来许多著名的音乐家为每个节目配乐伴奏，这其中包括管弦乐队领队卢肃、乐队首席黎国权等。当时，给金业勤兄妹的《车技》所选的曲子是贺绿汀的《晚会》。金业勤说："这首曲子选得非常好，一演奏就让我感到兴奋愉快，从内心发出莫大的幸福感，浑身有使不完的劲儿。"也是从这个时侯，金业勤开始学会把杂技动作和表演与配乐的情绪和节奏结合，完成了一个旧艺人在技艺和表演上的升华。

1950年秋，金业勤和他的妹妹金汝勤、金淑勤等中华杂技团演员，带着当家作主的喜悦，肩负着祖国和人民的重托，来到了苏联首都莫斯科。来自新中国的文化使者们受到了苏联文化部的热情欢迎和接待。11月7日，他们首先来到红场，与各国来宾一起在观礼台上观摩十月革命33周年庆祝大典：展示着苏联建设巨大成就的各式彩车，步伐整齐、威武雄壮的各兵种苏联红军，一排排震得地动山摇的坦克和机械化部队，身穿鲜艳民族服装的大型歌舞队伍，手持鲜花、兴高采烈的群众游行队伍，一起接受斯大林、莫洛托夫等苏联党政军领导的检阅……这宏伟盛大的场面使演员们深受感染、激情澎湃。当苏联人民看到来自新中国的演员们时，沸腾了起来，一张张热情洋溢的笑脸向他们展开，一双双手臂向他们拼命挥舞，热烈的欢呼持续不断。演员们也向苏联人民招手欢呼，有人甚至跳跃了起来。看到这样的情景，金业勤怎么也忍不住流下了激动的泪水。

杂技团的演出更是受到苏联人民的热烈欢迎，金业勤说："那简直不像演出，更像是两国文艺工作者的大联欢、两国人民的盛大欢聚。"节目开始前，苏联演员身着盛装、手捧鲜花，从四面八方涌进圆形舞台迎接中国演员。杂技团演员走过"欢迎中华人民共和国杂技演员"的巨幅锦旗，在《莫斯科——北京》的乐曲声中，与苏联演员手挽着手向观众致敬。演出后，观众对于他们精彩的节目报以雷鸣般的掌声，许多节目连续谢幕多次观众还不依不饶，于是演员们重演一次，又重演一次，以回报这份友谊和盛情。莫斯科电影制片厂把中华杂技团演出的盛况拍成了一部《中华杂技团在苏联》的电影，于1951年在苏联和东欧各国放映，在国际上获得了广泛好评。而在国内，杂技演员和文艺界领导等观看了这部具有示范性作用的影片之后，各省市的杂技团，如雨后春笋般发展了起来。

除了宣传新中国、加深与苏联人民的友好情谊之外，中华杂技团的演员还时刻惦记着吸收国外先进经验的重要使命，尽可能地多看、多学、多思，以便回国后建设中国的杂技。苏联方面也安排了很多参观座谈项目，为演员们创造了许多学习的机会。在观赏苏联大马戏的时候，苏联演员水陆空齐上阵的

★ 1955 年在苏联，金业勤和看演出的小朋友一起玩儿。

高难度表演形式，品种复杂的杂技技巧，杂技与音乐、舞蹈、服饰、灯光的紧密结合，以及振奋人心的高空、驯兽、马术表演等，都给金业勤等人留下了深刻的印象。此外，苏联的马戏学校的正规培养模式和马戏院广泛的群众基础，也让中国演员们很是羡慕。回国后，他们便向政府提出了两项建议，一是在北京建立国际标准的马戏院，一是兴办杂技马戏学校。在周总理的关怀下，从 1954 年开始，国内开办了摆脱传统教学方式的杂技学员班。

莫斯科的演出结束之后，中华杂技团又在乌克兰、格鲁吉亚、阿塞拜疆、亚美尼亚等地进行巡回演出，随后，他们还去了波兰的华沙等城市。通过半年多的访问演出，大大增进了苏联、波兰人民与中国人民之间的了解和友谊。

★ 1957 年莫斯科第六届世青节杂技比赛获得金奖奖章。

★莫斯科演出开幕式。

1951 年的春天，圆满完成演出交流任务的中华杂技团踏上了归国的路。火车从莫斯科走了 6 天才到达满洲里，进入祖国的怀抱，演员们心里有说不出的激动和感慨。

火车很快就要到沈阳了，26 岁的金业勤和几个年轻小伙子正在餐车上喝啤酒庆祝，队长突然满脸严肃地站到他们面前："别吃了，快下车！"大家赶紧扔下筷子跑回车厢，收拾好东西排队下车。原来，他们接到命令，要跟随中国人民赴朝慰问团，去朝鲜参加慰问演出。听到这个消息，金业勤高兴得差点儿蹦起来。在苏联演出期间，他们就听说了中国人民志愿军抗美援朝的消息，当时大家群情激奋，很多人把国外演出发的一点生活费全部捐献出来，还纷纷写申请赴朝慰问。现在机会终于来了，同志们自然是摩拳擦掌、情绪高昂。

过鸭绿江的时候，解放军给被炸坏的大桥搭上架子铺上木板，慰问团的卡车在夜幕的掩护下，一辆辆开过江去，把木板压得吱嘎乱响；因为美国飞机不停地在朝鲜上空盘旋，他们只能夜间行军，还不能打开车灯；大家靠着车帮，坐在自己的背包上，一听见枪响就要迅速跳下车，找好地方隐蔽起来，等警报解除，再爬上车继续前进。这些危险和困难丝毫没有吓倒慰问团的演员，他们被英勇奋战的志愿军战士所感染，内心充满了战斗的力量。"场地高低不平，表演车技有时跌倒，跌倒了，我们爬起来再表演。"山坡上、战壕里，甚至在山洞中，到处都留下了演员们的矫健身影和乐观情绪。

★毛主席、刘少奇等党和国家领导人观看金业勤兄妹的杂技表演。　金业勤供图

中国人民赴朝慰问团共由 575 人组成，其中包括正式代表 210 人，曲艺服务大队 86 人，文艺工作团 85 人，电影放映队 17 人，等等。金业勤说，在这种血与火的考验中，他受到了生动的国际主义和爱国主义教育。就是在这次慰问演出的时候，他在防空洞里郑重地写下了入党申请书，交给了当时的慰问团副团长田汉同志。慰问团于 1951 年 5 月 29 日回国，第二天的《人民日报》就在社论中对此次慰问演出做出了高度评价。

金业勤在回顾这段时光时感慨地说，参加赴朝慰问团的经历虽然短暂，但对他的教育非常大。那时候大家确实是召之即来，来之即战，心里完全没有考虑个人利益。慰问团工作结束后，金业勤兄妹三人正式参了军。他说："我之所以要参军是因为我没有忘记过去的痛苦日子，我更忘不了现在的幸福生活是党给我的。"

世青联欢，把和平和友谊传遍世界

从朝鲜回国后，金业勤和演员们一起，又到各地做宣传演出，为抗美援朝募捐飞机大炮。就在这期间，他们接到文化部指示，赴柏林参加第三届世界青年与学生和平友谊联欢节（简称"世青节"）。

1951 年 8 月 5 日，第三届世青节在靠近西柏林的东柏林体育场举行了盛大的开幕式，140 多个国家和地区的代表团、约 5000 名代表和数万名观众参加了仪式。当扩音器里传出"胜利了的中国青年代表团进入会场了"的声音，中国代表团高举五星红旗，踏着乐曲的节奏整齐地步入会场。看台上数万观众全都站立起来鼓掌欢呼，热烈欢迎在抗美援朝中取得伟大胜利的新中国代表。

中国青年文工团代表国家的首场演出包括王昆、郭兰英等人的独唱，秦鹏章、杨秉逊等人的独奏，歌剧《白毛女》选段和京剧《三岔口》选段，还有金业勤兄妹的《车技》等。因为要面对的是主办国元首和 100 多个国家代表团的官员与贵宾，演出显得尤为重要。当时，金业勤生怕演砸了给国家丢脸，心理压力非常大。周巍峙团长发现了他的紧张，便非常亲切地嘱咐道：“最重要的是充满信心，首先要吃好、睡好、休息好，演出前好好检查道具，多做些准备工作，要想着自己是新中国的青年，就一定会演好！”周巍峙的话给了金业勤以信心和力量，第二天演出时，他怀着最愉快的心情，骑着车子飞旋在舞台上，以精湛的技巧、敏捷的动作、欢快的表演和真挚的情感交流，赢得了观众的喜爱和共鸣。

★ 1951 年金业勤在柏林演出。

除了跟随青年艺术团出演综合晚会，金业勤所在的杂技队也会单独演出。其中，有一件事令金业勤至今难以忘怀。那是一次露天演出，大广场上搭起一个漂亮的舞台，后面挂着民主德国领导人和毛主席的巨幅画像，还有第三届世界青年联欢节的会徽。台下有一万多名观众，节目很受欢迎。突然，天上下起了小雨，用金业勤的话来说，如果当年在天桥，那就是“风来吹，雨来散”，但是现在，台下的观众却丝毫没有离去的意思，还在为中国演员们的表演拼命鼓掌。大家坚持着继续演出，但是雨越下越大，轮到金业勤上场的时候，大雨砸在台上，溅起一个个的水泡。领队王地子站在台上，望着滂沱大雨中依然站立的观众，不禁眉头紧皱。打小在天桥卖艺的经历养成了金业勤感恩观众的思想，也塑造了他不怕吃苦的品性。此时，他被热情的观众所感染，而心中所充溢的中国人的自豪感和责任感也带来了无穷的勇气和力量，于是，他大声对王地子说：“我能演。”王地子眉头皱得更厉害了，他一字一句地说：“你可要注意安全哪。”金业勤点点头，“噌”地跳上车子，像战士冲锋一样奔向舞台。雨水在台面上流淌，稍有不慎便会滑倒，雨点打在头上，流到脸上，模糊了视线。大雨中，虽然车速不可能有平时快，技巧也不可能有平时敏捷，但是演员与观众心灵的相通与互动超越了这些，不同国籍、不同肤色的观众抹掉脸上流下的雨水，不断地为之鼓掌加油。节目一个又一个地进行着，雨声、掌声、欢呼声交织在一起，仿佛在奏响着一曲气势磅礴、感人肺腑的世界人民真诚友谊的交响乐。最后，当杂技队演员站在台上谢幕时，看着所有人被浇得湿淋淋的衣服，台上台下笑声、掌声响成一片。观众一边鼓掌，一边有节奏地高呼："和平，友谊，毛泽东……"许多人还跳到台上与演员们握手拥抱，不少人一边笑，一边流下了激动的泪水……

世青节的演出任务完成之后，1951 年 8 月到 1952 年 8 月之间，中国青年文工团又先后应邀访问了匈牙利、波兰、苏联、罗马尼亚、保加利亚、捷克斯洛伐克、阿尔巴尼亚等 9 个国家，在 152 个城市进行友好访问演出 437 场，观众达到 242 万人次。因为是执行文化部与这些国家的文化协定，文工团受到了各国政府的高规格接待，同时也被文化界人士和人民群众广泛欢迎。

后来，金业勤又陆续于 1953 年参加了在罗马尼亚首都布加勒斯特举办的第四届世界青年联欢节，1955 年参加了在华沙举办的第五届世青节，1957 年参加了在莫斯科举办的第六届世界青年联欢节。联欢节结束后，出国艺术团又会接着到其他城市或国家进行访问演出，因此每次出国至少要持续半年左右。在这些辗转的奔波中，艺术团或小分队充分表现了翻身做主人的幸福感和新社会的青春朝气，宣传了新中国人民的文化生活，在各国播下了和平和友谊的种子。

★ 1952 年参观丹麦安徒生博物馆。

★ 1953 年在捷克演出。

★ 1953 年在瑞典北极圈演出留影。

★ 1953 年在芬兰演出。

杂技外交，外交史上书写辉煌一笔

从 1950 年开始，金业勤便随中华杂技团（1952 年改名为“中国杂技团”）出国演出，十几年来演遍了社会主义国家和许多资本主义国家，还深入到一些尚未与我国建交的资本主义国家，带去了新中国的文化艺术精品，加强了与世界各国人民之间的相互了解和友情。

据金业勤介绍，他们进入的第一个尚未建交的资本主义国家是奥地利。1952 年 5 月 20 日，受奥地利共产党的邀请，中国艺术团来到了奥地利。当时那里还被苏联、美国、英国、法国共管，入关时奥方非要对每个人的每件东西仔细检查，这样必然会耽误原定的演出时间，最后还是苏联红军赶来解了围。

首场开幕式演出在盛产石油的切希斯道夫城的文化公园内举行，公园大门上悬挂着“向中国人民致敬”的大幅旗标，露天舞台上悬挂着中华人民共和国的国徽。那场演出一共演了 11 个节目：小合唱、民乐合奏、杂技《飞叉》、杂技《顶碗》、男低音独唱、京剧《三岔口》选段、杂技《武术》、唢呐独奏、杂技《车技》、杂技《耍花盘》、舞蹈《红绸舞》。

在金业勤表演《车技》时，一个很小的小姑娘忽然捧着一束鲜花上了舞台，摇摇晃晃地向他走过来。金业勤赶紧停住车，把小姑娘抱起来，并接过她手里的鲜花，一边亲吻这个可爱的小姑娘，一边向观众挥舞鲜花致意。顿时，所有人不约而同地热烈鼓掌。当金业勤把小姑娘放下后，她走了两步又停下来，向着我们的国徽鞠了个躬。看到这一幕，台上台下的人都笑了起来，又是一阵雷鸣般的掌声。这一刻，每个人的脸上那友好的笑容深深地铭刻在金业勤脑海中。

1952 年，在完成了赴阿尔巴尼亚的演出之后，距中国青年文工团开始出国的时间已经一年有余。怀着对祖国的思念，大家高高兴兴地登上了返程的轮船。然而归国途中又接到指示，派金业勤兄妹和抖空竹的小演员王淑英参加刚刚到达莫斯科的中国人民杂技团赴北欧演出。挥别了亲密战友，金业勤等人又踏上了新的征途。金业勤还记得，到了北欧，他护照上各国出入境的

★ 1956 年去法国巴黎演出。

★在未建交的意大利演出。

签证都满了，还是在瑞典换的新护照。在北欧，为了接触更多的群众，演员们转战很多城市，还深入基层，为工人演出。

1956 年，金业勤又随团去英国、法国、荷兰、比利时、卢森堡等西欧国家进行文化交流演出。那时候法国尚未与我国建交，对于这样的国家，一般是通过他们的人民团体组织进行联系。在法国，除了华侨们表现了极大的热情，经常去探望他们、打听国内的情况之外，法国人民对新中国来的朋友也非常友好。商业演出票房收入很好，观众非常踊跃，许多法国艺术家也对表演给予了很高的评价。有一次，艺术大师卓别林还去观赏了演出，并亲自来到后台表示赞赏，一起合影留念。1962 年，一位法国画家来中国时还特地到中国杂技团找金业勤，热情地对他说："我看了你们在巴黎的演出，我很喜欢中国的艺术！我很喜欢中国！"

1957 年初，金业勤等又进入当时尚未建交的意大利，同样受到热烈欢迎，取得了良好的演出效果，当地的报纸刊物也比较友好地报道了新中国杂技演员的精彩演出和新中国青年的健康形象。艺术团和杂技团出访后不久，中国就与意大利、法国等国家相继建立了友好外交关系。金业勤说，杂技从 1950 年走出国门开始，到"文革"前已经演遍了 60 余国，以其独有的魅力，在中国的外交史上写下了特殊的一笔。金色记忆

本文采访时间：2009 年　采访人：陈　璐

郑小瑛

生于 1929 年，福建永定人。教授，中国著名女指挥家。厦门爱乐乐团艺术总监，曾任中央歌剧院首席指挥、中央音乐学院指挥系主任，是爱乐女乐团的音乐总监和创办人之一，并任中国音乐家协会常务理事。

★ 1962 年 10 月 3 日, 郑小瑛的第一场歌剧《托斯卡》在国立莫斯科音乐剧院成功举行,这也是中国人第一次登上外国歌剧院的指挥台。(左起:交响乐指挥导师安诺索夫教授、中国驻苏使馆留学生参赞张雄飞、歌剧指挥导师巴因、资深指挥家郑小瑛、托斯卡、画家马里奥。

指挥棒见证难忘岁月

——郑小瑛回忆 50 年前的中苏音乐交流

根据惯例,给指挥打灯光、让指挥家接受观众的祝贺只限于最后一幕开始前,然而,在苏联观众的要求下,郑小瑛在每一幕开始前都沐浴在了异国舞台那银色的灯光下,而且打灯光的时间也较平时长了许多,观众的掌声也是格外的热烈。演出完毕后,一进化妆间,郑小瑛立刻就被花海包围了……

“中国第一位女指挥家”“首位登上国际指挥台的中国人”。在新中国成立60周年前夕，当我们寻找那些拥有新中国文化交流早期记忆的老艺术家的时候，郑小瑛无疑是率先进入我们视野的人物之一。

2009年7月13日，率领厦门爱乐乐团在北京参加第二届中国国际青年艺术周闭幕演出活动的厦门爱乐艺术总监郑小瑛，在她下榻的宾馆接受了记者的采访。“太晚了，太晚了，”她感慨地说，“那段岁月有太多的记忆，可惜没有更及时地去搜集整理，很多人都已经不在人世了。”郑小瑛痛惜地说。她转而欣慰地说，我非常高兴在我的有生之年，还有机会可以回忆那些珍贵的往事，宣传和报道新中国早期文化交流成就的项目太好了！

在这位老艺术家的内心深处，始终没有忘记自己的艺术启蒙阶段，认为无论自己现在的称号多么炫目，成就多么显著，都要归功于50年前的那3年公派留苏经历，而她此后因文化交流事业在海内外所赢得的广泛好评，同样与此紧密相连。80岁高龄的她将这一段珍贵记忆娓娓道来。

★ 1956年夏，郑小瑛代表合唱指挥班向杜马舍夫等专家献花致谢。

开办指挥培训班 苏联专家慧眼识英

那是 1955 年 2 月，中央歌舞团合唱队特地从苏联请来了合唱指挥杜马舍夫进行指导。当时中苏关系正处于蜜月时期，热心的苏联专家见偌大的中国竟然没有一位合格的音乐指挥，便提出帮助中国培养音乐指挥人才，在中央乐团办一个指挥培训班。正是这个培训班，将郑小瑛带上了指挥家的道路。

获知指挥班的构想后，中国文化部积极响应，当时的文化部副部长刘芝明立刻给全国各艺术院团、音乐学院发出通知，让大家踊跃推荐对合唱事业有经验的青年学员来参加选拔。

此时的郑小瑛，还是中央音乐学院作曲系二年级学生。当时还在天津的中央音乐学院已经选派了几位学生参加选拔,但杜马舍夫面试后都觉得不满意。这位年轻的专家说，我就不信，中央音乐学院就真的没有合适人选？接着，他做出了一个令文化部和中央音乐学院都感到吃惊的举动：自己前往中央音乐学院选学生。按当时的规矩，外国专家出行，文化部要提前发通知、派人陪同。结果，杜马舍夫带着翻译就赶到了中央音乐学院，坐到会客室里，宣布要自己选学生。他这一来不打紧，可急坏了中央音乐学院。“三好学生”郑小瑛就是在这样的情况下去应考了。这一考不打紧，杜马舍夫偏偏喜欢上了这个天不怕地不怕、干练利落的女学生，当场就要求她来参加指挥班的培训。就在这时，郑小瑛却打起了退堂鼓——不是不敢去，而是太珍惜现在的学习机会。要知道，她是从开封中原大学文工团派来的学员，对她来说，在中央音乐学院深造 5 年的机会实在太宝贵了。相比之下，杜马舍夫的培训班只是一个短期的学习班，她心里自然要掂量一番。校领导见状，赶紧表了态，承诺她以后还可以回学院继续作曲系课程。可有谁能想到，郑小瑛这一去，就成为了新中国成立以后第一个受到专业训练的女合唱指挥，并从此走上了专业的音乐指挥之路。

在由全国各地选拔而来的 25 名指挥班学员里，只有郑小瑛一人是女性。而她的天赋与勤奋，即使在这个优秀的集体里也是突出的，受到杜马舍夫的多次褒奖。当时，杜马舍夫上午给中央歌舞团合唱队排练，下午给指挥班授课。对郑小瑛来说，这风风火火的一年半学习时间，用"受益匪浅"来形容是远远不够的——这改变了她一生的轨迹。

1956 年夏天，郑小瑛结束了指挥班的学习，回到中央音乐学院。就在这一年，中国第一个专业指挥系——中央音乐学院指挥专业成立了。由于郑小瑛的指挥班培训经历，学院破格让她在作曲系继续当学生的同时，在指挥系当老师。虽然那一年半的时间里学的是合唱指挥，可是中央音乐学院的红领巾乐队、管弦乐队都缺指挥，于是她又兼任了两个乐队的指挥。1957 年，在纪念俄国十月革命 40 周年的合唱团汇报音乐会上，郑小瑛一展身手。正是这场演出，给中央音乐学院院长赵沨留下了极好的印象，1960 年留学苏联的机会也自然而然地落在了郑小瑛的头上。

★ 1961 年 10 月 1 日在莫斯科克里姆林宫剧院，苏联优秀青年小提琴家依戈尔 · 奥依斯特拉赫为郑小瑛演奏了柴可夫斯基的协奏曲。

见证困难时期的文化交流

1960 年这个选送到苏联柴可夫斯基音乐学院深造的机会，对郑小瑛来说是天大的喜讯，不仅因为该学院是享誉世界的音乐艺术学府，更因为这次要去学的是歌剧、交响乐指挥，而非合唱指挥！

这其中的意义，她再明白不过了——合唱指挥的指挥对象主要是群众性的业余合唱团体，歌剧、交响乐指挥面对的则是受过专业训练的职业音乐家、演奏家和歌唱家，因此对指挥的要求也更高。在苏联的教学规划中，合唱指挥是本科课程，歌剧、交响乐指挥是研究生才有的课程。也就是说，必须有合唱指挥的基础，或是作曲系、钢琴系毕业，有了本科的底子，才能来学歌剧、交响乐指挥。另外，歌剧、交响乐指挥这个行业在全世界来看，它传统上是男性的职业——不要说指挥了，就算是乐队演奏，也是进入 20 世纪后才有女性的身影出现。因此，一个女性指挥要领导一个以男性为主的乐队，她所要面对的可能不光是技术水平上的挑战，很大程度上还有来自观念的压力。

一天，郑小瑛的苏联老师安诺索夫带她去见他的一个学生，苏联第一位女指挥达爱娃。达爱娃一见到他们就笑了起来，她问安诺索夫："你不是说再也不教女学生了吗？"安诺索夫哈哈大笑着回答说："这可不一样，这位是中华人民共和国派来的特别有才能的女学生。"后来，郑小瑛问他为什么不教女学生，他说，因为苏联社会的习惯，女性结婚以后就在家里待着，不再参加工作。培养一个指挥需要很大投入，从苏联政府的角度来讲，培养女指挥就显得比较浪费。果然，郑小瑛在莫斯科的日子里，从未在指挥系见过任何一位女同学。后来，她在列宁格勒音乐学院碰到一个学指挥的女学生，就问她将来毕业了到哪里工作？她说莫斯科肯定是待不住的，得到西伯利亚去，如果在那里成功，还有机会回来。留在莫斯科是肯定比不过那些男人的。郑小瑛没有被人们言语中的困难吓倒，这反而激励了她的斗志——谁说女人不能学指挥？中国还没有女指挥，祖国需要她！

1959 年至 1961 年，正值中国三年自然灾害时期。郑小瑛深知，能在这样的情况下出国留学，非常不易。强烈的使命感从她心中油然而生，于是更加珍惜难得的学习机会，节假日很少去玩，而是钻到图书馆去攻读那些俄文和英文原版的音乐大师们的指挥论著。平日里，白天学习，晚上还找机会观看各种歌剧、舞剧音乐会。每次看戏，她除了要记住一场戏的舞台调度、灯光、音响处理外，还时时刻刻注意指挥动作的特殊变化，常常摸黑将自己的体会记在节目单上，回来后再研究整理。在戏院后面站着看戏也是常有的事，往往一场戏看下来，累得腿疼脖子酸，但郑小瑛一想到为祖国和人民而学的使命，就浑身是劲。安诺索夫见这位来自中国的姑娘如此勤奋好学，为她的精神感动，常常放弃休息时间对她进行指导，郑小瑛的学业因此也有了长足的进步。

当时，苏联领导人赫鲁晓夫提出，中国走得太快，共产主义要“对对表”、互相看齐点儿，事实上已经把中苏的分歧公开化了。因此，当时留苏的中国学生不仅要努力完成学业，还肩负着宣传任务。其时正值中共中央针对赫鲁晓夫修正主义的“九评”系列文章发表，每次一有文章发表，郑小瑛就立刻与其他中国留学生一起学习俄语版，把关键词句背诵得滚瓜烂熟，以备反击一些人的攻击；同时，还向同学、老师散发传单，通过各种渠道宣传党的主张……让郑小瑛尤其感慨的是，尽管当时两国之间的关系很严峻，但是中苏同学之间、同事之间、艺术家之间一点隔阂也没有，大家都是非常要好的朋友。

不过，因为两国关系的恶化，学习环境已经不像之前那么好了。在那个斯大林的时代，中国留苏学生享受着最优惠的条件，得到了非常友好的学习氛围。此时，郑小瑛实际上已经得不到官方提供的任何实习机会，而一个年轻指挥若无法跟乐队合作、实践，学习就是残缺不全的，她为此十分焦虑。导师安诺索夫也担心她的学习受到影响，于是个人出面组织乐队帮她开音乐会，安排一些交响乐指挥方面的实习。这让郑小瑛非常感动，安诺索夫无疑顶着巨大的政治压力。1961 年，中华人民共和国国庆 12 周年时，在安诺索夫的帮助下，郑小瑛在克里姆林宫举行了一场庆祝音乐会。郑小瑛把这场音乐会看作对祖国的献礼、对导师的回报，精心安排了演出曲目：上半场是中国作品，包括李焕之的《春节序曲》、刘铁山的《瑶族舞曲》、施永康的《黄河的故事》等，后半场则突出中苏友好的主题，演出了柴可夫斯基的小提琴协奏曲和一支由俄罗斯作曲家作曲、包含有东北二人转、《东方红》等中国音乐元素的《友谊序曲》。此次演出成功后，《苏联妇女》杂志以“中国第一位女指挥家”为题，发表了她的专访文章。

★ 1961 年 4 月，郑小瑛指挥国立莫斯科音乐学院歌剧馆乐队在音乐学院小厅演奏莫扎特小提琴协奏曲 NO.4，这是郑小瑛首次以指挥身份正式亮相。

★周总理 1961 年出席苏共二十二大期间亲切接见中国留学生。

此次演出之后没过几天，周恩来总理就来到了莫斯科，参加苏共第二十二次代表大会。一提起周总理，郑小瑛双眼就泛起了泪光。这次会议上，赫鲁晓夫提出反斯大林、反“反党集团”、反阿尔巴尼亚等主张，将修正主义推至巅峰。周总理批评赫鲁晓夫的做法使“亲者痛，仇者快”。参加如此尖锐斗争的国际会议，辛苦程度可想而知。当天晚上，驻苏联使馆特别组织了一台晚会慰问总理。作为晚会演出团的一员，郑小瑛有幸见到了敬爱的周总理。

晚会演出前，周总理问歌唱家仲伟准备唱什么，仲伟答道：普契尼的《燕子》和《王贵与李香香》。总理听后说：“怎么都是老掉牙的歌曲啊？你们有谁会唱《洪湖水，浪打浪》吗？”当时电影《洪湖赤卫队》正在国内风行，可身在莫斯科学习古典艺术的学生们哪知道这事儿，一个个都傻了眼。“国内 3 岁小孩都会唱的歌，你们这些学音乐的为什么都不会唱？”总理故意作出不高兴的样子，转身问使馆工作人员会不会，几位女同志们兴奋地说，我们会！“好啊！”总理马上来了兴致，大声说：“我们大家一起唱。”然后带头打起拍子唱道：

“洪湖水，浪打浪，洪湖岸边是家乡……”郑小瑛马上明白了，总理这是在巧妙地提醒国外留学的他们——在国外学习艺术的同时，不能忘本，要时刻关注国内文艺发展的情况……看着总理充满鼓励的眼神，郑小瑛把这生动的一课牢记在心。后来，在陪总理跳舞时，总理了解到郑小瑛学的是歌剧、交响乐指挥，满怀关切地说：“指挥不容易啊。好好学习，将来回去是有用的。”听到总理的鼓励，郑小瑛激动不已。之后几十年的时间里，只要想起总理的这句鼓励和他谈笑风生、带领大家唱歌的情景，郑小瑛的心头就充满温暖。

1962年，第二届柴可夫斯基钢琴大赛时，在列宁格勒留学的殷承宗来莫斯科参加比赛。大家心里都暗暗为他担忧：第一届比赛时，中苏关系正友好，刘诗昆顺利地夺得了第二名的好成绩。然而，在分歧公开化的此时，在这个没有一位中方评委的比赛上，殷承宗还有机会获奖吗？而且，他还那么年轻，才刚满20岁，能承受这么大的压力吗？大家左右思量，认为对他最好的支持就是不去打扰他，让他安心练琴，迎接挑战。决赛之前，郑小瑛特地下厨为殷承宗做了一顿四川麻辣牛肉，让他吃好、休息好，不要紧张。比赛时，大家一窝蜂地挤到场地二楼，仔细地观看每一位选手的演奏，大家一致认为，殷承宗的钢琴是各国选手中最出色的！宣布比赛结果时,郑小瑛和同学们的心怦怦直跳，听到殷承宗与一位英国选手共同获得第二名时，大家情不自禁地跳起来为他欢呼。到现在，郑小瑛回想起那次比赛的艰难，还不断唏嘘感慨获奖的不易。

还是这一年，中国青年代表团再次参加在波兰华沙举办的世界青年联欢节。由于是出国演出，团里的西藏歌手才旦卓玛特地穿上了漂亮的高跟鞋，结果走路时间长了很不适应，脚跟都磨破了。到莫斯科之后，卓玛想换双便鞋却办不到——大家身上都没钱，连双鞋都买不起。而卓玛是藏族人，脚板比其他女演员大出好几号。知道这件事后，郑小瑛立刻将自己的鞋借给了卓玛——她也是大脚板啊，以前老是埋怨自己脚大，没想到这次居然能帮上忙。更没想到的是，25岁的卓玛一举夺得了金奖。而这次华沙之行，更成为了卓玛艺术生涯的重要转折点。这两个来之不易的国际奖项极大地激励了郑小瑛的学习劲头。

★ 1961 年 10 月 1 日，郑小瑛在莫斯科克里姆林宫剧院指挥莫斯科老音乐家爱乐乐团举行了庆祝新中国诞生 12 周年音乐会，演奏了中国作品、哈恰图良作曲的《友谊序曲》等。

中国人首次在国际指挥台执棒公演

之前慧眼识英的杜马舍夫得知郑小瑛在苏联学习指挥专业后十分高兴，同时，他对柴可夫斯基音乐学院十分了解——该学院指挥教学以交响乐为主，歌剧指挥并不强。于是，杜马舍夫非常热情地为她牵线搭桥，介绍了另一位资深指挥家巴因担当她的校外老师。这位老指挥家曾在罗马尼亚担任过 30 多年歌剧指挥，回苏联后在莫斯科国立音乐剧院担任指挥，经验十分丰富。巴因利用剧院的休息日，带郑小瑛到剧院去，用钢琴给她上课。在郑小瑛的记忆里，他是个非常善良的好老头。郑小瑛带一些中国的小礼品去送给他，他总要买更贵重的东西还礼，以至于到后来她都不敢送东西了。正是这个“好老头”，最终成就了共和国历史上第一个在国际舞台上担任歌剧指挥的中国人。

1962 年 2 月，巴因作出了一个出人意料的决定：让郑小瑛代替自己指挥意大利歌剧《托斯卡》。当时，一般学生根本没有资格指挥大型歌剧的公演，巴因此举可谓打破了以往惯例，立即引起了人们的关注。由一名来自中国的学生指挥这么难的歌剧作品能行吗？音乐剧院的经理获知这一情况后立刻摇起了头。虽然最后看在巴因的份上勉强同意，但同时他也提出了一个条件：只给这位来自中国的学生一次合作排练的机会，如果达不到要求，就马上换人。一位初出茅庐的学生，只给一次合作排练的机会，同学们都为郑小瑛捏了一把汗。

然而，这近于苛刻的条件并没有难倒郑小瑛，她决心一定要以自己的实际行动来征服所有观众。“当时我只允许自己成功，不允许失败，因为一旦失败，不仅会影响巴因教授的声誉，更重要的是有害于祖国的声誉。”她知道，这次联排是一次非常难得的机会。歌剧指挥比合唱团指挥更加强调掌控全局的本领，剧院因此一般不会把这种联排机会交给年轻指挥。之前，李德伦、韩中杰等进行的歌剧指挥实习，都是在学校专门给学生提供实习的歌剧馆里进行的，那里唱歌的是音乐系的同学，乐队则是半职业的小乐队，演砸了，观众不会苛求你，因为这毕竟只是学生的实习歌剧。而这次呢，却是在音乐剧院公演的歌剧，那可是卖票的。而且，在当时的政治环境下，一个中国留学生在苏联剧院里指挥一场公演，对任何一方来说，都是极不寻常的事情。

其实，促成此次联排机会的，除了诸位老师尤其是“好老头”巴因向剧院所作的担保，还因为莫斯科国立音乐剧院与中国中央实验歌剧院之间的深厚友谊。1954年，莫斯科国立音乐剧院曾带着《天鹅湖》、歌剧《冲向暴风雨》，还有《叶甫盖尼·奥涅金》访问北京。那个时候，中央实验歌剧院（现在的中央歌剧院）的同志们非常热情地接待过他们，并虚心向他们学习。虽然郑小瑛当时并不在中央实验歌剧院，但她能够强烈地感觉到，莫斯科国立音乐剧院把这种友好的感情倾注在了她这个中国人的身上。

为了这次考试一样的联排，郑小瑛想方设法地做着准备。那个年代没有录音机，更没有如今常用的录音笔、CD，要学，只能凭手工把音乐处理、结构一点点记在纸上，然后默记在心。巴因在台上指挥的时候，她就在乐池里拿着乐谱边看边记。《托斯卡》的总谱莫斯科只有两份，一份在莫斯科国立音乐剧院，一份在歌剧院，每次指挥完毕都要把总谱交上去保管。有一次，巴因没有把总谱交上去，偷偷拿给她让她带回去。郑小瑛连夜把总谱上的配器抄在钢琴谱上……由于认真做了准备，那次联排非常顺利，一点磕巴都没打，给巴因和乐队留下了很深的印象。

★ 1961 年 10 月 1 日，在导师安诺索夫的精心安排下，郑小瑛的第一场交响音乐会在莫斯科克里姆林宫剧院举行。

9 月，莫斯科国立音乐剧院突然通知她来指挥《托斯卡》。若是别的年轻指挥，恐怕真要慌了神，因为在那次联排之后，就再也没有乐队排练的机会了。而且，这次负责《托斯卡》演奏的乐队并非上次排练的乐队！跟一个完全没有排练过的乐队直接合作公演，风险实在太大，需要非凡的胆量和勇气。而郑小瑛却胸有成竹，因为她不仅拥有自己手抄的总谱，而且排练时所有的细节都牢牢地记在心里。

公演的那一天终于来到了。剧院特别为郑小瑛做了一张海报，白底蓝字，写着“指挥郑小瑛，国立莫斯科音乐剧院演出”。原来，这是应巴因特别要求制作的。他对郑小瑛说，你回国以后得有个证明，让你的国家和人民都知道这次演出的辉煌成就。这张如今看起来非常简陋的海报，至今仍是郑小瑛最宝贵的收藏。

“今天的意大利著名歌剧《托斯卡》由中国女士郑小瑛担任指挥。”演出开始，报幕员话音未落，苏联观众的掌声便如山如海。郑小瑛手持一根小小的指挥棒，款款走上舞台，自信而大方。她将手中的指挥棒向上一扬，大厅里回旋起优美的音乐……郑小瑛娴熟地完成了全剧的指挥，演出获得了巨大的成功。激动的观众以独特的方式表达对这位中国姑娘的赞美之情。根据惯例，给指挥打灯光、让指挥接受观众的祝贺只限于最后一幕开始前，然而，在观众的要求下，郑小瑛在每一幕开始前都沐浴在了异国舞台那银色的灯光下，而且打灯光的时间也较平时长了许多，观众的掌声也是格外的热烈。演出完毕后，一进化妆间，郑小瑛立刻就被花海包围了，这些花来自剧院、合唱队、乐队的朋友们。十月，莫斯科的鲜花非常昂贵。

当天，莫斯科各大媒体对郑小瑛的这次演出进行了报道，评价普遍非常高。第二天，新华社报道“人们向第一位在苏联剧院指挥歌剧演出的中国女指挥热烈祝贺”登上了上海的报纸。郑小瑛的母亲从上海打来电话，母女二人激动得热泪盈眶。当时正在香港访问的赵峰院长看到报道后，也热情地向她发来了贺电。这是一次不平凡的演出，它创下了中国人首次在国际舞台执棒指挥大型歌剧公演的纪录。

★ 1961 年 10 月 3 日，巴因导师将自己的一场演出让给了郑小瑛，开演前郑小瑛的休息室里已经布满了冬日昂贵的鲜花。

★（左起）巴拉晓夫、安诺索夫与郑小瑛合影。

郑小瑛的此次演出远远超出了她的两位指导老师的预期，安诺索夫看完演出后激动地对自己指导的其他几位留学生说：“大家看到了吧！天赋和刻苦好学使她终于获得了成功。你们谁能像郑小瑛这样指挥一场《托斯卡》？”安诺索夫和巴因后来还在郑小瑛的毕业评语上写了这样的一段话：“郑小瑛具有非常清晰的音乐思维天性和富于激情的严谨……她有令人信服的对音乐的理解力和音乐感觉，这是她能影响演奏员和听众并取得成功的保证。通过她独特的指挥艺术，完全可以预见她从事指挥的光辉前景和在她的祖国的交响艺术事业的发展中将起的作用。”

事实证明，两位导师的预见并没有落空。郑小瑛回国后，不仅指挥了中央实验歌剧院的翻身之作《阿依古丽》，而且继续投身于文化交流的事业当中。在北京演出之后，《阿依古丽》来到尚是小渔村的深圳，吸引香港人来看戏。当时香港媒体以“谁说母雁领头飞不远”为题大篇幅报道，高度评价了这出歌剧。

从1980年开始，郑小瑛多次赴日本、澳大利亚、美国、意大利、芬兰、新加坡、德国、法国、荷兰、比利时、爱尔兰、泰国等国家以及我国香港、澳门、台湾地区举行交响音乐会、参加国际艺术节、指挥歌剧或讲学。

在苏联留学的三年时光是郑小瑛念念不忘的。尽管中苏两国之间发生的分歧使她与老师们长时间失去了联系，可是郑小瑛始终牢记着苏联导师“在你指挥的作品里，一定要有你们自己民族的东西”的教导。几十年的艺术创作中，她都把中华民族优秀的乐曲融入自己指挥的管弦乐队和交响乐队曲目中，闯出了一条中西方音乐艺术相融之路。此外，受业于她的多名学生在德、美、法、意、捷、葡等地举行的国际指挥比赛中屡获最高名次，步入国际国内优秀指挥行列。

本文采访时间：2009年　采访人：叶　飞

马少波

1918 年 3 月生，山东莱州市人，中国戏曲改革早期开创者。1939 年 3 月参加中国共产党。历任中华全国戏曲改革委员会秘书长，文化部第一届党组成员，中国戏曲研究院党总支书记、副院长兼中国京剧团团长，中国京剧院党委书记、副院长，中国文联全国委员，以及中国艺术语言研究会会长、中国戏曲学会副会长、中国京剧艺术基金会副会长、文化部振兴京剧指导委员会副主任、中国戏曲学院名誉教授、《中国京剧史》主编及《中国京剧百科全书》编辑委员会主任等。他创作了大量散文、小说、戏剧、诗词作品及文艺理论著述，并获得文化部优秀剧作文华奖等多种奖项。

★ 1959 年 5 月，马少波与周恩来总理交谈。

天涯海角路踏遍 京腔新韵知音多

——马少波忆新中国早期戏曲交流

1955 年 5 月，以马少波为团长的中国青年文工团赴欧洲多国演出。4 个月间，京剧以其超乎寻常的魅力感染着北欧五国，所到之处无不刮起一阵追捧的热潮。中国戏剧艺术与现实相结合而展现的人民性、生命力、想象力和幽默感，京剧艺术将歌唱、音乐、舞蹈、哑剧、表演、道白、武功、美术完美地统一在一起的综合性，以及新中国在古典文化艺术上的继承和创新，受到了北欧观众和评论家的一致好评。

老一辈文学家、戏剧家、文艺理论家马少波在新中国文化交流方面所作的贡献，可以由他的老友、著名剧作家阳翰笙说过的一段话中看出——“在我主持对外文委工作期间，少波曾多次率团出国访问。他在新中国早期国际文化交流方面，立下过汗马功劳。京剧艺术以崭新的面貌展现于世界舞台，赢得广泛赞誉。少波在组织出国剧目并进行艺术加工方面，付出过艰辛的劳动。”因为文化部“新中国文化交流早期记忆”项目，记者有幸来到马少波家中，聆听马老为我们讲述那段艰辛与蓬勃交织的岁月，重温那段辉煌而宝贵的历史。

★ 1949 年 11 月，文化部戏曲改进局成立曲艺杂技实验小组时合影。第三排右三为赵树理，第四排右一为马少波、右三为田汉。

★ 1955 年 7 月，中国青年文工团团长、联欢节评奖委员会副主席马少波在第五届世界青年与学生和平友谊联欢节开幕式上致开幕词。

★ 1955 年 5 月 26 日，中国访日京剧代表团到达东京羽田机场。

★ 1955 年 9 月，楚图南、马少波在芬兰赫尔辛基与芬中友好协会秘书长劳利克能女士亲切握手。

每座山上的鸟
都有它自己美妙的声音

1955 年 5 月，国务院任命马少波为中国青年文工团团长，李凌、任虹为副团长，率团赴波兰华沙参加第五届世界青年与学生和平友谊联欢节。

在中国青年文工团出发之前，周恩来总理曾专门找马少波谈话，对他主要做了两点明确指示：第一，世界青年联欢节不以比赛为目的，主要是为了促进各国青年的艺术交流，增进了解和友谊。在联欢节的评比中，苏联和中国是大国，无论参赛的项目、数量还是艺术水平，都会比较好，搞不好会出现中苏两国囊括一切奖项的局面，这样既不能达到增进友谊和争取和平的目的，而且也将失去联欢的意义。联欢节的比赛和国际体育比赛不同，因此在评奖中一定要避免让有些小国空手而归。第二，访问北欧的时候，不要只带《三岔口》、《拾玉镯》、《秋江》、《闹天宫》等这些动作性强、语言较少的剧目和一些武打剧目。带上这些固然是必要的，但不要低估了外国的观众，要全面介绍中国的京剧，使外国观众了解中国京剧的剧情和艺术的整体风格。总理还建议，参加联欢节的京剧节目，展现一下京剧唱功的特色，访问北欧五国时带上全出的《贵妃醉酒》和《二进宫》。

中国青年文工团于 7 月 28 日夜抵达了波兰华沙。7 月 31 日，马少波被公推在世界青年与学生和平友谊联欢节开幕式上致开幕词。8 月 29 日，联欢节闭幕，联欢活动获得了圆满成功。

马少波在实际工作中牢记总理的嘱托，坚决贯彻执行。在青年联欢节的第一次评委会上，他建议中苏两国各让出两个金奖奖项给其他兄弟国家。他说："我团愿让出两个金奖名额，给朝鲜和越南。欧洲有一句谚语：世界上每座山上的鸟都有它自己的声音，而且都是美妙动人的声音。我们评奖要尊重各自民族的艺术特色，并应坚持平等、民主的原则，希望苏联同志予以理解、合作，也让出两个金奖的名额。"委员会多数委员对此报以热烈掌声。

★楚图南、马少波、任虹在瑞典斯德哥尔摩演出的开幕式上。

"大家正在为买最后一场的戏票打架呢！"

世界青年与学生和平友谊联欢节闭幕后，受文化部和中国人民对外文化协会的指示，以青年文工团京剧队为主，遴选部分歌唱、舞蹈节目，又组成中国古典艺术团，由华沙赴北欧，在芬兰、瑞典、挪威、丹麦、冰岛进行为期 4 个月的访问演出。中国古典艺术团由中国人民对外文化协会会长楚图南任团长，马少波和任虹为副团长。

1955 年 9 月 6 日，艺术团在芬兰国家剧院首次演出，所演京剧引起了赫尔辛基全城轰动，各大报纸也纷纷发表评论。芬兰戏剧组织中央联盟主席维能林表示："我们钦佩中国的艺术。在神秘的背后，我们看到了古老的文化，它不愧为东方之光。"芬兰教育部部长沙拉斯蒂夫人说："我相信通过文化交流和相互访问，会有利于促进人类的文化。艺术是国际语言，通过艺术可以使人民的关系更加密切。"接下来，艺术团又陆续去芬兰的其他 7 个城市进行了演出，再次回到赫尔辛基之后，芬中友好协会秘书长劳利克能女士告诉他们："京剧成了目前赫尔辛基舆论的中心。""大家正在为买最后一场的戏票打架呢！"

随后，从瑞典首都斯德哥尔摩，到挪威首都奥斯陆，再到丹麦的哥本哈根、奥胡奥尔堡……4个月间，京剧以其超乎寻常的魅力感染着北欧五国，所到之处无不掀起一阵追捧的热潮。中国戏剧艺术与现实相结合而展现的人民性、生命力、想象力和幽默感，京剧艺术将歌唱、音乐、舞蹈、哑剧、表演、道白、武功、美术完整地统一在一起的综合性，以及新中国在古典文化艺术上的继承和创新，受到了北欧观众和评论家的一致好评。

北欧之行中，还发生了很多有趣的故事，马老特意向记者谈到一件鲜为人知的趣闻：当时，在挪威的开幕演出取得极大成功，在挪威地位相当于中国《人民日报》的挪威《奥斯陆报》，第二天以头版头条刊出了大字标题为《中国京剧俘虏了奥斯陆》的报道。当时随团的新华社记者据此报道将稿子发回北京后，新华社领导却颇为踌躇。他们认为：奥斯陆是挪威的首都，中国京剧“俘虏”了一个国家的首都，在我们国内据实报道是否可行？请示周总理后，总理说：“这是外国朋友对我们京剧艺术的评价，是一种形容性的比喻，可以如此报道。‘俘虏’这个词，英文也可以被译为‘征服’。用‘俘虏’或‘征服’，请你们酌定。”最后，新华社以《中国京剧征服了奥斯陆》发了通稿。

★马少波（前排左五）等在哥本哈根和丹麦著名舞蹈演员雷乌麦尔等合影。

★1956年12月，澳大利亚著名艺术家威廉·瑞凯兹先生向马少波赠送其绘画作品。

中国艺术团在丹麦演出时，也有一件让马少波记忆犹新的趣事。当时，他们在北欧历史最悠久、规模最大的剧院——哥本哈根的丹麦皇家剧院演出，期盼已久的观众表现出了极大的热情，第一场演出还没有揭幕，最后一场演出的票就全部售罄。在开幕演出的《闹天宫》结束后，团长和演员正在谢幕，一位容貌美丽、衣饰华贵的女士突然从右侧冲上台来，跟大家一一拥抱亲吻。原来，这是丹麦极具盛名的舞蹈演员雷乌麦尔。看到这位广受喜爱和尊敬的艺术家如此激动，台下观众不禁掌声雷动。由于前排的演员都是饰演孙悟空、巨灵神、托塔李天王和小猴的，脸上画着各种各样的脸谱，等雷乌麦尔依次亲吻致意后站定，这位美丽的艺术家已经是满脸油彩，变成了一个“大花脸”。此时，全场掌声笑声欢呼声连成一片，连皇家剧院的院长布朗斯台特也跑上台来鼓掌欢呼。在艺术团离开哥本哈根的告别宴会上，雷乌麦尔还特意提到：“中国艺术团的到来，让我有一个大收获，一个大遗憾。大收获是使我对国际戏剧艺术开阔了眼界，大遗憾是我在开幕式那天没来得及拍下一幅抹成大花脸的照片。”

★海格尔和马少波在授奖仪式后合影。

★海格尔赠授的功勋奖章。

★北京戏剧界在田汉家里接待苏联戏剧专家列斯理。
前排右起：欧阳予倩、舒绣文、列斯理、梅兰芳、安娥、赵蕴如。
二排左起：李超、马少波、张庚、孙维世、刘芝明、阳翰笙、田汉。
后排右起：欧阳山尊、焦菊隐、刁光覃、郑亦秋、于是之。

中国京剧代表团访日之行

中国访日京剧代表团在周总理的亲自运筹和中国对外文委、文化部、中日友好协会的具体领导下，于1956年3月组成，梅兰芳任团长，欧阳予倩为第一副团长兼总导演，马少波任副团长兼秘书长，刘佳、孙平化任副团长，欧阳山尊任副秘书长。这个代表团以中国京剧院和梅兰芳剧团为基础，汇集了我国许多著名演员如梅兰芳、姜妙香、李少春、袁世海等连同音乐、舞美、工作人员共86人。演出剧目包括《贵妃醉酒》、《霸王别姬》、《奇双会》、《白蛇传》、《三岔口》、《闹天宫》、《将相和》、《野猪林》等25出，阵容之强大，剧目之丰富，前所未有。

★中国访日京剧代表团在东京举行首次演出开幕仪式，日本前首相、日中文化交流协会会长片山哲致欢迎辞。致辞人左手侧左起：李少春、孙平化、马少波、欧阳予倩、梅兰芳、姜妙香、苏琦、刘佳、欧阳山尊、袁世海。

京剧代表团在日本的演出很受欢迎，几天的戏票早被抢购一空，不少议员在国会“开打”正酣之时，还忙里偷闲过来欣赏京剧。时任社会党主席铃木茂三郎看《三岔口》正在入迷之时，突然有人告诉他：“国会来电话说有紧要事请你速回。”他站起身想走，可《三岔口》的魅力又使他实在不舍得离去。电话频频催促，铃木茂三郎站起来又坐下去，终于还是坚持看完了。演出完毕，他站起身来叹道：“现在该我去唱‘三岔口’了！”

马少波说，相对于欧洲观众，日本观众对京剧接触比较多，有着比较深的了解，甚至有过专门的研究。同时，京剧和日本古典民族戏剧如能乐、狂言、歌舞伎在表演方法上有类似之处，不少观众也懂得许多中国故事，因此，他们欣赏起来就比较容易理解并感到兴致盎然。每次演出，观众常常大声叫好，连梅兰芳先生也感叹：“叫好叫得真内行啊！”

马少波回忆说，除了对日本人民宣传我们的古典艺术，我们也借此机会向日本民族学习其优秀文化艺术。像日本的舞乐《北齐兰陵王》，据说就是唐代传入日本的，这些中国古代的节目，他们保存得非常之好，这对中国戏剧有着非常重要的借鉴和研究价值。为此，代表团还特意安排演员分别进行学习，如李维坤、余元龙、赵鸣复学习能剧的《杀生石》，阎世善学习《羽衣》，徐玉川、陈丽华学习京舞的《石桥》等。

从5月26日至7月17日近两个月的时间，代表团遍访了东京、大阪、奈良、京都、神户、冈山、广岛、福冈等地，到处响彻“东京——北京”的友好呼声，留下了许多中日友好的动人佳话。在访日代表团出发前夕，梅兰芳曾在家中给马少波看了30多年前自己两次到日本演出的纪念册，表示此去希望可以见见那些老朋友。有一位日本著名歌舞伎演员中村雀右卫门和梅兰芳关系特别好，可惜人已故去。6月16日，梅兰芳特意去探望了已经77岁的中村夫人。一见面，中村夫人就紧紧握住梅兰芳的手，含着泪说道：“听说你们来日本演出的消息以后，我兴奋得每天晚上不能安睡。我有严重的关节炎，不能走路，

★梅兰芳、马少波、姜妙香、欧阳山尊、袁世海等在大阪与关西华侨在一起。

★ 1959年10月，马少波（右二）与中国艺术团部分歌舞演员在新西兰卢亚伯休雪山别墅，右一为歌舞队队长姚汉光。

因而这些天每天在家里练习走路，准备你们到大阪的时候去看你们。做梦也没想到梅先生你来了……”她泪流满面，呜咽着讲不下去了。梅兰芳安慰她，大家畅叙往事，沉浸在当年情景和好友深情之中，舍不得分别。中村夫人颤巍巍指着梅兰芳与中村雀右卫门37年前的一张舞台合影道：“那时候你才20多岁，现在你也老了。”梅兰芳笑着说：“还不老，这次我还要演戏，一定要请夫人来看戏。”中村夫人说：“一定去，一定去，就是爬着也要去！”

回到北京，见到周总理，汇报了此行情况，总理高兴地说：“此次访日演出取得了巨大成功，艺术打开了日本人民的心扉，搭起了中日人民友好的新桥梁！”

据马少波介绍，中国京剧院先后参加了第三、四、六届世界青年联欢节和第二届国际戏剧节，先后访问了苏联、波兰、匈牙利、捷克斯洛伐克、保加利亚、罗马尼亚、阿尔巴尼亚、民主德国、蒙古、朝鲜等国，足迹遍布世界各地。中国京剧院历年来还进行了广泛的辅导工作，对北京市和外地的专业和业余剧团，力量所及，有求必应。1957年，在辅导日本歌舞伎剧团前进座排演歌舞伎《野猪林》时，还特意向他们赠送了全部的京剧服装和道具，并在京举行了隆重的交接仪式。后来，1955年到1962年的这段时间，被誉为中国京剧院的“黄金时代”。

本文采访时间：2009年　采访人：陈　璐

★中国京剧院辅导日本前进座排演歌舞伎《野猪林》，马少波代表中国京剧院向前进座代表赠送全部服装、道具。

资华筠

1936 年生，原籍湖南耒阳，出生地天津。国家一级演员，研究员。1952 年至 1987 年任中央歌舞团领舞、独舞，并曾在国际、全国舞蹈比赛中获奖。其首演舞目《飞天》被确认为“中华民族 20 世纪舞蹈经典”（共 32 个作品）。首演及代表性作品还有《白孔雀》、《长虹颂》、《思乡曲》、《金梭与银梭》以及 30 多个国家的代表性舞蹈等。1987 年至 1999 年出任中国艺术研究院舞蹈研究所所长，主持了“八五”至“十一五”国家重点艺术科研项目。

资华筠是具有艺术与学术双项正高职称（国家一级演员、研究员）的专家，现任中国艺术研究院学术委员会副主任，国家非物质文化遗产保护工作专家委员会副主任。为第五至十届全国政协委员。曾出访过 50 多个国家，为国际文化交流做出了贡献。

★ 1960 年，在古巴哈瓦那。

年轻岁月的特殊使命

——资华筠忆新中国早期对外文化交流

作为“岁月如歌——新中国文化交流早期记忆”采访宣传活动的项目发起者以及那段历史最年轻的亲历者之一，资华筠认为，她的一生能与对外文化交流相伴而行——对外文化交流在她的艺术生涯和人生阅历中占有很大的比重，是很幸运的事。

2009年7月30日，又是一个夏日的傍晚，已经是晚饭的时间了，我们恋恋不舍地走出资华筠老师的家，坐上一辆出租车，缓慢地行驶在北京拥堵的大街上。收音机里正在播放一首首多年以前的动人老歌，而回荡在我们心中的却是资华筠老师在这个温暖的夏日里那些充满深情的回忆——她曾经参与过的那些新中国早期对外文化交流的特殊经历。作为“岁月如歌——新中国文化交流早期记忆”采访宣传活动的项目发起者以及那段珍贵历史最年轻的亲历者之一，资华筠向我们生动描述了一个个多年以前的动人老故事。

回首往事，整整60年来，从舞蹈表演的交流，到讲学和学术交流，再到国际组织任职和随高层外事代表团出访，随着资华筠对外文化交流领域的不断丰富和拓展，她自己也从一个艺术家成长为一名出色的学者和“文化大使”。她说，我的一生能与新中国对外文化交流事业相伴而行——对外文化交流在我的艺术生涯和人生阅历中占据了很大的比重，这是很幸运的事。

是的，从1951年只有15岁，到古稀之年，资华筠几乎每年都有出访任务，经历了各种不同形式的对外文化交流。她说：“对外文化交流对我的教育和思想冲击是非常深刻和强烈的，使我以更广阔的视野感受到祖国的发展，在与其他民族的文化的比较中，认识中国文化的价值并汲取别人的长处。出国越多，祖国在我心中的分量越重，作为一个中国人的自豪感和使命感也越强烈。”

★ 1951年，第三届“世青节”开幕式，资华筠为中国代表团护徽人之一。

★ 1951 年，与苏联夏令营少先队员在一起。

瓦西里同志把她高高举起

1951 年，年仅 15 岁的资华筠被选派加入由 222 人组成的、以周巍峙为团长的中国青年文工团，赴柏林参加第三届世界青年与学生和平友谊联欢节，并在东欧国家进行了为期一年的巡演，这也是中华人民共和国成立之后的第一次大型对外文化交流活动。那是资华筠第一次出国，也是她第一次有机会和文艺前辈一起与为数众多的国外知名艺术家面对面进行交流。资华筠不仅通过观摩经典艺术作品大开眼界，更重要的是，那次出国，使她获得了丰厚的精神滋养和人生启迪，一生都受益无穷。

在资华筠的印象里，新中国成立初期的对外文化交流工作有其时代特色，既代表国家执行与友好国家间的文化协定，也要到非建交国家从事文化外交。两种性质的文化交流都肩负着在国际上树立新中国形象、广泛争取朋友的特殊使命。

★ 1955 年参加华沙联欢节。

上个世纪的 50 年代我国与东欧国家的友好交流，在她心中留下了很多美好的记忆。资华筠清楚地记得，1951 年第一次出国时，许多国家刚刚从战争创伤中走出，百废待兴的苏联和东欧国家正在掀起轰轰烈烈的经济和文化建设高潮，呼应着我们建设新中国的热情和决心。那时，东欧的一些城市遭到战争的摧毁，到处可见战火留下的创伤，街道上满眼都是废墟，人民生活十分困难。中国青年文工团的领导组织团员们和当地国家的青年团员一起热情高涨地参加义务劳动，帮助清理战争废墟。那时候，友好国家虽尽量想办法接待他们，但食宿条件有限。有时住学校，有时住火车；有时发个食品袋，黄油是植物黄油，餐桌上的食品显得寥寥不足，团员们大多吃不惯西餐。在列宁格勒，为了改善伙食，苏联方面给每位青年文工团员增加了一杯番茄汁。相比之下，莫斯科的物质条件还稍微好一点。但无论哪个国家，都体现出对中国人民和艺术家的深厚友谊。中国艺术家对这些国家的政府和人民也充满了友好的感情。

在那个特殊的年代，艺术交流与政治活动结合非常紧密，每个年轻人的心都是那么炽热。参加柏林世青节的闭幕式，几万人在广场庄严宣誓：为世界和平而斗争！“我们都感到自己是一名保卫和平的战士。”新中国早期的对外文化交流，特别注重观摩学习，每到一个国家，都要安排与当地最有名的艺术家会面，观看经典剧目演出和参观著名的博物馆、美术馆。也因此，资华筠有幸零距离地亲睹了许多大艺术家的风采。

那时的资华筠还是一个充满稚气很调皮的小演员，而那些她无限崇敬的大艺术家却一点没有架子。她至今还难忘在苏联度过的1952年的新年，苏联的大艺术家们（其中不少是人民演员）身着盛装应邀参加在莫斯科大酒店举办的中国青年文工团的新年联欢会，一起唱歌跳舞，青年文工团员们还扭起秧歌，大家共同等待新年钟声的敲响。

在这次新年联欢活动中，著名的苏联艺术家悉数到场，其中最引人注目的是瓦西里的扮演者（苏联电影《列宁在1918》和《列宁在十月》中列宁的警卫员的扮演者）。人们一定会清楚地记得那个身材高大、相貌英俊、充满魅力的瓦西里同志，也不会忘记“面包会有的，牛奶也会有的”那句深入人心的话语。资华筠见到他，喜出望外地高喊：“瓦西里同志，你好！”瓦西里竟像抓小鸟那样，把这个刚跳过《西藏舞》（此舞那时刚获得金奖）的中国小姑娘高高地举起。如此亲切热烈的场景，使每个在异国他乡过年的中国青年艺术家，感到无比温馨与激动。

世事变迁，资华筠也曾经在苏联目睹了另样的风景。1963年，在中苏政治关系恶化的时期，资华筠再次随中央歌舞团访问了对她来说非常熟悉和亲切的莫斯科。那次演出，是“文革”前他们最后一次执行中苏两国文化协定的演出活动。因为中苏两国的政治关系非常紧张，剧场气氛也受到影响。苏联观众大都被组织来观看中国艺术家的演出，节目进行中，观众表情凝重，节目演完只有礼貌性的掌声——与苏联观众一向掌声雷动重视谢幕的习惯迥然不同。但是，当节目换景切光，剧场一片漆黑时，突然响起潮水般的掌声与喝彩。后来，中方有意拖长一点切光时间，观众非常默契地鼓掌，而灯光一亮，立刻鸦雀无声。这种掌声与政治形势密切相关的经历很特殊，但是从旅馆的大嫂（服务员）一个劲儿地往他们碟子里添菜，到大街上的陌生人抓住他们的手悄悄地说："乌拉，中国！"随处可见流露出的人民之间的深厚友情。

作为1952年成立的新中国第一个国家歌舞团——中央歌舞团的主要演员，资华筠在"文革"前几乎年年都要执行国家文化交流任务。无论在任何环境中演出，在资华筠心目中，他们的舞蹈都是国家形象的代表。1953年朝鲜停战后，她随贺龙元帅率领的中央慰问团赴朝鲜演出。除慰问最可爱的人——志愿军和朝鲜人民军外，他们还曾为美国俘虏演出过。美国战俘看了他们表演的优美舞蹈以后，受到了很大的触动，有人甚至流泪。他们唏嘘感慨："创造了如此圣洁、美好艺术形象的民族，怎么会是侵略者？"而《红绸舞》更被外国友人视为"新中国燃烧的火焰"的象征。

《列宁在1918》的拍摄年代是1939年，资华筠曾经有幸和那么遥远年代的诸多苏联表演艺术家交流联欢，又曾经历过那样复杂的国际气候的晴和日丽与雨雪冰霜，如今依然活跃在21世纪的对外文化交流舞台上，她的生命阅历实在不能不让人由衷地感叹。

★资华筠旧照。

卡斯特罗称她为古巴姑娘

除执行国家文化交流任务之外，“文革”前十七年中，去非建交国执行周总理指示的“先文艺后外交”任务，也是新中国早期对外文化交流的重要内容。

继1956年梅兰芳、欧阳予倩等率中国京剧团访问日本后，1958年出访的中央歌舞团是新中国最早访日的歌舞团。吕骥任团长，著名古琴家查阜西任艺术指导，加上当时在全国走红的《小乖乖》首唱者、云南歌唱家黄虹等约60人，带去了历届世青节的获奖舞蹈，如《红绸舞》、《荷花舞》、《飞天》、《孔雀舞》、《狮子舞》等，先后在日本东京、大阪、名古屋、福冈等多个城市进行了巡回演出，受到了日本观众、爱国华侨、国际友人的热情欢迎。此次访日是经过日本进步人士多方斡旋和努力，以《每日新闻》的名义出面邀请，克服了重重困难才得以实现。在那次赴日演出中，组织上安排资华筠和黄虹一起到日本电视台接受采访，年轻的资华筠生平第一次接受电视台的直播专访。此外，艺术团还参观了有名的石井漠现代舞蹈学校，与日本艺术家进行了非常深入的交流。

在日本期间，资华筠也经历了不少考验。如：在东京旅馆的房间里她收到过“策反信”（其中连她的父亲曾在日本留学都调查得清清楚楚）；她也和其他艺术家一起遭遇了日本浪人对演出活动的干扰。此外还经历了“国旗事件”，即日本浪人撕毁大阪万国博览会上中国国旗。当时各种敌对势力活动非常猖獗，中国歌舞团因“国旗事件”中断演出提前回国。为预防不测，放弃乘日本航班，选择了从横滨乘海船到海参崴，再搭乘苏联的盐运货艇回国。成百上千的进步人士和华侨到横滨码头——手持五星红旗，在岸边组成保卫中国艺术团的多层人墙，深情送别中国艺术家。他们用自己的血肉之躯，阻挡住日本浪人的疯狂冲击。

★卡斯特罗祝贺资华筠演出成功。

30年后，上世纪80年代，时任中国艺术研究院舞蹈研究所所长的资华筠，在接待日本花柳千代舞蹈团来访的活动中，被日方随团翻译森川和代女士喜出望外地认出来，她竟是1958年参与保卫中国歌舞团的日本进步青年，一时间两人紧紧拥抱，百感交集，激动不已。

1960年，文化部派出以陈忠经为团长、以中国京剧院一团和中央歌舞团业务骨干为主体的百人艺术团出访委内瑞拉、哥伦比亚、古巴和加拿大等国。艺术团中有李少春、袁世海、杜近芳、郭淑珍、资华筠等知名艺术家，节目都是经受过国际舞台考验的京剧、歌舞精品。这是继1956年访问拉美后更大规模的艺术团。由于1956年赴拉美的部分艺术家因飞机坠毁不幸遇难，1960年的出征不免有些悲壮。周总理亲自为艺术团做行前动员，鼓励艺术家要有“青山处处埋忠骨，何须马革裹尸还”的气概。

虽然环境复杂，甚至遇险，艺术的感染力却冲破政治制度的壁垒、隔阂，加强了中国与世界多国人民之间的沟通、理解。

★ 1958年，访问日本，友人在横滨码头送别。右四为资华筠。

★ 1958 年资华筠访日时与石井漠舞蹈学校师生交流。

如：1960 年，访问委内瑞拉时突遇军队政变。资华筠等正在剧场排练，窗外枪声骤起，催泪弹的侵袭搞得大家呼吸困难泪流满面……更令人担心的是，艺术团的第三批成员还未抵达加拉加斯，因机场已被政变军队封锁而不知去向。当时形势非常危急，中委尚未建交，艺术团随时有被绑架的危险。幸好政变未遂，被迫降到别国的第三批艺术团成员最终安全抵达委内瑞拉。大家像一切从未发生那样，全神贯注地排练、演出，演出取得了轰动性的成功。

在古巴，中国艺术团进行了为期两个月的演出，具有特殊历史意义。那时正值古巴革命成功不久，人民的革命热情高涨。卡斯特罗经常召集大型集会发表演说，中国艺术团也应邀参加，在烈日下站立数小时，高喊着："要古巴，不要美国佬！"除去在首都哈瓦那的大剧场演出，他们还深入到古巴革命军根据地马埃斯特拉山区进行慰问。冒着未被清除地雷随时爆炸的危险，住几十人的帐篷，露天舞台是临时搭建的，成千上万的革命军就坐在远近山坡上看演出……此外，中国艺术团的部分团员还被借调去抄录第一份中古贸易协定。

★ 1960 年，在委内瑞拉。

经过了两个来月的访问，资华筠收集、学习了古巴的民间舞蹈《萨巴代欧》，经过加工，在访古的闭幕式上演出。卡斯特罗兴致勃勃地亲临观看，并上台接见了中国艺术家，他握着资华筠的手说："哦！你是我们古巴姑娘。"这张珍贵的照片当年被不少重要媒体刊登，并逃过了"文革"浩劫被幸运地保存下来。让中国艺术团成员更感荣幸的是，中国艺术团访问不久，中古即建交。

这次拉美巡演历时 7 个月，1960 年，国内遇到自然灾害，国际上也掀起反华浪潮。团长陈忠经总结在外演出的体会，给国内发回电报说"我们的朋友遍天下"。这件事得到毛主席的关注、表扬，把这份电文在政治局传阅。消息辗转又传到身处异国的中国艺术团。回国后，毛主席邀请中国艺术团进怀仁堂演出《白蛇传》并接见艺术团领导。资华筠等舞蹈演员虽然只担任龙套——开幕时的一段"云牌舞"，也感到非常荣幸。

比一般军队还要严格的纪律

资华筠深深记得，要保证在非建交国家的演出成功，除去对节目精益求精，还必须有铁一般的纪律保证。比如团员们演出归来做的第一件事是检查箱子、衣柜以及衣服口袋，不能少也不能多任何东西（不能有任何微小差异），因为添加的东西有可能是定时炸弹、含毒的食品，甚至栽赃给演员们的“共产主义宣传品”——借此把中国艺术家驱逐出境。少了东西则可能是生活、演出必备品，造成执行任务的困难。好在所有证件都集体保存，个人负担会减轻些。这些举措绝非故作紧张，因为各种敌对势力都企图干扰破坏新中国艺术代表团的活动。

在保卫方面，爱国华侨给了中国艺术团许多帮助。所需的点心、水果一律由华人餐馆负责。放在剧场的服装、道具，他们派专人值班。在加拿大乘专用大巴巡演时，华侨开着自己的车在前面探路……感人的故事比比皆是，有些人至今与资华筠有联系——在特殊战斗中结下的友情保持了近半个世纪。

除本职工作外，每个人都要一专多能。资华筠除去在京剧中跑龙套，还兼服装管理。

严格遵守纪律的同时，还要最大限度地广交朋友。尤其是主要演员，几乎每日上午都随团部领导分组拜访当地知名人士：国会议员、银行家、工程师、医生、艺术家……各个小组回来后，要分析、汇集情况。在复杂紧张的形势下，以轻松的态度与朋友们接触，随意聊天中也能给人以启迪。资华筠回忆说，那时国家的外汇十分紧张，但西班牙著名斗牛士到哥伦比亚时，我们正好在那里演出。哥伦比亚是中国艺术团此行中，对中国了解最少、刁难最多的国家。团长当机立断买最贵的票，让秘书长带我们几个主要演员去看斗牛，要求“盛装出席，尽情享受，保持警惕”。

这次活动，在波哥大引起热烈反响，斗牛场几万人目睹了中国人的风采。有时团长也在严密组织、安全有保障的情况下，让演员去逛高级商场，当然，只能是“window shopping”，但也起到“亮相”作用……那时国内条件与一些出访国的情况有明显差异，由于有坚定的信念和国家尊严，他们从不为花花世界所诱惑。

年轻时代潜移默化受到的外事工作训练，为资华筠日后从事各种国际活动积累了丰富经验（如：国际组织任职，世界妇女大会非政府组织论坛主持人等），这恐怕也是她入选全国政协外事专业委员会委员（成员以驻外大使、外交部领导为主）的因素。她曾随全国政协副主席、外事委员会主任多次出访，大家都亲切地称她“文化大使”。

资华筠说，在60年的对外文化交流中，她充分体会到了人性的善与恶，以及人类追求美好幸福生活的共通性，同时也深切体会到了一个人的成长与国家发展的密切关系。

她说，在对外文化交流工作中受到的熏陶和教育是综合性的，非任何一所大学或者任何一个课堂所能比拟。

帕花·黛维公主送的白金戒指

★资华筠在指导柬埔寨公主帕花·黛维学习舞蹈。

采访那天，资华筠的左手上戴着一枚精巧秀气的白金戒指，她说，这枚戒指是1964年柬埔寨公主帕花·黛维赠送给她的礼品。十年浩劫中，母亲给的首饰都被抄走，这枚戒指却因藏在不起眼的角落而得以幸存。所以，她把它当成了吉祥物总是戴在手上，有人甚至误会成定情物。“其实我们那个时代哪兴送戒指。”这枚小小的戒指，也有难忘的故事。

上个世纪60年代初，柬埔寨国家元首西哈努克亲王与夫人莫尼克和子女访问中国，资华筠与东方歌舞团的张均、于海燕一起接到对外文委布置的任务，与公主帕花·黛维和柬埔寨艺术家们相互交流舞蹈技艺，张均她们的任务是学习柬埔寨舞蹈，资华筠的任务则是教授帕花·黛维公主学跳中国的《孔雀舞》。帕花·黛维公主聪慧秀丽，擅长舞蹈，是西哈努克的母亲哥沙曼的掌上明珠。中柬双方所学习和教授的舞蹈，都将在几天之后西哈努克亲王举行的告别宴会上进行表演，因而这次中柬双方的舞蹈交流，成为一项丝毫不能打折扣的外交工作任务。

《孔雀舞》自1956年首演以来，一直被周总理作为重大外事活动的指定节目，也吸引了帕花·黛维的注意，她要求和“原版”舞蹈家学习这个舞蹈。资华筠因此被安排住进了北京饭店，全天候跟随公主教授其舞蹈。但是帕花·黛维公主喜欢随兴所致，不能保证学舞时间。针对《孔雀舞》艺术性强、难度技巧高、即使功底很好的中国演员也要经过较长时间排练才能掌握的实际情况，为了保证《孔雀舞》的质量，资华筠决定以老师的身份对公主进行严格要求。她问公主：想不想在汇报演出中有出色的表现？想不想让亲王父亲高兴？在得到公主的认可之后，她对公主严肃地说，我愿意尽量帮助你，但是这两天你必须听从我的安排。公主欣然同意了。发现公主在夜里精力更加旺盛，资华筠就白天休息，夜里授课，公主也主动加班加点练习，终于圆满完成了任务。在西哈努克亲王的告别宴会上，当帕花·黛维公主和她的侍女们用精彩的《孔雀舞》作为压轴节目汇报演出后，在场的刘少奇、周恩来、陈毅和西哈努克亲王等脸上露出了喜悦的笑容。帕花·黛维公主在总谢幕的时候，不顾一切地奔向资华筠，把她拉上了舞台。她当众向老师合掌致敬，并激动地拥吻了资华筠。周总理在一旁高兴地说：“老师有功啊！”幸福的暖流顿时涌遍资华筠的全身，她的眼睛微微湿润了。公主在回国前，郑重地摘下自己手上的白金戒指赠送给了资华筠，同时也将一段美好的记忆，永远地镌刻在了资华筠的心灵深处。

本文采访时间：2009年 | 采访人：张小兰

白淑湘

1939年出生于湖南。舞蹈家。1959年毕业于北京舞蹈学校。曾成功地扮演了《天鹅湖》中的白天鹅和黑天鹅，在中国芭蕾舞剧《红色娘子军》中成功塑造“吴琼花”的形象。在《海侠》、《吉赛尔》、《巴黎圣母院》等多部古典芭蕾剧中担任主要角色。

★中国有了自己的《天鹅湖》。

中国有了自己的白天鹅

——白淑湘与早期芭蕾艺术交流

《红色娘子军》的成功，让白淑湘的芭蕾事业发展到了一个新的高度。直到今天，《红色娘子军》那种融西方芭蕾与中国民族舞技巧于一体、别具一格的艺术表现手法，仍然可以引起很多人的共鸣。

说起芭蕾艺术在中国老百姓心中的印象，几乎所有人都会回答，芭蕾就是《天鹅湖》；说到《天鹅湖》，永远也绕不过的一位主角，就是白淑湘。是她，放飞了中国第一只“白天鹅”，也是她，在《天鹅湖》之后，又使中国芭蕾舞《红色娘子军》的“琼花”形象深入人心。如今的她虽已年届七旬，但优雅的一举一动和亲切的谈吐，无不显示出一位芭蕾艺术家的高贵气质。

★中国版《天鹅湖》。

襁褓中的新中国芭蕾艺术

虽然芭蕾艺术诞生于西欧，但中国人对它的了解却来自苏联。1954年11月，为迎接十月革命节的到来，中国邀请了莫斯科国立音乐剧院访问北京。莫斯科国立音乐剧院带来了芭蕾舞剧《天鹅湖》、歌剧《冲向暴风雨》，还有《叶甫盖尼·奥涅金》等六台节目，在北京天桥剧场等场地演出。在那场轰动一时的演出中，苏联芭蕾女皇乌兰诺娃作为芭蕾舞剧《天鹅湖》的主角来到中国。伴随着柴可夫斯基的经典音乐，乌兰诺娃近乎完美的演绎，使《天鹅湖》这一剧目给所有在场的领导人、艺术家、普通观众留下了极其深刻的印象，芭蕾艺术由此第一次进入了普通百姓的视野。正是从那一年开始，中国在苏联芭蕾大师的帮助下开始了属于自己的芭蕾之路。有趣的是，由于这门艺术本身的感染力，加上苏联老大哥代言，以及中方上层的推动，当时的中国人并没有对演员的紧身服装和男女肢体接触这些有违中国传统的内容产生抵触情绪。

那次演出后不久，中国很快成立了一个芭蕾舞蹈培训班。应中国文化部的邀请，苏联芭蕾专家奥·阿·伊莉娜来到这个培训班执教。在此基础上，1954年年底，新中国的第一个专业舞蹈家的摇篮——北京舞蹈学校成立了。今天的年轻人恐怕不会想到，舞蹈学校的第一批教师竟是从北京的一所四合院里培养出来的。在香饵胡同，从各个舞蹈团体抽调来的学员们在半年内奇迹般地完成了苏联舞蹈学校1至6年级的教学大纲，全部通过严格的考试。很多学员除了睡觉吃饭以外整天泡在教室里，那种强烈的求知欲和忘我的学习劲头，真是十分可贵。伊莉娜也不愧为一位严厉的和经验丰富的教师，她言传身教，使培训班自始至终保持着旺盛的学习和工作热情。

是年，东北人民艺术剧院儿童剧团的小演员白淑湘幸运地考取了这个中国舞蹈界的第一学府。虽然当时的条件很差，但老师教课非常认真，她如饥似渴地学习中国古典舞、民间舞、外国芭蕾舞、宫廷舞、历史生活舞和文化课，渴望有一天能出演心目中的芭蕾主角。

除了伊莉娜，维·伊·查普林、彼·安·古谢夫等多位苏联芭蕾舞蹈专家先后来到中国，应邀在此执教，他们的艺术修养很高，掌握着系统的专业知识，有很丰富的实践经验，不管是教师还是学生，都从他们身上获益颇深。当他们发现一些同学在实习创作中存在“语汇贫乏”的情况，就千方百计地为学生增加舞蹈课，查普林就曾经邀请伊莉娜来指导学生上芭蕾课。

古谢夫则是一个治学严谨的教师，他常说：“一部舞剧起码应该有二百个不同的动作。”所以他总是督促学生尽可能多地去学习古今中外的各种舞蹈。而他的敬业更是让白淑湘十分佩服，他常常说：“哪怕是搞一天事业，也要全身心地投入、十二万分认真对待它。”大师对待芭蕾艺术的执著精神影响了当时学校的每一位学员，成为像他一样的世界著名芭蕾舞大师成了当时所有人的梦想，练习时大家也格外刻苦。在白淑湘的记忆中，他所开的表演技巧课很有启发性，他是乌兰诺娃的舞伴，常常通过给大家讲述这位芭蕾明星的故事来传授知识。

北京舞蹈学校芭蕾专业第一次实习公演，向观众奉献了一组小型芭蕾舞节目和舞剧片断：《四小天鹅》、《肖邦华尔兹》、《斯特劳斯华尔兹》、双人舞等。晚会上，由苏联莫斯科音乐剧院总编导布尔梅斯捷尔和古谢夫教师与中国编导艺术家共同创作、演出的双人舞《约会》，以其特有的风格引起人们的兴趣。这次实习公演，显示出处于襁褓中的新中国芭蕾艺术具有旺盛的生命力。周恩来总理亲临剧场观赏，并感谢伊莉娜对中国芭蕾舞建设所作的贡献。1957 年，北京舞蹈学校又上演了由查普林排演的芭蕾舞剧《无益的谨慎》，这部多贝瓦尔的作品，诞生于 1789 年，属于现实主义范畴，用芭蕾反映社会生活。白淑湘将这些演出看在眼里，记在心里，反复琢磨各种舞蹈动作的艺术表达。

培训班期间，在苏联老师的指导下，创作出大量舞蹈（舞剧）作品，《宝莲灯》和《鱼美人》都是作为实习剧目进行创作的。查普林还不辞辛苦地到沈阳和延吉市去指导学生排练《秋收》和《金斧子》。学生们为舞校和一些表演团体创作了几十个中、小型舞蹈作品。两届培训班的班主任肖慎同志和担任翻译工作的朱立人、王祖余等同志，在长达四年多的时间里，为办好教学工作作出了出色的贡献。生活是紧张而又愉快的，大家亲密无间，互帮互学，那种如饥似渴的学习精神，那种刻苦勤奋的钻研劲头，至今回忆起来，仍使人激动不已，受到鼓舞。

★奥杰塔和王子的双人舞。

中国有了自己的白天鹅

到北京舞蹈学校后不久，古谢夫就开始指导中国首批芭蕾舞演员们排练大型舞剧，排练的剧目正是《天鹅湖》。慧眼识珠的古谢夫，从六七个主角人选中挑出了白淑湘。

其实，论身体条件，白淑湘显然有些不足之处，她的腰腿软度不够，身材也比较粗壮高大，不那么小巧灵活，这给她的一些芭蕾演出动作带来难度。但是，她坚信“只要功夫深，铁杵磨成针”，每天上完课，她自己还要加练一段时间，总是最后一个走出练功房。节假日，她放弃休息，在练功房整天单调地重复着同一个动作，陪伴她的只有那面练功的大镜子。

《天鹅湖》中有个高难动作，要求演员用一条“主力腿”在原地用脚尖脚掌起落，另一条“动力腿”甩动，身体作360度的旋转，而且要连续旋转32圈。她转了几圈就摇晃了，怎么办？练！只有苦练！为了达到在原地旋转不移动位置，白淑湘用四把椅子把自己围起来，在圈内不停地旋转，多少次摔倒了爬起来再练，腿不知被椅子碰伤多少处，青一块、紫一块，伤痕累累。旋转时，全身的重量都在脚趾尖上。为了舞台上的32圈，白淑湘在台下就必须练习一口气转70多圈。脚趾甲不知道磨掉了多少次，每次练完，脱下舞鞋，里面沾满了血。白淑湘用这股超常的韧劲，终于练到能稳稳当当地连续转出32圈……

1958年6月30日，北京舞蹈学校的《天鹅湖》在天桥剧场首次公演。帷幕拉开，舞台上白淑湘饰演的“白天鹅”奥杰塔完美、准确的动作，娴熟、优雅的舞姿，明快的节奏，矫健的身段，赢得观众经久不息的掌声。18岁的白淑湘成功了！中国从此有了自己的“白天鹅”！激动的观众潮水般涌向台前，将大把大把的鲜花献给白淑湘。观看演出的周恩来、陈毅走上舞台，对她表示热情的祝贺和勉励。周总理亲切地说：“从事芭蕾艺术要不断地提高技艺，精益求精，要成为这个领域里的行家。”这句话一生都在不断地激励着白淑湘。

这次演出的版本颇为复杂。第二、四幕属于1895年俄罗斯编导伊万诺夫和彼季帕的版本和风格，序、一、三幕和尾声是布尔梅斯捷尔的版本，有些部分古谢夫作了新的处理。为了有别于其他国家的风格，同时也为了培养中国的编导和教师，古谢夫特意组织了李承祥、王世琦、栗承廉、张旭和邬福康等参加该剧舞蹈片断的编导和排练，舞美设计齐牧冬，主要演员除了白淑湘，还有高醇英、张婉昭、刘庆棠、孙正廷、吴诸捷、李承祥、陈伦、张纯增、林泱泱等。无论从艺术水平、芭蕾技巧的难度还是演出的规模来看，上演这部作品标志着新中国的芭蕾艺术的发展，已经从童年逐步进入成熟的阶段。更为有意义的是，中国“白天鹅”的腾飞，如果从开办舞蹈教员训练班算起，仅仅经历了四个春天，这种发展速度，在世界芭蕾舞发展史上可谓罕见。

继《天鹅湖》之后，中苏两国芭蕾艺术家趁热打铁，又连续排演了《海侠》、《吉赛尔》两部传统芭蕾舞剧，这两部舞剧都在几个月内完成，白淑湘顺理成章地再次担当角色。

1959年年底，经文化部批准正式建立了新中国第一个专业性芭蕾舞团——北京舞蹈学校实验芭蕾舞团，承担繁荣中国芭蕾艺术并配合舞校教学实习演出和培养演员的任务。它就是中央芭蕾舞团的前身。

当时，编内的演员只有白淑湘等二十几人，绝大部分演员是舞蹈学校的教员和在校学生。一到演出几乎全校动员，连钢琴组的老师们都要在剧中充当角色，文化课教员、行政人员也要兼做舞台工作，乐队伴奏也是请新影乐团帮忙，真是上下一股劲，演出也生气勃勃。白淑湘对那时的纪律性和严谨的艺术作风十分怀念：表演充满着激情、群舞出奇地整齐、艺术上一丝不苟、严肃地对待任何一点失误……每一个演员都有着高度自觉性和负责精神。最可爱的是那些低年级的孩子们，在演《海侠》时，她们除了跳“花园舞”以外，还要披上大斗篷，戴上假胡子，在奴隶市场上扮演群商，那种认真劲十分有趣，整个演出总给人留下美好的艺术回味。建团的头几年，正赶上国家的三年困难时期，大家的伙食很差，主要演员在临近演出时才能领到几张“带鱼票”。学生们的营养品也很少，但全体师生不计报酬，不讲条件，在排练中一丝不苟，在演出中兢兢业业，那种为艺术献身的精神，在今天看来十分可贵。

不久，白淑湘就随团赴东南亚国家演出，周恩来总理和陈毅副总理又一次观看了演出。这次尝试性的出国演出震动了欧洲，连英国的《泰晤士报》都报道了演出情况。

中国芭蕾《红色娘子军》的出现

从上世纪 50 年代末到 1964 年，白淑湘经历了芭蕾舞事业的黄金阶段。从《天鹅湖》后，中国开始大量排演经典芭蕾剧目。白淑湘在近 10 部古典芭蕾剧目中担任了主要角色。

早在 1950 年，中央戏剧学院舞蹈团就上演了大型芭蕾舞剧《和平鸽》。这是新中国第一代芭蕾舞艺术家想用芭蕾的形式反映中国社会生活的尝试，虽然还不够成熟，但有着积极的意义。后来，在苏联专家的帮助下，中国芭蕾在沿用苏联戏剧芭蕾以文学为本的创作方法的基础上，开始了传统舞剧的实践。比如，李承祥等编导的《鱼美人》就是想通过《鱼美人》的创作为中国的舞剧发展做一些试验，探索建立中国古典舞与西方芭蕾舞相互补充的舞剧体系。

不过，中国芭蕾舞中最成功、影响最大的还得说《红色娘子军》，它堪称芭蕾“中国化”的标志。1962 年，为了刻画出《红色娘子军》中的形象，中央歌剧舞剧院芭蕾舞团编导 6 人、主演 5 人组成《红色娘子军》创作组，前往海南屯昌的解放军某部当兵一个半月，体验生活。不料，《红色娘子军》完成后，请有关领导审查时，得到评价是：“满台娘子不见军，手中拿着烧火棍！”全体演员、演奏员 100 多人又到部队当兵一个半月。回来后再演，气质果然有了明显变化。

在1962年10月举办的广州秋季出口商品交易会上，芭蕾舞剧《红色娘子军》亮相演出。当时正在广州演出的古巴芭蕾舞团的演员看完后，都激动地跑上台，与中国演员拥抱在一起。在后来的座谈会上，古巴著名芭蕾舞蹈家阿丽西娅·阿隆索抑制不住内心的激动，连连称赞："在芭蕾历史上第一次出现了拿着刀枪的足尖舞，很精彩，你们太了不起了！"这位阿隆索，与白淑湘早已有过交集，她曾于1961、1964年两次率古巴国家芭蕾舞团访华。那时，她的双目已几近失明，但仍然坚持上台，由女儿在侧台小声指示方向才能演出。阿隆索后来说，她最念念不忘的就是中国同行白淑湘，"我们曾经多年失去联系，特别希望能够与老朋友见面。"

《红色娘子军》的出现，使中国芭蕾从此被习惯性地称为"红天鹅"。在《红色娘子军》上演之前，芭蕾舞在中国观众心目中只是"舶来品"艺术，而《红色娘子军》则以芭蕾舞剧的形式，展示了中国革命的盛大场景。它一上演，就在当时社会上引起了轰动。由贵族化的"白芭蕾"进入革命化的"红芭蕾"，不仅是因为一种现实的需要，而且也是一种信仰的追求。而由白淑湘塑造的中国劳动妇女、女红军指挥员吴琼花感人的艺术形象，是那样的光彩照人、深入人心。直到今天，《红色娘子军》那种融西方芭蕾舞与中国民族舞技巧于一体、别具一格的艺术表现手法，仍然可以引起很多人的共鸣。

《红色娘子军》的成功，让白淑湘的芭蕾事业发展到了一个新的高度。在后来的岁月里，白淑湘继续献身于芭蕾，以独特的艺术风格，敏捷的技巧，非凡的表现力，成功地塑造了众多不同性格的艺术形象……周总理逝世后，她满怀对总理的怀念，演出了《缅怀周总理》，此后，又演出了歌颂革命先烈杨开慧的《骄杨颂》，以及双人舞《堂·吉诃德》等。如今，这只"白天鹅"仍然在为芭蕾艺术奉献自己的力量。

★中国芭蕾舞剧《红色娘子军》。

本文采访时间：2009年　采访人：叶　飞

刘诗嵘

1927 出生于北京。早年于上海音乐学院学习，自新中国成立后一直在中央歌剧院任职，长期从事歌剧音乐的组织、演出、教育普及和对外交流工作。上世纪 80 年代初与诗人艾青、画家吴作人、音乐指挥家郑小瑛同获法国文学艺术奖。1992 年从中央歌剧院业务副院长的职位上退休，仍然热心于歌剧艺术的普及与《中国歌剧史》的编撰工作。

★ 1952 年，访华演出的苏军红旗歌舞团在排练。

学习：早期文化交流的关键词

——刘诗嵘忆早期中苏文化交流

新中国成立初期，文化事业的发展整体上处于起步阶段，此时的文化交流，除了肩负着“文化先行，外交殿后”的重要任务，还有着一个非常明确的目的，即为了中国今后的文化事业建设，尽可能全面地学习外国比较成熟的艺术经验。作为新中国早期文化交流工作的见证人之一，刘诗嵘说，尽管当时国家经济非常困难，但领导人对“走出去”和“请进来”工作特别重视。

提起早期中苏文化交流，刘诗嵘老先生可说是最合适的采访对象之一了。当年，他曾在周巍峙的领导下，亲历了 1952 年、1954 年苏联艺术代表团两次来访，负责艺术团的接待工作。现如今，已是 82 岁高龄的他，仍然在为《中国歌剧史》的撰写殚精竭虑。

刘诗嵘说，新中国成立初期，文化事业的发展整体上尚处于起步阶段。此时的文化交流，除了肩负着“文化先行，外交殿后”的重要任务，还有着一个非常明确的目的，即为了中国今后的文化事业建设，尽可能全面地学习国外比较成熟的艺术经验。1951 年中国青年代表团赴东德柏林参加第三届世界青年与学生和平友谊联欢节，首次将新中国的形象展示给了国际社会，带回了一系列艺术方面的重要经验。1952 年、1954 年苏联艺术代表团两次来访，则可以说是直接将富有生命力的艺术种子播撒在了新中国大地上。用今天的话说，尽管当时国家经济非常困难，但领导人对“走出去”和“请进来”工作特别重视，两次接待苏联艺术代表团就是见证。

★ 1954 年，莫斯科音乐剧院访华演出闭幕式上与中央实验歌剧院乐队联合演出《瑶族舞曲》。

第一次接待大规模国外艺术团

解放前，在刘诗嵘还是一个倾心音乐的学生时，他就已经知道苏联在音乐方面有较高的成就。除了柴可夫斯基等古典音乐大家的作品，当时苏联影片里的音乐如《大马戏团》里的《祖国进行曲》、抒情歌曲《喀秋莎》等，对当时的他来说非常有吸引力。1949年建国之初，刘诗嵘进入中央歌剧院的前身——华北人民文工团工作。在这里，他曾多次听贺绿汀、金紫光等领导同志畅谈要进一步向国外学习，以推动国内文化艺术事业的发展。限于当时的国际政治环境，中国与西方各国的联系很少。直到上世纪五十年代末，交流活动一直限于苏联、东欧各国的范围内。不过，这些国家也都有较为悠久的歌剧艺术传统，在世界上有相当地位，因此收获还是颇为丰厚的。

1952年，为庆祝中苏友好条约签订一周年，苏联代表团来华演出，代表团包括苏军红旗歌舞团和艺术家代表团。这些首次来到中国的艺术家们不仅专业上十分多样，而且都有很高的艺术成就。芭蕾方面有乌兰诺娃，声乐方面有盖达依、哈依、纳塞罗娃、贝布托夫、聂恰耶夫、米哈依洛夫，小提琴方面有柯岗、卡维尔兹涅娃，钢琴有叶米里央诺娃，木偶有奥布拉佐夫，此外还有一位魔术家和一对柔软体操演员。他们大多是苏联人民艺术家、功勋艺术家和国际比赛获奖者，集中了当时苏联最优秀的老、中、青三代舞蹈家、歌唱家和器乐演奏家。为了让更多的中国观众欣赏到演出，他们在北京举行了隆重的开幕式之后，便分为三队到一些重要城市演出，一队由作曲家楚拉基带队，由北京出发到武汉、广州、杭州，在这三地演出结束后到上海与另外两队会合。

这些艺术家当中，最引人注目的当然是世界级的芭蕾大师乌兰诺娃了。限于当时的演出条件，乌兰诺娃在中国虽然只表演了以肖邦、舒曼的音乐编排的小品《仙女们》的圆舞曲和《夜曲》，但是已经令人叹为观止了。而且，乌兰诺娃的超凡脱俗不仅表现在舞台上，在日常生活中，她也如天鹅般优雅。

两位小提琴家柯岗、卡维尔兹涅娃都是国际比赛获奖者，当时二人都还年轻。28 岁的柯岗由于在每次综合晚会上只能拉几支小曲，常有郁郁不得志的感觉。到了上海，他举行了一场独奏会，座无虚席的兰心大戏院让他如鱼得水，使出浑身解数，演奏了巴赫、贝多芬、格里格等人的名曲。卡维尔兹涅娃是一位风度翩翩的女士，可惜限于晚会的总体安排，没能让她像柯岗一样在独奏音乐会上一展风采，她只好在宾馆的休息室里拉些大作品自己“过瘾”。作为随团的工作人员，刘诗嵘常去当她“独奏音乐会”的特别听众。

让中国观众颇为意外的是，阿塞拜疆歌唱家贝布托夫演唱了一首中国歌曲《在那遥远的地方》。他在来到中国之前就已经学会了这首歌曲，可能是出于文化背景近似的原因，中国西北民歌对他而言有一种天然的亲切感，演出时咬字行腔非常准确。文化部还临时组派了王昆和孟于两位歌唱家，负责教哈侬唱中国歌曲《有吃有穿》。两人在飞机上、宾馆里随时随地教哈侬发音吐字。最后，哈侬终于能完整地唱出这首《有吃有穿》，虽然中文发音并不是特别准确，但她对中国歌曲的尊重，让观众十分感动。

1952 年的那一个月时间，虽然不足以让中国人全面了解这些苏联艺术家，但他们身上的一个又一个闪光点，让当时的中国艺术家们感叹：德艺双馨不再是一个空架子。

哈侬给刘诗嵘的印象特别深——他的群众观点非常鲜明，活像一个“老八路”。由于有高血压，哈侬不能坐飞机，他所在的小组便前往开封、徐州等中等城市。一般情况下，每到一地，地方领导都会带着群众在火车站夹道欢迎。不料刚到开封，天空突然下起了大雨，下火车后，哈侬见老百姓都站在雨里欢迎，径直走进了雨中。当地领导见状上前请他上车，他却说：“你让老百姓都回去，我才上车。大家都淋雨，我不会上车。”无独有偶，楚拉基一队在济南演出完毕后，正准备登机时，鹅毛大雪从天而降。为避免危险，机场决定延迟起飞时间，然而前来机场欢送的群众已经排好了队。楚拉基见状说：“既然不能走了，我们就多留一天，晚上加演一场，专门招待冒雪送行的大家。”

艺术家们为了演出放弃参观游览和宴会更是常事。康德拉托夫在怀仁堂第一次走台时说的话便代表了全体苏联艺术家的心情，他看到后台摆下的丰富的茶点，就说："我们今天是来工作的，不是来开茶话会的。"这些事情看起来是生活中的小事，但他们朴实、敬业的工作作风却显现无余。

钢琴——演出遇到的大问题

当时的中国尚处于百废待兴的阶段，包括演出条件在内的物质条件很多时候都不尽人意。面对困难，苏方的艺术家们从来没有抱怨过半句，而是一致表示谅解，想方设法解决问题。苏联艺术家们演出时，遇到的第一个问题就是没有合适的钢琴。苏联代表团的演出大都需要钢琴，而这种大型乐器在国内十分稀缺，即便是在京城，也一样捉襟见肘。当时负责为演出寻找钢琴的正是刘诗嵘。

当时，苏联艺术家在北京中南海怀仁堂演出，那里没有三角钢琴。刘诗嵘知道，全北京最好的三角钢琴就在中央歌剧院。这是一架九尺三角钢琴，几乎全新，是1951年中国青年代表团赴东德柏林参加第三届世界青年联欢节时，东德政府赠送给代表团的。时任中央歌剧院院长欧阳予倩了解情况后说，苏联艺术家要用，当然可以。不过，这琴不能用卡车运，只能人工抬，怕震坏了。于是，歌剧院的同志们楞是一鼓作气把这架大钢琴从交道口抬到了怀仁堂。这演出的事儿刚落地，刘诗嵘突然发现了另一个棘手的问题——这次来了四个钢琴家，平时都要练习，但饭店里没有钢琴啊。于是，刘诗嵘又从辅仁大学等地筹借了四架立式钢琴。

本以为上海情况会好一些，可刘诗嵘到现场调查后得出的结论是：不成。上海预备的这架钢琴虽然是三角钢琴，但过于老旧。这时，离演出时间已经只有四天了。刘诗嵘心想，无论如何都要把钢琴"跑"下来。于是，他和上海音乐协会的同志一起，一头扎进了上海的各大音乐学校、文艺单位，甚至连舞厅俱乐部都进去搜罗一番。费尽周折之后，一架九尺三角钢琴终于从上海音乐学院浮出水面。

北京、上海尚且如此，武汉、长沙等地就更是困难了。苏联代表团了解中方的难处后表示，钢琴能出声就行，将要求降到了最低。

为让演出能够正常进行，一架钢琴都没有的太原市政府从上海买了一台二手的三角钢琴。可是，偌大的太原市居然没有一个调音师。楚拉基见状说："我来。"然后就操起扳手，要给钢琴调音。中苏友协的翻译问他："您真的要动手干吗？要不要找一个人？"翻译的意思是，楚拉基是苏联音乐家协会主席，也是苏联最著名的作曲家之一，让他亲自动手给钢琴调音，似乎有些不太妥当。楚拉基却像没听到一样，边调音边说，"琴是好琴，调好了演出就能用了。"

代表团在沈阳演出时，也遇到了钢琴的问题。沈阳市政府费了九牛二虎之力，找到一架解放前进口的老钢琴。这架钢琴看上去很不错，苏联演奏家试了试，音质很好。意想不到的情况却在当晚演出时发生了。在一首曲子的头一个和弦之后的一个重音时，演奏家用力敲下去之后，钢琴轰然一响之后再也不出声了。这位女演奏家着急地又用力按了几下琴键，还是一点声音也没有。演出勉强谢幕后，女演奏家跑回后台，伤心地哭了。刘诗嵘赶忙上前赔礼道歉，没想到，她却一点也不怪中国人，她说："我哭，不是因为演出失败了，而是因为中国的艺术家们实在太苦了！"后来发现，这架钢琴表面上看没有问题，但内部构件已经过于老化。沈阳当地领导知道后，找人连夜修好了钢琴。第二天的演出终于获得了成功。

其实，不仅太原、沈阳等地的钢琴情况很差，其他一些城市虽然有钢琴，也大都非常老旧，维护情况尤其糟糕。刘诗嵘说，抗日战争之前，只有上海有几台组装钢琴。抗日战争期间，虽然有日本的雅马哈钢琴进入国内，但还算不上优秀的专业钢琴。新中国成立之初，只能在哈尔滨、上海、北京三地找到几架像样的钢琴。直到 1953 年，中国经济情况有了好转、对外贸易稍微通畅之后，才陆续地购置了一些新钢琴。而当时苏联艺术家对中国物资缺乏的理解、对演出条件的宽容，时时让刘诗嵘感到发自内心的崇敬。

学习——早期交流的关键词

1952年年底，中东铁路向中国移交的仪式在哈尔滨举行。苏联艺术家代表团为庆祝这个仪式，专门在铁路俱乐部加演了一场，周恩来总理前来观看了演出。演出结束后，艺术家们将要乘七天七夜的火车返回苏联。当天已是除夕，周总理说："马上就要过年了。让苏联艺术家们在中国过年吧！"周总理亲自出席了当天的除夕联欢晚会，并与苏联艺术家们一起跳舞。第二天，苏联代表团坐着火车到达满洲里，又特别加演一场，感谢中国人民热情的款待。刘诗嵘说，这件事足以说明，周总理等党和国家领导人对文化工作很上心，考虑得非常细致。正是这样的细致，赢得了苏联艺术家们的赞赏和倾心，使得一批高水平的艺术家对中国充满好感，愿意通过艺术表演和教学等各种形式帮助中国的文化事业。

1954年，苏联派出了两个表演艺术团体访华。一是以苏联艺术家莫伊赛夫为团长的国家民间舞蹈团，另一个是以斯坦尼斯拉夫斯基和涅米洛维奇·丹钦科命名的莫斯科音乐剧院。为了接待这两个艺术代表团，文化部组织了强大的接待办公室，由周巍峙、赵沨、朱明等负责。接待办公室首先对北京天桥剧场的后台、舞台进行了一系列的加工、整修。莫斯科音乐剧院在天桥剧场待了将近一个月，演了6个剧目。让当时的中央实验歌剧院喜出望外的是，除了芭蕾舞《天鹅湖》、《巴黎圣母院》和专为儿童演出的《阿伊波列特医生》，另外三个剧目都是歌剧：《冲向暴风雨》、《叶甫盖尼·奥涅金》和《多瑙河彼岸的扎波罗什人》。莫斯科音乐剧院不仅到剧场演出，还走进工厂。当时的刘诗嵘在接待办公室工作，就曾随他们到人民印刷厂去演出。

来自苏联的艺术家们在中国又待了将近一个月，这样的交流规模和时间长度，在今天看来仍是惊人的。这一个月里，中国的艺术院团负责人和艺术家们仿佛含苞待放的花朵遇到了春风雨露，如饥似渴地看演出、学经验。接待办公室更是内设了一个学习组，许多在京文艺团体的负责人和艺术家都参加了活动。这次学习的内容非常全面，从专业艺术技巧到培训到表导演经验、理论交流直至组织管理的经验，真是应有尽有。全国各地的艺术家也都借此机会来京学习、观摩，热情非常高。苏方见状也立即选派优秀演员、演奏员给大家授课，他们不仅传授艺术知识，还无偿地将乐谱资料借给中方复制。每天晚上演出结束之后，刘诗嵘都到乐池去找苏方的乐务取来总谱，让游振国同志连夜用照相机翻拍——当时中国还没有复印机。各项交流活动中，最有意思的是各种专业的座谈会。中、苏两方的负责人、艺术家们坐在一起，毫无隔阂地就歌剧、舞剧的创作、导演、表演艺术进行详尽的探讨。苏联专家们有时为了说明问题，还即席排演一些并未在京公开演出的片段。

当时，苏联艺术家下榻在崇文门内新落成的新侨饭店，每天会见的人络绎不绝。指挥找指挥、导演找导演、编剧找编剧、演员找演员……每一个房间里传出的歌声、器乐声和谈笑声融为一体，在饭店里回荡。中央实验歌剧院除了财务和总务科室外，甚至连党政、共青团组织及医务室都与苏联专家们进行过探讨。尤其让刘诗嵘感慨的是，当时这些苏联艺术家们没有一丝铜臭味儿，完全是出于友谊的免费教学。这次学习的成果颇丰，对中央歌剧院后来的发展起到重要的促进作用。

1955 年新年伊始，刚刚送走了苏联艺术代表团，中央歌剧院又迎来了苏联声乐专家瓦·阿·捷明启娃，她是由周总理特别批准来中国任教的，初定教学期限 2 年，这对中央歌剧院的艺术水平又是一次大的促进。捷明启娃曾在莫斯科音乐剧院和大剧院担任过主要演员，后来又在柴可夫斯基音乐学院任教。她来中国时已年近花甲，有丰富的舞台经验和教学经验。更重要的是，她有一颗挚爱中国人民的心，对中国学员循循善诱。尽管她并不熟悉中国歌曲，但也尽力从专业技巧上予以辅导。

1956 年夏初，当专家的教学工作进行了一年后，周总理提出要听一次学院的汇报演出以检验成绩、总结经验。他尤其关心一些原来演唱民歌有成就的同志如李波、管林、方晓林在学了洋唱法之后是否仍能保持自己的民族风格。因此，他要求每位学员要演唱一外一中两首歌曲，还要请一位曾留学于西方国家的同志也在汇报会上演唱作出比较。周总理国事如此繁重还这样细致地关心文艺人才的成长和对外国文化的借鉴吸收，令刘诗嵘一生难忘。

★ 1952 年，苏军红旗歌舞团首次访华演出受到群众热烈欢迎。

★ 1952 年，苏军红旗歌舞团访华演出现场。

也在 1956 年夏，剧院领导同志向捷明启娃提出，可否排一部歌剧作为学院专业汇报演出？专家欣然同意了。在当时的状况下，学员们都以为她会选一部苏俄作品，没想到的是，她居然选定了《茶花女》！

这是我国专业歌剧院首次排演外国古典歌剧的全剧。此前，中央歌剧院已经成功上演了《刘胡兰》、《草原之歌》，以清唱方式上演了肖斯塔科维奇的《攻克柏林》组曲等等。为了排演《茶花女》，除了捷明启娃的悉心指导外，当时在京的苏联舞蹈、舞美专家也对此进行了帮助，像苏联舞蹈家查普林当时为《茶花女》所排的茨冈舞，至今无人能出其右。1956 年底，《茶花女》在天桥剧场上演，一炮打响。此后，剧院又相继排演了《小牛》、《货郎与小姐》、《蝴蝶夫人》、《青年近卫军》、《叶甫盖尼·奥涅金》等多出外国歌剧。直到 1958 年，中央歌剧院整建制 160 人出访苏联，演出《草原之歌》、《刘胡兰》等剧目，在苏联受到了热烈欢迎和良好评价……这时的中央歌剧院，终于立起来了。

从苏联艺术家代表团访华演出到今日，已经过去了半个多世纪。刘诗嵘却深切地感到，他们的舞台风采和精神品质不仅没有在他的心中淡漠或消失，反而随着时代的发展而显得更加鲜明、深刻。他们之中大部分人已经故去，但是他们留在观众与同行心灵深处的美好印象，是弥足珍贵而永恒的。

本文采访时间：2009 年 | 采访人：叶 飞

司徒志文

大提琴家、音乐教育家、国家一级演奏员。中国音乐家协会大提琴学会主要创建人及首任会长，现为名誉会长；曾多次出任国际及全国大提琴比赛评委；被文化部任命为部直属表演团体艺术专业人员应聘资格考评委员会委员，弦乐组副组长；国家职业技能鉴定专家委员会委员等。

先后就读于国立上海音专及莫斯科柴可夫斯基音乐学院。曾任中国青年文工团、中央歌舞团、中央乐团、爱乐女乐团的大提琴首席。

★ 1955 年，在波兰参加第五届世界青年与学生和平友谊联欢节。

见证新中国交响乐的起步

——司徒志文忆新中国早期对外音乐交流

从 1951 年新中国的管弦乐走出国门，到在世界舞台上第一次真正奏响新中国的交响乐，司徒志文他们在艰苦的练习中等待了 4 年。1955 年，在第五届世界青年与学生和平友谊联欢节上，作为综合演出节目之一，中国交响乐在华沙向世界奏响了自己的声音。

交响乐自18世纪在欧洲出现，经过19世纪的迅速发展，至今已有300多年的历史，它历来被视为衡量一个国家文化水平的重要标准之一。中国交响乐事业的建设从新中国成立后的真正起步，到今天向世界看齐，走过了六十载。新中国交响乐作为中西音乐文化交融的产物，它的发展史是共和国对外文化交流史的重要部分。抚今追昔，为了记录新中国交响乐起步阶段和共和国早期对外文化交流的坎坷与荣耀，我们采访了这段历史的见证者——中国国家交响乐团前身中央乐团第一任大提琴首席司徒志文。

★ 1952年，告别维也纳前夕，与奥地利同志联欢。

第一次在世界舞台上，奏响中国交响乐

1951 年，新中国第一次组建大型文艺使团——中国青年文工团赴苏联、东欧多国和奥地利访问演出。当时，司徒志文作为大提琴首席，同韩中杰、秦鹏章、陈传熙、杨秉孙一起从上海人民交响乐团抽调到北京，加入到这个向世界展示新中国文艺的出国访问团，前往东德柏林参加第三届世界青年与学生和平友谊联欢节。这是新中国管弦乐第一次走出国门。但在当时，新中国甚至还没有像样的乐器，演出的乐器不少还是出国之后在东德购置的。

在这次横贯半个欧洲、历时一年多的访问演出中，司徒志文所在的乐队可以说是最忙的了。器乐演奏自然没话说，除此之外，还要为舞蹈演出、杂技演出、独唱、合唱、歌剧演出担任伴奏。当时，向国外的同行交流学习、充实而紧张的舞台演出，让这个初次离家远行的 18 岁姑娘并没有产生多少思乡愁绪，而且，也正是这次出国经历慢慢磨掉了她从小养成的一种天之骄女的自傲。“出国之后，才知道以前真是坐井观天。”当时，有两件事情对她的触动比较大。

一件事是未能把中国大提琴作品交给一位匈牙利同行。在匈牙利演出前，有一天演出团在布达佩斯的国家歌剧院排练《白毛女》，休息的时候，翻译告诉指挥，请大提琴首席到后台第 3 号房间去，有一位匈牙利大提琴同行在那里等候。当司徒志文进去后，才知道等她的人是匈牙利国家歌剧院乐队的大提琴家洪家尔，他想要和中国同行交朋友，了解中国的一些情况。洪家尔问司徒志文有没有中国作曲家谱写的大提琴曲，司徒志文老老实实说没有。洪家尔担心他的翻译没有说清楚又补充说，他不是指现在手头上有没有。翻译再一次追问，“不一定是奏鸣曲、协奏曲，小曲子也没有吗？”司徒志文有点发窘了，但也只能无奈地摇摇头。对方还不放弃，打破沙锅问到底：“那么手写的、没有出版的有吗？”司徒志文非常尴尬，只得说：“也许有人写了，但我还没有看到。”洪家尔失望地耸了一下肩，他说他很喜欢中国的音乐，非常想演奏中国的作品。这件事深深触动了司徒志文，未能把中国优秀的大提琴音乐介绍给外国同行让她难受了很久。

还有一件事是，新中国的交响乐被苏联老大哥给毙掉了。1951 年 7 月，出访之前文工团带上了冼星海的《中国狂想曲》，司徒志文他们希望在出访期间，为外国听众演奏中国的交响乐作品。文工团先到了苏联。那时候苏联是中国的老大哥，将要在联欢节上表演的节目，都要先在内部演给老大哥看看，听听他们的意见。内部演出的时候，《中国狂想曲》也在其中，结果，老大哥看后，认为我们乐手的演奏还有欠缺，因此建议不要在联欢节上演出。文工团听从了这个意见，刚刚走出国门的《中国狂想曲》在苏联演过之后，悄无声息地跟着文工团在欧洲走了一年多，带着遗憾和失望回到了祖国。

从 1951 年新中国的管弦乐走出国门，到在世界舞台上第一次真正奏响新中国的交响乐，司徒志文他们在艰苦的练习当中等待了 4 年。1955 年，在第五届世界青年与学生和平友谊联欢节上，作为综合演出节目之一，中国交响乐在华沙向世界奏响了自己的声音。那次演出的中国曲目选择了王义平所写的《貔貅舞曲》，是取材于中国南方民间风俗和民间音调的单乐章管弦乐曲，节奏鲜明，有极强的民族特色，取得了非常好的演出效果。在这次演出中，司徒志文仍担任大提琴首席，总算实现了带着中国交响乐走出国门的愿望。

★ 1952 年，在苏联西伯利亚参观少先队夏令营，左一为司徒志文。

★ 1954 年，莫斯科音乐剧院访华演出时，中央歌舞团交响乐队全体都向他们学习。图为乐队大提琴首席布洛克在指导司徒志文。

先在越南任专家，后到苏联当学生

中国交响乐一直伴随着中国对外文化交流事业的发展而发展。1952 年，当中国青年文工团回到北京之后，以其为班底组建了新中国第一个大型歌舞文艺演出团体——中央歌舞团。1956 年，从这个母团又分出了中央乐团和中央民族乐团。交响乐队作为中央乐团的一个重要组成部分，开始有了自己真正安身立命的地方。当时，中国交响乐的发展迫切需要的就是提高专业素质，要提高专业素质，首先要培养专业的骨干力量，方法无非两种：派出去和请进来。1953 年，以李德伦为代表的新中国建立以后第一批公派音乐专业留学生奔赴苏联，之后国内的一大批音乐工作者先后获得了出国深造的机会。与此同时，一些以苏联为代表的社会主义国家的音乐家也被邀请到音乐学院和音乐团体办班讲学。就是在这样的环境下，司徒志文完成了她的两次出国交流，不过这两次出国有很大的不同：1958 年以专家的身份去越南讲学，1960 年则是以学生的身份到苏联进修。

当时越南为了发展本国的文化事业，邀请中国专家赴越讲学。司徒志文作为大提琴专家在越南教了一年，为越南培养了许多大提琴人才，其中有个叫裴傢祥的越南学生后来还成为了越南文化部艺术局的局长。可见，共和国早期的对外文化交流也并不是单向流动的。

★ 1958 年，司徒志文赴越南教授大提琴。

1960 年，司徒志文被选赴莫斯科柴可夫斯基音乐学院进修两年。在那里，她同她前面的两个中国进修生一样，被指定在克努赛维斯基教授的班级进修大提琴。虽然克努赛维斯基是享誉乐坛的著名艺术家，但司徒志文觉得中国前往苏联进修提琴专业的人，都拜在一人门下，只有一种风格，既不能与苏联艺术家广泛交流，取众之长，亦无助于中国乐坛的丰富和发展。心直口快的司徒志文向校方提出了自己的想法，她希望能换一位不同老师，学习不同风格和手法，但校方对她提议改换教师有些不悦，告诉她如果要换教师就必须进行更严格的考试，看哪位教授愿意接收。司徒志文欣然赴考，结果顺利地被罗斯特洛波维奇收入门下。

能够师从“老罗”，知道的人都要赞上一句“不得了”。司徒志文无疑是幸运的，因为她的老师罗斯特洛波维奇是后来为世界所推崇的“大提琴之王”，即使当时他的声望还未超出苏联和东欧国家，也是苏联文艺界声望颇高又被政府倚重的人物。在当时的苏联，获得列宁奖金殊荣的音乐家只有3位，罗斯特洛波维奇便是其中之一。向这样的大师学习，司徒志文自然铆足了劲儿。她至今都很遗憾18岁那年出外访问时，由于太年轻缺少文化积淀，走马观花地错过了很多学习提高的机会。而当时已经28岁的司徒志文很清楚自己的不足，格外珍惜这次学习的机会。刚到莫斯科时恰在隆冬时节，而司徒志文又住在离学校较远的门氏化工学院，为了能多练一会儿琴，她每天很早就要起床到学校，夹着琴在刺骨的风雪中前行。这些苦都算不上什么，更让她头疼的还是老师罗斯特洛波维奇极其严格的教学法。他认为司徒志文拉经典作品还不够严谨，需要从巴洛克时期的作品开始练起。“拉的曲子不在多，而在于每一首都要扎扎实实，要从基本要素上抓好。”“对作品要有自己的思考，每一次演奏都要不一样。”罗斯特洛波维奇的教诲让她终身受益，成为司徒志文回国执教后一生都坚持的原则。罗斯特洛波维奇教学还有一个特点，他不允许学生演奏时看乐谱，每一个谱子都必须要背下来。这里没有捷径，没有任何可取巧的地方，就是要让你一弓一弓地熟悉、理解、感受经典作品的灵魂、意境和表现方式。一周要上两次专业课，每次都要背熟拉熟大量的曲目。司徒志文没有任何喘息的机会，整天都泡在琴谱里，白天在琴上记，晚上就在脑子里记。刻苦聪慧的她没有让老师失望，不仅总能完成老师布置的任务，还能提出自己的问题，有时罗斯特洛波维奇都会被她问得迷惑不解，因为她的演奏并不存在这些问题。细心的司徒志文还发现老师的演奏音量强弱控制极其完美，表现大提琴里最难的弱音轻而不飘，独具魅力。经她反复观察琢磨，发现老师握弓与众不同，每一个手指稍作变化，就能获得异乎寻常的音乐效果。就这样一点一滴，司徒志文如饥似渴地吸收着甘美的音乐养分，充实而紧张的留学进修生活飞快地过去了一年。

★ 1958 年，从越南乘坐火车返回中国。在车站和越南同志告别。

意外受伤暂别舞台，执教鞭续交响乐梦

因为一年时间里每天都进行高强度的拉琴练习，司徒志文发现她的左手出了问题，拉一会儿琴就会疲惫无力继而疼痛难忍。为了不耽误学业，司徒志文坚持上课，只是抽空到医院诊治了一下手臂。当时医院的诊断是多发性神经炎，并据此给她服药打针。可是治疗了很久，甚至连打针的部位都打出了硬块，情况也没有任何好转。但是她仍然以执着的精神、顽强的毅力完成了学业。然而当她通过结业考试后，整个手臂都动弹不得了。司徒志文很害怕，她本身就是为了追求艺术的更高境界来到苏联的，可正当她步入佳境之际，面对的却是与大提琴演奏告别的残酷现实，但她并没有因此而放弃她的中国交响乐之梦，即使不能拉琴，她也可以用教学延续她的音乐生命。多次出国交流的经历，跟随罗斯特洛波维奇学习时对大师教学的方式、风格以及诲人不倦的品行的亲身体验，都是她可以回馈给祖国交响乐事业的礼物。因此，在苏联缩减拉琴时间的同时，她把更多的时间用于基础理论、音乐教育的学习上。

司徒志文在越南教学的时候，结识了一位名叫菲德勒琴科的苏联专家。在莫斯科学习的后期，在菲德勒琴科的介绍下，她经常去格涅辛音乐学院听课。除了听课，司徒志文还花了大量时间去听音乐会。她进修的莫斯科柴可夫斯基音乐学院的音乐大厅几乎每天都有音乐会，可是要每天买票去听音乐会，对于当时还承担着医药费的司徒志文来说很不现实。可她实在又太想去听了，就想了个混进音乐厅的办法——用受外国人追捧的万金油“贿赂”守门的苏联老太太。从此，司徒志文就可以自由进出音乐厅了。虽然混进音乐厅的司徒志文通常只能站在最后一排，但能够亲耳聆听当时世界上一流的音乐会是非常值得的。

遗憾的是，为了疗养，司徒志文不得不中断了原本两年的进修学习提前回国了。后来由于中苏关系的恶化，她未能再次回到莫斯科继续她中断的学业。为了坚持她的中国交响乐之梦，回国之后，司徒志文愉快地投入到了为新中国培育交响乐人才的事业中，从未放弃过这项工作。

本文采访时间：2009 年　采访人：毛　莉

★ 1955 年 6 月 25 日，毛泽东、周恩来热情迎接越南劳动党中央主席、国家主席胡志明。图为少年儿童向胡志明献花。

★胡志明、罗贵波同志观看了中国艺术团的演出。图为他们与中国军事顾问团的女同志在一起。

他们曾为对外文化交流付出生命的代价

——记新中国早期中越文化交流

8位同志的遇难为中越文化交流历史写下了用鲜血染红的篇章。中国艺术团不惧危险，在越南的密林深山、大街小巷进行访问演出，赢得了越南人民的尊敬，为加强中越两国人民的文化交流、传播中越人民之间的友谊作出了巨大的贡献。

在庆祝新中国成立60周年之际，对于我们这些在新中国成立初期还没有出生的人来说，了解关于那个年代的许多往事，必须要借助于文字的记载。而在查找当年曾经轰轰烈烈地发生过的中国和越南之间的文化交流往事的相关资料时，记者却发现成型的材料实在是少得可怜。在中国友谊出版公司1999年出版的《新中国对外文化交流史略》一书中，涉及到“文革”前中越文化交流的内容竟然只有4页。记者费力四处查找，拼凑了可能找到的零星相关资料，走访了中国军事顾问团的张广华等一些健在的年过八旬的老同志，经过他们的回忆和提供当年的笔记，才写成这篇管窥那段特殊历史时期中越文化交流的文字。

★从左至右：梅嘉生、邓一凡、罗贵波、韦国清在越南合影。他们观看了中国艺术团的演出，并给予充分肯定。　　张广华供图

★ 1959 年，周恩来总理陪同越南胡志明主席观看第一届全运会。

胡志明主席当众落泪

留在新中国早期中越文化交流历史上最为难忘的往事之一，是有 8 位优秀的中国艺术家在 1955 年赴越南访演的时候不幸牺牲。这次人员牺牲是新中国早期文化交流三次重大的流血牺牲之一，另外两次中有一次是中国艺术团的 11 名演员和 6 位工作人员在 1956 年访问拉美时坠机身亡；再一次是中国文化部副部长郑振铎 1958 年访问阿富汗和阿拉伯时乘坐的图 104 突然坠毁，郑振铎等 10 余人当场牺牲。

1955 年 8 月 28 日，根据中越两国政府年初签订的文化协定和 1955 年 7 月 7 日关于文化交流的条款，由中国文化部副部长丁西林率领的中国艺术团约 200 人，开始对越南进行为期 3 个月的友好访问，这是新中国成立以来中国艺术团对越南进行的第一次访问，为中越两国人民的友谊谱写了一曲动人的历史篇章。

中国艺术团在河内和越南其他地方的演出，始终受到越南观众无比热烈的欢迎。1955 年 9 月 2 日上午，越南政府在巴亭广场举行国庆 10 周年盛大游行活动，中国艺术团参加了游行活动。艺术团中的舞蹈、京剧、杂技等不同行当的演员，身着鲜艳的演出服装，载歌载舞地通过了巴亭广场，站在检阅台上的越南民主共和国主席兼越共中央主席胡志明、越共中央总书记长征、总理范文同等越南领导人热烈鼓掌致意。中国艺术团在越南表演了丰富多彩的歌舞、京剧节目，有舞蹈《红绸舞》、《采茶扑蝶》，歌曲《南泥湾》、《远方的客人请你留下来》、《咱们工人有力量》和京剧《三岔口》等节目，均受到热烈的欢迎，那沸腾的场面至今令人难以忘怀。

此次在越南北方长达3个月的访演活动中，中国艺术团共演出了约50场综合节目，直接观众达80多万人，对于沟通两国人民的情感，巩固中越友谊，起到了积极的促进作用。中国艺术团在越南也参观学习了越南的优秀艺术遗产。越南当时保留着六七世纪的精美寺院建筑和雕刻艺术遗存，古典艺术遗产十分丰富，民间拥有十分丰富的民歌和民间音乐，这些音乐艺术曲调优美、委婉而变化多样，而越南的民间舞蹈也充满独特的民族风格和魅力，有鼓舞、火舞、灯舞、旗舞、竹竿舞、帽舞、扇舞、巾舞、花舞、伞舞等等，从中可以明显地感到中越两国在艺术上的相互影响和借鉴。

但是，两次人员的牺牲，给整个访问留下了巨大的悲痛。

第一起事件是翻船事故。10月5日下午，越方安排中国艺术团在紧张的演出之余到河内的西湖游览。那天天气还算不错，在中国艺术家们登船的时候，西湖的水面风平浪静，大家有说有笑地乘船荡游在碧湖之上。不想风云突变，一场突如其来的风暴瞬间掀翻了游船，钟孝南、姜乃慧、李成、刘克求、金君强、白春培6位中国艺术团成员当场落水，不幸遇难。胡志明主席和中国驻越南大使罗贵波闻讯后立刻赶到出事的湖边，胡志明主席当众悲痛得落下眼泪，久久说不出一句话。不少艺术团的同志失声痛哭，他们不敢相信眼前发生的一切，为失去朝夕相处的亲密战友而悲痛不已。越南《人民报》10月6日刊发了越南文化部的讣告，讣告说，这些中国同志的“不幸去世是中越两国人民共同的损失”，“越南文化部代表越南民主共和国政府和人民向中国人民、中华人民共和国政府和访问越南的中国艺术团表示诚挚的哀悼，并向遇难者家属致以深切的慰问”。10月6日还举行了隆重的追悼会，之后将6位同志安葬在河内近郊。

10月10日，范文同总理在越南文化部代表胡志明主席和越南政府，对牺牲的6位同志追授二级劳动勋章，丁西林团长接过勋章并代表中国艺术团感谢胡志明主席和越南政府和人民，罗贵波大使出席了授勋仪式。

化悲痛为力量的中国艺术团继续按计划在越南进行巡演。艺术团回国之前，安排去鸿基——锦普矿区进行几场演出。这一地区是越南北部的一个重要工矿区，也是人口集中的要地之一，艺术团不辞辛苦前去进行慰问演出，也是为了满足越南政府稳定矿区人心的心愿。然而，万万没有想到，敌对势力将罪恶的黑手伸向了中国艺术团。11月21日，中国艺术团在路途中遭遇地雷爆炸，走在车队前面的一辆吉普车被炸毁，坐在车内的中国艺术团副团长、广州军区文化部负责人吴白桦，艺术指导、广州军区歌舞团团长张一鸣同志不幸牺牲，越南人民军保卫部副部长也同时身受重伤，使中国艺术团此次越南之行遭遇第二次人员伤亡。

11月23日，越南民主共和国政府发出讣告，公开宣布了这一不幸消息。讣告说，为了铭记吴白桦、张一鸣同志的功劳，追授他们一级劳动勋章，并向中国政府和人民及中国文化界表示沉痛哀悼，向他们的家属表示诚挚的慰问。

经过调查，这次爆炸事件是一次敌对分子的蓄意破坏。中国艺术团车队在离开主路走小路去二征庙参观的时候，没有出现任何问题，但是原路返回时却遭到意外，显然是敌对势力进行的一次临时性的破坏活动。这次惨痛的教训震惊了中越双方，越南方面加强了对中国艺术团的安全保卫工作，在中国艺术团乘坐的汽车前增加了开道车，在中国艺术团行经的旅途和驻地，布置了更为周密的安全保卫工作，演出时也安排了警戒保卫，因此，后来再也没有发生意外。

8位同志的遇难为中越文化交流历史写下了用鲜血染红的篇章。中国艺术团不惧危险，在越南的密林深山、大街小巷进行访问演出，赢得了越南人民的尊敬，为加强中越两国人民的文化交流、传播中越两国人民之间的友谊作出了巨大的贡献，表现出新中国革命文艺工作者可贵的勇敢奉献精神。

“阿邦”“阿壮”和《白毛女》热

在拥有100多年历史的北京动物园，现在共饲养着各类野生动物490余种，其中也有憨厚可爱的大象。但是很少有人知道，新中国最早在这里展出的两只大象，是越南民主共和国越中友好协会赠送给毛泽东主席的两只大象，母象名叫“阿邦”，40岁，公象名叫“阿壮”，20岁（大象的寿命可以达到70岁左右），1953年6月7日转道南宁运抵北京西郊公园（北京动物园的前身）。那时中国和越南的关系是同志加兄弟，两只憨态可掬的大象的到来，在北京引起了一片欢乐。《人民日报》6月13日专门为“阿邦”和“阿壮”的到来刊发了消息。当时绝大多数北京市民都没有见过真的大象，所以6月11日在北京西郊公园举行的捐赠仪式，其实也是一次新鲜有趣的马戏表演和文化活动。“阿邦”和“阿壮”将自己的绝活大胆从容地展示给北京观众，引来一片笑声。它俩在体育场上表演了散步、卧倒、甩鼻子等，越南民主共和国驻华大使黄文欢当场向代表毛主席接受礼物的中央人民政府办公厅主任齐燕铭郑重赠送了这份别致的礼物。

而就在两只大象来到中国之后，越南也派出了歌舞团来到中国。1955年9月14日，《人民日报》发表署名文章欢迎越南歌舞团的到来，文章说：“越南人民的艺术在越南劳动党的领导下不断发展着，提高着。越南民主共和国的艺术家们一直是同人民相结合的，一直是为人民服务的。不管环境多么艰苦，他们从未停止过艺术的创造，他们创造了各种戏剧、诗、歌曲，表现了越南人民热爱祖国、热爱自由的意志，表现了无数可歌可泣的英雄事迹，歌颂了越南人民敬爱的领袖胡志明主席。他们走遍了祖国的国土，他们常常和越南人民军战士们在一起，甚至同人民军并肩战斗。河内解放后不久，民主政府即举办了一次全国性会演，使越南人民的艺术得到了一次集中的表现，给予人民极大的鼓舞。人们说：‘胡主席不但领导抗战是胜利的，领导文化也是胜利的！’”

而与越南艺术团来到中国的时间相近，中国电影《白毛女》在越南热映。越南人黄俊雅当时曾在越南《人民报》上发表文章称，电影《白毛女》在首都（河内）放映受到了热烈的欢迎。过去没有哪部影片如此吸引观众，在15天左右的时间里，观众已达11万多人，有的人看了两三次，有的人看了六七次还想看。越南观众为杨白劳和喜儿的遭遇潸然泪下，工厂里的人们纷纷谈论这部电影，在学校、饮食店、街道上，《白毛女》成了人们交谈的话题。在1955年10月越南首都解放一周年的时候还举办了中国电影周，12万越南观众观看了中国电影，越南人陈功看完电影之后感慨地说，观看中国电影的大多是越南的劳动人民，他们从中国电影里找到了兴趣的源泉。中国电影内容进步，表演艺术水平也很稳健扎实。

在中国电影周举办的同时，中华人民共和国成就展也在河内举办，一位越南士兵在留言簿上写道："中国的今天就是越南的明天。我们要尽量努力使这个明天早日到来。"一位名叫春诗的越南青年在参观了文化、教育部分的展览之后写道："看完展览，我增加了对中国人民的热爱，中国有着美好的文化，照耀着越南的文化。"

在上个世纪50年代，似乎中国与越南进行的所有文化艺术活动都有胡志明主席的身影，比如胡志明主席同哈尔滨评剧团共度除夕，胡志明主席接见中国文化代表团，胡志明主席参观中国展览等等，类似消息的报道也会见诸中越两方的报纸，足见当时高层领导对中越文化交流的高度重视。

以下是记者查到的几篇新华社播发的关于中越两国政府签署文化合作计划消息的历史资料，或许可以让我们真切感受到那个时代中越政府间文化合作的浓郁气息。

中越1957年文化合作计划签字（1957年3月28日）

☆中越两国1957年文化合作计划今天在河内签字。

☆根据计划，越南方面将分别派文化、教育、卫生、新闻、出版、电影（已派）等代表团和歌舞团到中国访问；中国方面派评剧团（已派）、记者、音乐舞蹈工作者和其他专家到越南访问。

☆双方并且将互相加派留学生，促进在新闻、广播方面的合作，加强在翻译、出版和资料交换方面的联系。

☆中国方面还要在越南举行“中国工艺美术品展览”和“中国版画展览”。

☆中国文化代表团团长夏衍和越南文化代表团团长瞿辉近代表两国政府在合作计划上签字。

★1965年5月，邓小平、董必武等欢送胡志明。

★中国艺术家1958年在越南与当地艺术青年合影。　司徒志文供图

中越签订文化合作协定

☆中华人民共和国政府同越南民主共和国政府今天下午在这里签订了文化合作协定和这项协定的1959年执行计划。

☆中国对外文化联络委员会副主任丁西林和越南文化部部长黄明鉴分别代表两国政府在协定上签字。

☆协定规定，进一步加强中越两国之间的友好关系，促进两国之间的文化交流，互相支持两国的社会主义建设和加强在反对帝国主义侵略和保卫世界和平的斗争中密切合作。

☆协定规定，双方开展文化、教育、科学、讲学、表演和参加重要会议等活动。

☆协定有效期为五年，如果在期满前六个月没有一方提出废除时，协定将自动延长五年，并可据此顺延。

☆根据文化合作协定1959年执行计划，今年双方预订的文化交流项目共22项。黄明鉴和丁西林都在签字仪式上讲了话。

本文采访时间：2009年 | 采访人：张小兰

田 华

原名刘天花，1928年出生，中国著名电影表演艺术家。1950年因成功扮演电影《白毛女》中的喜儿，一举成名，后又拍摄了《花好月圆》（1957）、《党的女儿》（1958）、《江山多娇》、《风暴》（1960）等影片。1960年，田华调入八一电影制片厂，先后拍摄了《碧海丹心》（1962）、《夺印》（1963）、《白求恩大夫》（1964）、《秘密图纸》（1965）四部影片，还参加了几部著名话剧的演出。之后，她又拍摄了《奴隶的女儿》（1978）、《猎字99号》（1978）、《峥嵘岁月》（1978）、《法庭内外》（1980）以及《许茂和他的女儿们》（1981）等诸多影片。由于在电影领域的突出贡献，田华获得国内外很多奖项，在2008年举办的纪念中国电影诞生100周年大会上，她被授予“国家有突出贡献电影艺术家”称号。

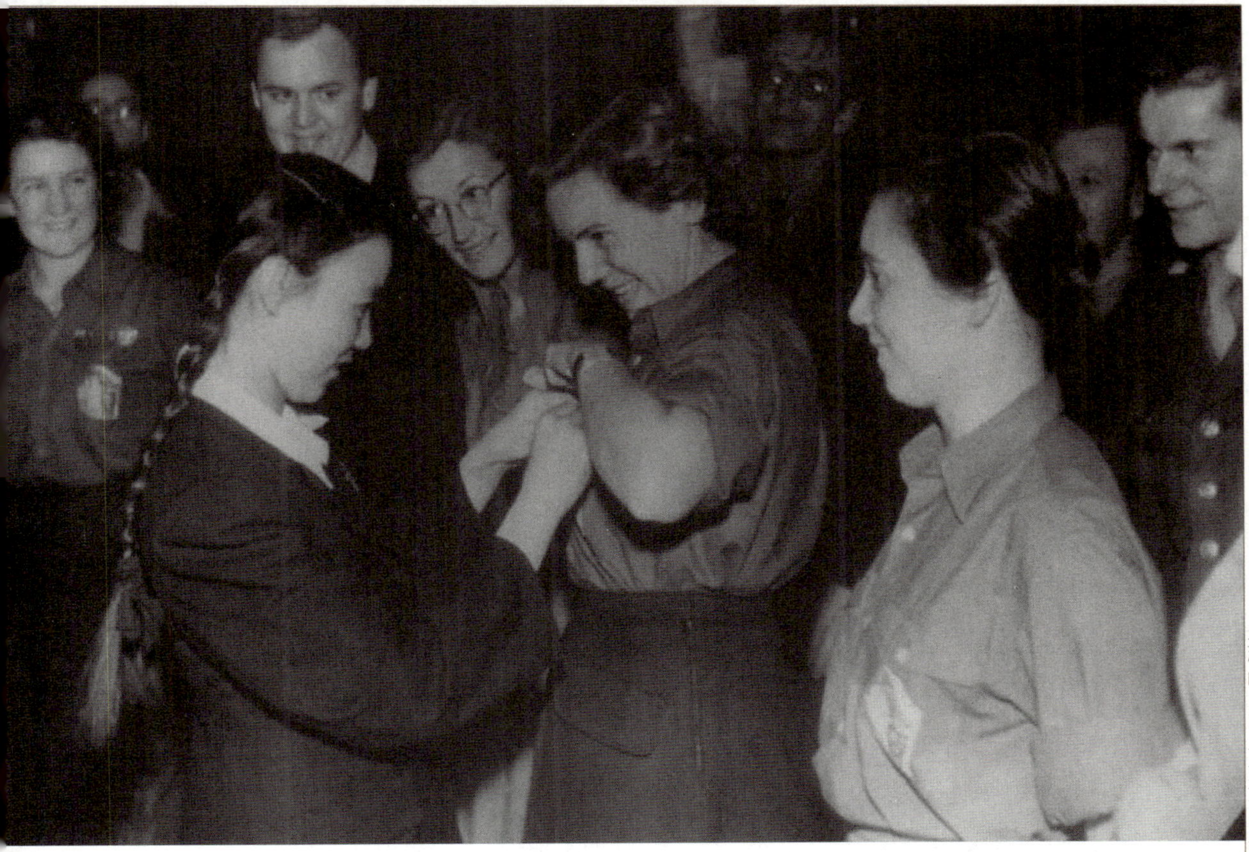

★在卡罗维·发利，田华为曾在歌剧《白毛女》中扮演喜儿的捷克女演员戴上纪念章。

中国小姑娘眼中的“片盒外交”

——田华忆新中国早期电影交流

通过一次次的电影交流，中国与一些国家之间的了解与友谊大大增强，这被称为“片盒外交”。1952年，周恩来总理把电影《白毛女》拷贝送给了来中国访问的日本国会议员帆足计。日本松山芭蕾舞团创始人清水正夫和夫人松山树子把这个中国故事搬上了日本舞台。1955年，周总理把王昆和田华介绍给来华访问的松山树子，他说，田华是电影“喜儿”，王昆是歌剧“喜儿”，松山树子是芭蕾舞“喜儿”。

“我演过《白毛女》，白毛女成了我的化身；我演过《党的女儿》，党的女儿铸就了我的心。党给了我幸福，给了我光荣，给了我艺术青春，给了我不老的灵魂。一头银发，一身戎装，我永远是党的女儿，永远忠于党——我永远的母亲！”田华常常朗诵这首由词作家、诗人石祥所作的诗，这首诗概括了她在党的关怀和指引下，为中国文化艺术事业不懈奋斗的光辉一生。如今，这位曾成功塑造了一系列鲜明银幕形象的著名表演艺术家，仍然怀着高度的责任感和高昂的激情，活跃在各类大型社会活动中和演出中。当田华听说了我们关于新中国文化交流早期记忆的采访要求后，毫不犹豫地答应了下来。这不仅是因为“文化部这项工作很重要，（我）必须配合”，还因为这段经历和过程，实在是给她留下了很深的印象，对她的工作乃至整个人生，都有着极重要的意义。

★同著名电影艺术家蔡楚生在一起。

★田华在丹麦哥本哈根广播电台录制安徒生童话《皇帝的新衣》。

来自中国的小姑娘

1952年，田华第一次走出国门，前去参加在捷克斯洛伐克举办的第7届卡罗维·发利电影节。记得当时卡罗维·发利电影节对新中国非常友善，那个年代的东欧国家也很少有机会看到中国电影。新中国电影在电影节上一亮相，观众都感到非常新鲜。当时，卡罗维·发利可以说是新中国的电影工作者在国际舞台亮相的一个难得的机会。

1952年，中国赴捷电影代表团由导演蔡楚生带团，王震之为秘书长。那时候没有飞机可坐，他们要从北京坐火车到满洲里，换乘苏联的火车，然后再到基辅换小火车，途经波兰、匈牙利，最后才能到达捷克。在基辅火车站，发生过一件令田华记忆深刻的事。当时，田华等人正站在那里等着换火车，突然看到一个苏联小女孩拿着一瓶香水向她跑过来。原来，《白毛女》那时已经在苏联播放，小女孩的妈妈认出了田华，非常激动，便买了一瓶克里姆林宫形状的香水让孩子来送给她。因为孩子跑得太急，不小心把香水瓶摔坏了，于是妈妈又买了一个，亲自送到被她称为“中国小姑娘”的田华手上。

★ 1952 年田华（左二）在捷克参加卡罗维·发利电影节时在广场上与群众见面。

在卡罗维·发利电影节上，田华欣喜地见到了很多自己崇拜的国际著名演员，包括《攻克柏林》中出演娜达莎的玛丽娜·科瓦列娃，《母亲》中出演母亲的巴兰诺夫斯卡娅等等。那时候，苏联电影对中国人影响巨大，田华自己一方面是演员，另一方面也是这些知名演员的“粉丝”。田华记得，那时候，他们主要是本着向别人虚心学习的态度而去。她说：“当时国内的电影还都是黑白片，我们在那里看到人家已经有了彩色影片、宽银幕电影……那时候才知道，世界电影原来已经发展到这个程度了！”而与此同时，他们也通过自己的电影和宣传，让外国友人更多地了解了中国。而当时一个捷克的艺术剧院也排演过中国歌剧《白毛女》，听说中国演电影的“喜儿”来了，还特意邀请她来剧院看看。那是田华第一次看到演喜儿的外国演员，她为《白毛女》能有这样的影响力感到兴奋，还亲手给演喜儿的女演员戴上了纪念章。

因为田华的军人身份，后来她又直接从这个代表团转入了我国到布拉格参加捷克斯洛伐克首届军队电影节的解放军电影代表团。这个代表团的团长是当时的总政文化部电影处处长虞棘，由后来担任八一电影制片厂副厂长的胡介民担任秘书长。八一电影制片厂那时候还没成立，我们的军队代表团这次除了带去一些部队电影外，还专门去参观捷克斯洛伐克军队电影制片厂，了解其建设现状和环境，学习如何开展部队电影工作。

后来，两个代表团一起回到莫斯科，住在红场旁边的宾馆里。那时，电影《白毛女》已经被译成了俄文版，田华第一次听到自己说着流畅的俄语，觉得非常有趣。莫斯科电台的同志也对来自中国的“喜儿”很感兴趣，蔡楚生和田华还代表地方电影制片厂，接受了莫斯科广播电台的录音邀请。在列宁格勒，军队代表团又参观了列宁格勒的电影制片厂、电影演员学校等相关单位，代表团还在电影演员学校举行了一个座谈会，学习探讨培养电影演员的方式和渠道。

1953 年，田华又接到新任务，去丹麦哥本哈根参加世界妇女大会。在丹麦期间，有一点给田华留下了极为深刻的印象，那就是丹麦对祖国文化的重视。在首都哥本哈根的安徒生纪念馆，有一个传统，不管哪个国家的客人来访，都要请他们用本国的语言朗诵一篇安徒生的童话，录制下来，永久保存。中国妇女代表团是第一批造访纪念馆的中国客人，朗诵的任务荣幸地落在了田华的肩上，她声情并茂地朗诵了一篇《皇帝的新衣》，把来自遥远中国的声音留在了哥本哈根。后来，田华又参加了很多的文化交流活动，但是交流越多，她就越发现本国文化的重要性。她感慨地说：“什么时候也不能轻视民族文化，要用现代的、合适的载体把它表现出来。也不要盲目去迎合外国人，要先介绍我们本国的优秀文化。”她对当今电影界存在一些浮躁和浮华的现象很是忧虑，“无论什么时候，也不能脱离我们的母亲。”

★ 1952 年田华（左二）跟随解放军电影代表团去捷克斯洛伐克参观时合影。

★在捷克斯洛伐克与苏联女演员合影。

★给外国小影迷签名。

跟着总理去缅甸

1960年，缅甸总理吴奈温率领一支庞大的代表团来华访问，受到了新中国热情周到的接待，客人满意而归。1961年，应吴奈温的邀请，周恩来总理亲率代表团回访缅甸。代表团有400余人之多，由11个分团组成，包括军事、体育、文化、宗教、新闻、电影等。这可以说是新中国成立以后，出国代表团人数最多、团长职级最高的一次了。据田华回忆，电影团里囊括了当时一大批知名的演员，阵容非常强大。团长由八一电影制片厂厂长陈播担任，副团长是导演崔嵬，团员有王丹凤，张瑞芳，秦怡、秦文姐妹，王苏娅，杨丽坤，杨秋玲，王晶华，王心刚，庞学勤，桑弧，李恩杰等人。其中，在京剧《杨门女将》中扮演穆桂英和佘太君的杨秋玲、王晶华跨文化及电影两个代表团。

这次代表团的成员几乎都是各个领域的重要领军人物，他们除了被告知活动的重要性，要求遵守规定外，还被特别叮嘱一定要注意安全。周总理像关照自己的孩子一样关心着电影代表团的团员，他指示代表团的领导，一定要给大家讲清楚，万一遇到突发事件，千万不要惊慌，保护好自己的生命是第一位的。这细致的叮咛充分表现了周总理对文艺工作者的理解和关心。

★在缅甸受到同行和群众的欢迎。

★在印度尼西亚与群众在一起。

由于准备充分，在缅甸的交流活动非常成功，当时，还举办了大型的中国电影周，代表团带去的影片受到了极大的欢迎。电影代表团的成员到缅甸的制片厂参观，与他们的演员们在一起交谈。那段时间，缅甸刮起一股中国旋风，作为新中国的文化使者，田华与同志们很好地完成了这次任务。

1964 年，正在上海拍摄影片《白求恩大夫》的田华又接到了去印尼参加亚非电影节的通知。这次代表团团长是司徒惠敏，副团长是岳林。当时，他们带去的参赛片是《农奴》、《海鹰》，在国际上产生了很大影响。而作为亚非电影节评委前去的丁峤，在印尼也为中国电影积极宣传，增进了亚非同行和中国电影工作者的友谊。印尼本国很重视这次活动，电影节结束后的发奖仪式上，印尼总统苏加诺出席并接见了中国代表团。一次舞会上，田华还与印尼共产党的领袖艾地跳了舞。2001 年，北京电影制片厂拍摄《周恩来万隆之行》时，电影局的一位同志把苏加诺与田华握手的照片送给了苏加诺的女儿、时任总统梅加瓦蒂。梅加瓦蒂非常高兴，对影片的拍摄给予了很大的支持。

★在印尼亚非电影节颁奖仪式上受到印尼总统苏加诺接见。
由左至右：苏加诺、田华、司徒惠敏。

★ 田华饰演的电影《白毛女》剧照。

★ 1943 年的抗敌剧社小演员田华。

★ 田华饰演的电影版《党的女儿》剧照。

★ 田华与华江表演打霸王鞭。

★日本前首相大平正芳接见中国电影代表团。

艺术拓展与“片盒外交”

回顾新中国早期文化交流的历程，田华表示对自己而言最大的收获就是拓宽了艺术面，开阔了创作思路，对自己的文化素质也是一个很大的提高。1954年田华在中央戏剧学院参加苏联专家班学习，苏联史楚金戏剧学校校长、表演艺术专家鲍里斯·格力葛里·耶维奇·库里涅夫当时是中央戏剧学院师资训练班主要教师，他对田华说：“你演中国小姑娘演得很好，这个世界都知道了，但如果现在让你演《罗密欧与朱丽叶》中的朱丽叶，演莎翁笔下一个贵族女孩，能驾驭得了吗？”田华听了以后很紧张，那时她虽然出过国，但对国外的生活环境和状态终究不够熟悉。于是她苦苦琢磨构思，后来，俄国著名画家、俄国19世纪著名作家列宾的老师克拉姆斯·克伊的一幅《月夜》启发了她，图画中女孩身穿白色布拉吉（俄语，连衣裙）坐在花园的长条凳上的安详形象给了她灵感，再回顾自己在国外的所见所得，直接生活和间接生活相结合，融入之前学到的表演理论和内心感悟，欧洲姑娘的感觉慢慢出来了，最终，她成功地塑造出了库里涅夫要求的人物形象。

与此同时，通过一次次的中外电影人的交往和交流，中国与一些国家之间的了解与友谊大大增强，这被称为“片盒外交”。1952年，周恩来总理把电影《白毛女》拷贝送给了来中国访问的日本国会议员帆足计。日本松山芭蕾舞团创始人清水正夫是这部电影在日本最初的观众之一，在东京江东区的一家小礼堂看完这部电影后，他把夫人松山树子也带进了放映场。同样深受感动的松山树子改编并亲自担纲主演，把这个中国故事搬上日本的芭蕾舞台。1955年，松山树子应邀访问中国。当时，周总理向松山树子介绍了王昆和田华，他说，田华是电影“喜儿”，王昆是歌剧“喜儿”，松山树子是芭蕾舞“喜儿”，你们是中日友谊的象征。

本文采访时间：2009年 | 采访人：陈 璐

贾作光

国家一级编导、一级演员、文化专员。1923 年 4 月 1 日出生于辽宁沈阳。1947 年参加内蒙古文工团。中华人民共和国成立后，创作表演了《鄂尔多斯舞》、《盅碗舞》、《挤奶员舞》等作品，先后在世界青年与学生和平友谊联欢节上获得金质奖章、一等奖和铜奖。1976 年后，他编排出《彩虹》、《喜悦》、《鸿雁高飞》等舞蹈。《牧马》、《鄂尔多斯舞》、《海浪》荣获“20 世纪华人经典舞蹈作品金像奖”。他创作的舞蹈，许多成为中国歌舞表演团体的保留节目。他曾先后赴蒙古、前苏联、美国、法国、波兰、德国 、朝鲜、奥地利、巴基斯坦、尼泊尔等 40 多个国家访问演出。

★ 1949 年，在匈牙利布达佩斯第二届世青节上表演《腰鼓舞》的演员合影，贾作光为后排左起第 6 位。

以舞为媒 广交四海朋友

——贾作光忆新中国早期对外文化交流

新中国成立之后，贾作光带着中国民族民间舞蹈多次出国交流演出，展示了新中国的风采和面貌。中国艺术团充满热情、向往美好的表演就像一团火，走到哪里就燃烧到哪里。当时，只要一看到五星红旗，当地群众就会竖起大拇哥，高喊：“中国！毛泽东！中国！毛泽东！”

每次来到贾作光老师的办公室，都会被满满的一墙照片所吸引。奔腾的骏马、凌空的鸿雁……一张张老照片记录下了贾作光人生各个阶段的舞之身影，无论是15岁的年少之时，还是86岁的耄耋之年，我们始终能够在起舞的贾作光脸上看到一种夺目的光彩。作为新中国舞蹈事业的开拓者，贾作光的舞蹈生涯不仅仅是属于他个人的生命体验，很多时候还与新中国对外文化交流事业紧紧交织在一起。非常幸运，我们“岁月如歌——新中国文化交流早期记忆”项目的采访者有机会采访了贾作光老师，聆听到了新中国舞蹈艺术早期对外交流的历史片段。

★贾作光（左一）与原苏联功勋艺术家查普林（左二）合影。

难忘的经历实在太多

新中国成立初期，我国主要是选派具有民族特色、丰富多彩而又通俗易懂、较少语言障碍的民间歌舞、杂技等团组出国访问演出。在这个过程中，新中国的文艺工作者把中国的民族民间舞蹈首次带到了国际舞台。当回忆起多次随政府代表团参加当时中国主要的对外交流活动——世界青年与学生和平友谊联欢节的经历时，86 岁高龄的贾作光一口水不喝，一口气不停地讲了一个多小时。就像万花筒般，从贾作光的脑海里不断蹦出五彩缤纷的记忆片段。“难忘的经历实在是太多了！太多了！”贾作光不停地发出这样的喟叹。

其实，早在 1949 年 7 月，新中国成立前夕，贾作光就从解放区跟随中国青年文工团，赴匈牙利布达佩斯参加了第二届世界青年与学生和平友谊联欢节。他与吴坚、叶杨、王昆合作编导的汉族民间舞蹈《大秧歌》获特别奖；他参加演出的另一个汉族民间舞《腰鼓舞》同时获得了特别奖，这是中国民间舞蹈第一次在国际上获奖。

新中国成立之后，贾作光又带着中国民族民间舞蹈多次出国交流演出，用浓郁民族风格的舞蹈艺术展示了新中国的风采面貌，获得了许多国际奖项。其中，1955 年，在波兰华沙举行的第五届世青节上，贾作光编排表演的《鄂尔多斯舞》更是俘获了评委和观众的心，一举拿下了当年的一等奖。《鄂尔多斯舞》是中国获得第一个国际大奖的蒙古舞，但并不是唯一一个。1962 年贾作光创作、莫德格玛首演的《盅碗舞》，在芬兰首都赫尔辛基举行的第八届世青节上夺得了金质奖章。

★ 1951 年，参加第三届世青节，表演红绸舞。　　罗昌遐供图

中国艺术团充满热情、向往美好的表演就像一团火，走到哪里就燃烧到哪里。当时，只要一看到五星红旗，当地群众都会竖起大拇哥高喊：“中国！毛泽东！中国！毛泽东！”50 年前那些欢呼的声音、那些热烈的掌声、那些热情的亲吻、那些激动的泪水从没有在贾作光的记忆里消失。每次表演结束之后，当地热情的姑娘总会把他亲个满脸红唇印，他被紧紧簇拥在人群中，躲也没处躲，常常被弄得哭笑不得。当地群众还常常主动帮着搬运行李，人山人海的群众在车站为中国代表团送行，中国代表团所到之处都被簇拥在各国人民友好善意的海洋中。贾作光说，能够得到这样的尊重，是他出国之前并没有想到的。当时十几岁的贾作光亲身经历过东北沦陷时的悲惨生活，他清楚地知道作为亡国奴，中国人曾没有任何尊严可言。“外国人对我们那样的热情友好，都是因为我们中华人民共和国成立了，都是因为我们中华民族站起来了！”在国外的日子，贾作光心中常常不由自主升腾起一股火热的爱国之情。这种强烈的爱国

热情，这种强烈的荣誉感使命感，驱使包括贾作光在内的所有中国代表团成员克服了很多困难。贾作光还记得 1951 年参加第三届世青节，刚到柏林的时候，就遭遇了一个“下马威”——柏林街头悬挂了大幅宣传漫画，是一个中国女孩子满身爬满臭虫的形象，污蔑中国人脏。中国代表团并没有因为反华势力的猖獗而退缩，大伙儿在柏林市政府门前更加卖力地跳起了《红绸舞》：包括贾作光在内的从全国各个文工团选拔出来的优秀舞蹈演员高举着“火把”跳着欢快的秧歌，瞬间，“火把”变成了红色的长绸——如火龙飞舞，矫健的舞姿与“火龙”交相辉映，洋溢着青春活力。柏林被这片红色的海洋撼动了，他们撤去了污蔑中国的漫画，当地群众纷纷为我们的演员们送水、送牛奶。

中国代表团不仅在艺术表演上竭尽全力为祖国争光，在日常的生活中，他们也时刻牢记他们代表着新中国的形象。大伙儿都有极强的组织纪律性，在宾馆把被子叠得整整齐齐，吃完饭后收拾得干干净净，从不高声喧哗，他们把“三大纪律、八项注意”也带到了国外。讲文明、懂礼貌的中国代表团走到哪里都给人留下了很好的印象：“中国是有礼貌的国家。”

★贾作光舞姿。

★《牧马舞》

轻伤不下火线

除了前苏联、东欧社会主义国家之外，贾作光还参与了当时很多和其他国家的文化交流活动：1952 年“中蒙友好旬”期间，他以中国艺术团副团长的身份赴蒙古人民共和国演出；1953 年，以内蒙古自治区赴朝鲜慰问团副团长身份率团出访朝鲜；1957 年，任中国艺术家代表团副团长再次赴朝访问演出；1959 年，任中国舞蹈代表团副团长兼秘书长赴蒙古人民共和国访问，做表演示范并讲课……每一次的出国访问演出，都有许许多多动人的故事。

贾作光说每次去蒙古人民共和国都觉得格外亲切。在乌兰巴托参观、演出、联欢，大家像亲人一样地拥抱、亲吻，一起唱歌，一起跳舞，几乎每天都沉浸在欢乐友好的气氛当中。

通过双方的表演交流，贾作光发现我们的蒙古族舞蹈跟蒙古人民共和国的舞蹈，在共性之中还是有不同的个性：我们的舞蹈比较剽悍，融入了较强的时代感；蒙古人民共和国的舞蹈则更多地保留了民族的传统。

那段岁月让人难以忘怀的故事实在是太多了，它们在贾作光的记忆闸门打开之时，都争先恐后地涌出来。“金日成操着一口东北话，在人群中观看了内蒙古的歌舞节目，给慰问团很大的鼓舞。”尽管时间已经过去 50 多年，说起赴朝慰问演出的情景，贾作光依然滔滔不绝。那是 1953 年，抗美援朝战争已打了 3 年，在战争进入最后阶段的时候，中国政府组建了由贺龙元帅任总团长的中国人民第三届赴朝慰问团，贾作光跟随布赫率领的内蒙古自治区慰问团也参与其中。而当时志愿军战士们“一不怕苦、二不怕死”的英雄主义精神、舍己为人的国际主义精神深深地打动了贾作光，“轻伤不下火线”成为贾作光始终坚持的原则。有一次在表演过程中，贾作光一不留神，把脚踩到了用枕木搭成的舞台地板的缝隙中，但音乐还在继续，节奏不能停止，贾作光硬是把脚给扯出来，光着脚、流着血，满怀热情地继续表演下去。演出非常成功，当地的老百姓又是送玉米，又是送打糕，对我们的演员非常热情。当时，金日成也多次观看了演出。

创新和发展民族舞蹈

上世纪 50 年代是中国舞蹈事业的一个繁荣期，这种繁荣与新中国早期频繁的对外文化交流是分不开的。“在促进中国对外文化交流的同时，启发了中国民族民间舞蹈的发展。”这一时期的很多作品是在借鉴和吸收外来舞蹈形式的基础上发展起来的，但如何对待外来文化，这并不是一个简单的课题。在这个问题上，贾作光也经过了漫长的摸索期。

贾作光从小就得到日本现代舞大师石井漠的亲授，很早就接触到了芭蕾、现代舞，可当时他根本没有意识到舞蹈也应有民族个性。贾作光最开始创作《牧马舞》时，只是把西班牙舞蹈硬套在了主观的舞蹈形象之上，动作、姿态都是西班牙式的。牧民们看完他的表演之后，都说他像跳大神的，并不认可那是蒙古族舞蹈。当时的贾作光还不太服气，觉得是牧民们不懂舞蹈。可随着后来越来越多的对外交流，贾作光渐渐明白了一个道理：在多彩纷呈的世界艺坛上，一定要有能代表我们中国人自己的舞蹈，能让世界各国人民一看就知道，这是中国的舞蹈。

在历次出国的过程中，贾作光有机会接触到了很多有名的艺术家，看到了当时一流的舞蹈表演。这些经历促使贾作光不断思考：怎样才能把人家优秀的东西合理地为我所用？观看乌兰诺娃演出的《天鹅之死》让贾作光深深体会到了芭蕾舞的极大魅力。芭蕾舞的系统化、科学化、规范化让贾作光十分羡慕，他当时就在想，中国什么时候能有自己的芭蕾舞？中国的民族舞蹈如何像芭蕾舞一样规范起来？人家是怎样弘扬民族舞蹈的？在这些问题上，前苏联民间舞蹈之王莫伊塞耶夫给了贾作光极大的启发。莫伊塞耶夫创建了前苏联第一个专业民间舞蹈团，在深入研究苏联民间艺术——音乐、舞蹈、服装以及民族风俗的基础上，对民间舞蹈进行了整理加工，把苏联民间舞蹈与经典芭蕾完美融合，创造了大量风格鲜明、形象生动、具有深刻表现力的民间舞蹈作品，使民间舞蹈成为了舞蹈学一个重要分支。就这样，一点一滴的外来文化的养料在贾作光心里慢慢发酵着，一种要想尝试把芭蕾舞民族化的冲动在贾作光心里慢慢滋生着。

事实上，芭蕾舞在新中国成立之初就受到了格外的重视。1954 年，新中国第一所正规的培养民族舞与芭蕾舞专业人才的中等专业学校——北京舞蹈学校（今北京舞蹈学院）诞生。首任校长是著名舞蹈家戴爱莲，副校长陈锦清。当时的北京舞蹈学校先后聘请了苏联舞蹈专家前来任教,通过系统的专业训练，为中国培养了第一代的教员、演员、编导等方面的芭蕾人才。1955 年，贾作光参加了由苏联专家查普林主持的第一期舞蹈编导班。结合出国的所见所闻，贾作光的进步非常快。他系统学习了编导技法，不仅把学习到的知识运用到对蒙古舞的提炼、规范当中，他创作的小型舞剧《幸福的花朵》还开创了芭蕾舞和中国蒙古舞相结合的先河。这对《红色娘子军》等作品实现芭蕾舞民族化的真正成熟，在一定程度上也起到了引领作用。

本文采访时间：2009 年　采访人：毛　莉

彭清一

山西忻县（今忻州）人，舞蹈演员。1949 年毕业于华北大学，历任中央歌舞团演员、舞蹈队队长，中国舞协第三、四届常务理事和第五届理事。1965 年加入中国共产党。主演舞蹈《大刀进行曲》、《花鼓灯》等。参与表演的《红绸舞》、《游春》、《西藏舞》获 1951 年第三届世青节舞蹈比赛一等奖。

★ 1951 年，彭清一（左一）演出双人舞时，与驻莫斯科使馆人员合影。

那段激情燃烧的岁月

——彭清一忆新中国早期对外文化交流

彭清一至今都记得 1951 年在民主德国被中国青年文工团团长周巍峙批评的事情，从此他牢记住了一点，他们代表的不仅仅是自己，更是新中国的形象。有着极其强烈的国家意识，是那一代艺术家的共同特点，一伸手一抬腿都是国家形象。

从流浪儿到新中国第一代舞蹈家，彭清一的一生见证了新中国文化发展的许多重要历史事件。为了搜集保存新中国早期对外文化交流的珍贵史料，我们找到了舞蹈家彭清一，听他讲述几十年前那段激情燃烧的岁月。

★ 1964 年，为庆祝西哈努克亲王五十寿辰，彭清一和著名舞蹈家崔美善应邀在柬埔寨广场演出。

第一次走进金色大厅

上世纪 50 年代，我国对外文化交流的一项重要任务就是参加每两年一届、每届历时半个月的世界青年与学生和平友谊联欢节（简称世青节）。每届联欢节团中央和全国青联都要在国内选拔大批优秀的青年文艺和体育工作者参加。彭清一在 1951 年被选拔为中国青年文工团舞蹈队的成员，赴德国柏林参加第三届世青节。

“那段日子非常充实。”在那一年多的时间里，中国青年文工团的日程总是排得密密麻麻，马不停蹄地走访了民主德国、苏联、保加利亚、波兰、奥地利、罗马尼亚、匈牙利等国家，参观，交流，欣赏歌剧、芭蕾。“即使看不懂，也要使劲鼓掌；不能大声讲话，要认真学习；要展现出新中国的精神风貌。”大家每天早上 6 点集合，因为彭清一要负责叫每个同志起床，所以每天 5 点半就要起床。“一直到今天，我也坚持每天 5 点半就起床。”那个时期的每一件事都深深影响了彭清一的整个人生。从 8 点半大家就要开始一天的排练，为晚上的演出做准备。“一天不练，自己知道；两天不练，行家知道；三天不练，观众知道。”即使在国外，彭清一也一刻没有放松过对自己的要求。当时，彭清一还是一个二十出头的毛头小伙子，学习舞蹈和练功的资历都很浅，他抓住这个难得的机会，虚心向国内外专家请教，“我恨不得一口吞下这些名家的所有学识。”学习笔记记了满满十几大本。他在国内的时候，练芭蕾舞的转圈费了很大劲也总是不得要领，在罗马尼亚，经一个专家指点后茅塞顿开。通过这样的交流学习，彭清一极大地提高了自己的舞蹈和文化素养。

彭清一总说文艺工作者就是一名战士，要“招之能来，来之能战，战之能胜”。这样的思想也是在这个时期形成的，因为这个时期，彭清一受到了最严格正统的组织纪律教育。彭清一还记得在民主德国时被中国青年文工团团长周巍峙批评的一件事。当时在餐桌上吃面包，他涂了黄油、果酱，还加上了一层白糖。周巍峙严肃地走过来说：“彭清一，你不看看东德现在什么情况，他们也很困难。你涂了黄油、果酱还不够？为什么还要涂白糖？”从此彭清一牢牢记住了一点：我们代表的不仅是自己，更是新中国的形象！有着极其强烈的国家意识，是那一代艺术家的共同特点。“一伸手一抬腿都是国家形象。”无论是饰演一个小角色，还是担当主要角色，站在舞台上的彭清一都会忘了自己，充满激情地饰演好每一个角色。

彭清一和他的同事们带着国家的荣誉感、历史的使命感，在那次世界青年与学生和平友谊联欢节上，以极富民族特色的《红绸舞》、《西藏舞》为祖国赢得了两枚金质奖章。1951 年 8 月，在东德参加完世青节的演出后，文工团便开始了在东德各地和欧洲当时的社会主义国家的巡回演出。“那时外国人看到我们的女同志时，总是喜欢看脚，而我们的女演员们就故意把步子迈得大大的，让他们看清楚我们新中国的女性是不是小脚。”而看过《红绸舞》的外国人纷纷感叹：新中国的红火烧起来了！中国青年文工团所到之处，无不受到各国人民的欢迎。

说到这段让彭清一骄傲和记忆深刻的艺术和人生经历，还不能不提到他们代表新中国艺术家第一次登上维也纳金色大厅的往事。奥地利是当年欧洲之行中唯一的非社会主义国家，但由于金色大厅当时正好处于奥地利的四国轮值中苏联当执的日子，他们得以把新中国的音乐舞蹈艺术带进了音乐艺术的著名殿堂——维也纳金色大厅。从1951年开始，彭清一几乎每年都会出国演出访问。作为文化使者，他先后随团访问过30多个国家和地区——仅苏联就去过10次——向世界宣传中国，向各国人民展现中国民族舞蹈艺术。

新中国早期对外文化交流不仅对于彭清一个人来说意义非凡，对于新中国的整个文化事业也起到了奠基的作用。它不仅为全国多个文艺团体培养了一大批骨干分子，更通过学习借鉴国外先进文化管理经验先后成立了一大批完全不同于旧社会戏班子的新型文艺院团，在全国各地建设了影剧院、图书馆、美术馆、博物馆等公益文化设施，基本改变了旧中国文化事业积贫积弱的局面。例如，以1951年出访的中国青年文工团骨干为主要成员，1952年，在刘少奇、周恩来的直接关心下，新中国成立了第一个国家歌舞团——中央歌舞团，后来赫赫有名的东方歌舞团、中央乐团、中央民族乐团皆脱胎于此。

难忘慕尼黑空难

新中国早期的对外文化交流之路并不只有鲜花和掌声，有时候甚至会需要我们的文艺工作者抛头颅洒热血。彭清一还清楚地记得 1956 年的那场慕尼黑空难。

1956 年，年轻的共和国面临的国际环境非常严峻。当时，只有 24 个国家与中国建立外交关系。为了加强与其他国家的交往，扩大中国的影响，党中央制定了“文化先行，外交殿后”的方针。为此，经中共中央批准，中国人民对外文化协会邀请国内京剧、音乐、舞蹈界的著名演员组成了中国艺术团。这是一个民间性质的艺术团体，团长由对外文化协会会长楚图南担任，赵沨担任副团长兼艺术指导，成员包括李少春、袁世海、杜近芳、刘淑芳、赵青等名家共 88 人，彭清一也是其中之一。

代表团准备前往南美洲的阿根廷、巴西、智利和乌拉圭。这 4 个国家当时还没有与中国建立外交关系，有些国家甚至还驻有国民党的使馆机构。与 1951 年那次出访不同，这样单枪匹马进入政治气候完全不同的国家，是福是祸，实难预料。但大家都牢牢记得出行前周总理亲自到和平宾馆为代表团送行时说的话：无论有多大困难，只要能进去，就是胜利；要认真执行和平友好的对外政策；要保证演出质量，通过演出交流文化，广交朋友。

在两个多月的时间里，艺术团在布宜诺斯艾利斯、里约热内卢、圣保罗、圣地亚哥、蒙得维地亚等地演出 58 场，观众达 15 万多人，艺术团所到之处，都备受欢迎，广大华侨更是欢欣鼓舞。拉美四国的国家元首、议会议长和政府官员，纷纷接见了楚图南团长和演员，盛赞演出成功，并向新中国表达了良好祝愿。南美诗人聂鲁达还与演员们一起联欢、合影留念。彭清一还记得在智利科隆大剧院演出结束后，智利的一位舞蹈演员还送给他一双芭蕾舞鞋，他回赠了一柄檀香扇。

这次访问演出非常成功，是中国与南美洲文化交流史上的一个创举，在中国对外文化交流史上也可书下光辉的一笔。但令人扼腕叹息的是，有 10 名文艺工作者在此次南美之行中失去了生命。那是 1956 年 11 月 24 日，艺术团成员从瑞士分乘三架飞机回国。当前两架飞机顺利到达捷克后，第三架飞机却迟迟没有到。正当大家焦急万分的时候，中国驻捷克大使曹瑛红着眼眶告诉大家："第三架飞机在慕尼黑上空发生坠机事件，机上人员全部罹难。"这些同志有 1948 年与江姐一起做过地下工作的、担任艺术团副秘书长的李德椿及吴鸣申、刘又春、张春来、蒋文林、王文华、邓子若、俞良、饶其丰、张槐根。后来，遇难烈士被合葬在八宝山革命烈士公墓的陵园内，陈毅副总理亲自题写了墓碑：中国访南美艺术团遇难同志之墓。彭清一在之后很长的一段时间不唱歌、不跳舞，每年清明节都要捧一束鲜花去祭奠这些为了祖国对外交流事业而牺牲的烈士们。他流着泪默默告诉他死去的战友：我不会忘记你们！共和国不会忘记你们！祖国今天已经取得了伟大成就，你们可以安息了。

本文采访时间：2009 年 | 采访人：毛　莉

吴祖强

1927 年生于北京。1947 年入南京国立音乐院理论作曲系，师从江定仙。1952 年在中央音乐学院毕业后，赴苏联留学。1958 年毕业归国，在中央音乐学院作曲系任教，历任助教、讲师、副教授、教授、副院长、院长。曾作为中国音乐家的代表，赴苏联、英国、捷克斯洛伐克、日本等国家访问，并多次担任国际音乐比赛评委。曾任中国文联执行副主席、中国音乐家协会副主席。从第七届至今连任 5 届全国政协委员。曾任第十二届中共中央候补委员。现任中央音乐学院名誉院长、中国音乐家协会名誉主席。

★中国留学生在苏联，左一为吴祖强。

人生难忘年少时

——吴祖强忆新中国早期对外文化交流

吴祖强清楚地记得，1950 年在布拉格车站，欢迎的群众因为迎接第一个来自新中国的代表团而无比高兴，把每一个团员抬起来游行。大会期间，各国的代表们不断地找中国的学生代表谈话、签字、交换徽章，他们想知道中国如何从苦难里斗争出来，想知道新中国的一切情况。

如果翻开新中国音乐的历史，吴祖强这个名字会强烈吸引我们的目光：芭蕾舞剧《红色娘子军》、民族舞剧《鱼美人》、琵琶协奏曲《草原小姐妹》、弦乐合奏《二泉映月》……这些中西结合、家喻户晓的作品，都是出自他的笔下。作曲家、音乐教育家、音乐理论家、音乐事业的领导者和社会活动家，他的名字前常常被冠以如此之多的头衔，让人不由自主想了解他80年丰富人生的经纬。“生正逢时”这四个字，是吴祖强在接受我们采访时提到最多的一个词。早在吴祖强的学生时代，他就有机会参与到了新中国早期对外文化交流的许多活动当中，亲历和见证了新中国文化事业的起步和发展。

★吴祖强在苏联老师指导下学习。

布拉格的《东方红》之声

新中国成立初期，为了结束旧中国的半殖民地外交、维护新中国的独立和主权，提出了“另起炉灶”“打扫干净屋子再请客”和“一边倒”的外交方针。根据这一方针和当时的国际形势，当时的对外文化交流工作的对象首要是社会主义国家，交流的主要目的之一就是要介绍中国革命的伟大胜利，使世界上更多的人民和国家听到新中国的声音。

1950 年，当时的社会主义阵营国家在捷克斯洛伐克首都布拉格召开第二届世界学生代表大会，中国也派出了代表团，这是新中国成立后中国青年出席的第一个国际会议。作为三所艺术院校的代表之一，当时担任中央音乐学院学生会主席的吴祖强也参加了这次大会。到处都是鲜花、阳光，到处都是热烈的欢迎，满怀着青春的理想与自信，这是吴祖强第一次走出国门最深切的体会。在布拉格车站，欢迎的群众因为迎接第一个来自新中国的代表团而无比高兴，把每一个团员抬起来游行。大会期间，各国的代表们不断地找中国的学生代表谈话、签字、交换徽章，他们想知道中国如何从苦难里斗争过来，想知道新中国的一切情况。在会外，中国代表团带着新中国的电影、音乐、书籍，与各国代表进行了热烈而亲密的交流。在布拉格“阿尔发”电影院举行的招待各国代表团的电影放映会上，播放了新中国第一部获国际奖——第五届卡罗维 · 发利国际电影节“争取自由斗争奖”的影片《中华女儿》。到场的 70 余国代表共一千余人，都被影片中体现的中国人民在抗日战争中的崇高爱国主义精神深深打动，纷纷与中国代表团握手，表示赞美和感动。甚至还有英国的进步学生一再要求将这部电影送到英国去放映。当天晚上，印度代表团专门为中国代表团举办了一场联欢会。印度的学生代表们学着扭秧歌，窗口外马路上挤满了鼓掌欢呼的市民……联欢时那激动人心的场面至今仍在吴祖强的脑海里时时浮现。而最让吴祖强难忘的，是中国学生代表团在布拉格市中心“代表大厦”召开的以殖民地代表为主的各国代表的盛大招待会。大厅里坐满了来自50余国各种肤色、各种服装的客人，签名册上签满了不同国家、不同文字的名字。各国的代表纷纷表演起各自国家的歌曲和舞蹈，捷克青年联盟的合唱团还专门用中文演唱了一首《东方红》，大家都情不自禁跟着哼唱起来。当各种洋腔洋调汇成同一种旋律、汇成同一种语言之时，在场的每一个中国人都不自觉地把背挺得更直、把头抬得更高！招待会一直进行到夜里1时许，却没有人因疲倦想离开。结束时，各国的青年朋友们依依不舍地互相拥抱告别，一时间，不同语言的“再见”之声响成一片。

以文化为载体的对外交流活动，能够以自己特有的方式和内容在中国和世界各国人民心中架起友谊的桥梁。对于这一点，在异国的土地上，尚在学生时代的吴祖强就有了切身的体会。

作品被苏联国家广播电台录音播放

新中国成立初期，中苏之间的文化交流与合作具有特殊重要意义。1952年，两国签订了为期30年的《中苏友好同盟互助条约》，其中规定：“双方保证以友好合作精神，并遵照平等、互利、互相尊重国家主权与领土完整及不干涉对方内政的原则，发展和巩固中苏两国之间的经济和文化联系。”本着该条约的精神和有关条款，文化领域开展了广泛的交流和合作。在“以苏为首、以俄为师”的大环境下，派遣留学生是当时交流的主要方式之一。

吴祖强就是在这样的历史背景下，幸运地成为了新中国首批留苏的三名音乐专业学生之一（另两名为后来著名的指挥家李德伦和女高音歌唱家郭淑珍）。自 1953 年起，吴祖强在苏联莫斯科国立柴可夫斯基音乐学院理论作曲系深造，师从尤·奥·麦斯涅尔教授学习作曲，随叶夫谢耶夫和斯克列勃科夫教授学习复调，跟罗加尔·列维茨基教授学习管弦乐法等。对吴祖强来说，刚开始的学习任务并不轻松。学校把中国学生分配到最优秀教师的班级学习，可是他们往往连老师在说什么都听不懂。同时，自己音乐基础的不足也让吴祖强非常苦恼。相比而言，生活上的不习惯是微不足道的。在国家经济极其困难、国际国内环境还不太平的条件下被选派出国，吴祖强深知国家培养一个专业人才之不易。在苏学习的 5 年时间里，他没有一刻忘记过以国家文化建设急需的业务专长报效祖国的重任。在这所世界闻名的苏联最高音乐学府里，处处留下了他刻苦学习的身影。莫斯科有异常丰富的音乐生活：每天晚上有数不清的各式各样的音乐会——苏联有名的大师们的演出、各国音乐家们的演奏，在潜移默化之间，吴祖强不断提高着对音乐的欣赏和理解水平。每时每刻，他几乎都能感受到一种成长进步的喜悦。他常常遗憾的是没有足够的时间，恨不得每天能有 32 个小时可以支配。吴祖强的努力得到了音乐学院师生的一致认可：“中国学生都在努力学习，中国人民真是勤劳的人民！”

吴祖强学得刻苦，但并不刻板。正如吴祖强的苏联老师所告诉他的一样：“你们是中国人，你们回去是要发展你们自己的文化的。”他细心学习苏联如何将各种民间调式和传统欧洲古典的和声学结合在一起，同时，吴祖强总在思考如何将中国悠久的民族音乐传统和国外交响音乐创作的优良、进步的传统结合起来。在吴祖强一年级的时候，他以新疆哈萨克族民歌为素材编配的艺术歌曲《燕子》得到了演出的机会。这首虽简短却婉转而缠绵的歌曲得到了老师和同学们的热情鼓励。吴祖强的才华在一首首作品中不断展现出来。《C 大调弦乐四重奏》是吴祖强在 1957 年完成的作品，将中国民歌的情调与欧洲传统和声复调和谐地融为一体。当时，由莫斯科音乐学院四名教授组成的康米塔斯四重奏团一听就非常喜欢，并去了苏联国家广播电台录音播放，后来还由苏联国家音乐出版社出版了总谱。吴祖强现在还保存着这本1959年出版的乐谱，那已泛黄的一页页乐谱，最忠实地记录了他一生中最难忘怀的青春岁月。1958年，吴祖强以全优的成绩毕业。从他的三部毕业作品里——除了《C大调弦乐四重奏》和为郭沫若的长诗谱写的清唱剧《涂山之阳——与洪水搏斗》之外，还有被选中参加了毕业音乐会的两个乐章交响音画《在祖国大地上》——我们都可以轻易发现中国元素的亮点。

由于吴祖强在校期间的出色表现，他被选为各国留学生代表在毕业典礼上发言。“我回去以后，也要回到我们的音乐学院去教书。我一定要像你们这儿的老师对我一样对待我的学生；我也一定像你们这儿的同学一样，去和我的同事们一块儿做好自己的工作。把这儿优秀的学习传统和你们长期积累的文化成果带回我们的国家去！”吴祖强从来没有忘记他出国之前中央音乐学院领导对他的嘱托：希望他回国以后不仅是个人要写东西，而且还要能够教学，能够把学到的东西，回去传授给别的去不了的人。吴祖强在苏联学习期间就开始为音乐知识的传播做一些工作。当时国内的音乐理论技术专著有很多空白，特别是在和声学方面。吴祖强利用一个暑假的时间，翻译了斯波索宾《和声学教程》的一个章节并寄回了国内。后来国内的音乐理论家翻译了余下的章节，这本书成为了在国内出版的第一本苏联和声学教科书。这本教材在中国用了几十年，现在依然是不少音乐学习者的参考教材。

深情厚谊不只在“蜜月”

吴祖强无疑是幸运的，因为他在苏联学习期间正处在中苏关系的“蜜月期”。让吴祖强最感动的是音乐学院的老师们给予他学习和生活上的无私帮助。校长斯维什尼科夫教授经常关心外国学生的学习和生活状况，并做了学校能做的一切。宿舍里最好的房间首先分配给外国学生住，在许多事情上外国学生都有优先权。因为刚去的时候听大课困难，许多应该大班上的课学校特别为吴祖强他们开了小班，比如马列主义、哲学、俄罗斯民间音乐等。为了能使中国学生更快更好地掌握俄文这一工具，外文教研室的老师经常研究对外国学生应如何教授语文，马列主义教研室专门开会研究外国学生的马列主义学习问题。三年级外国同学特别班的马列主义教员奥斯托洛夫斯基曾参加过十月革命和卫国战争，为了帮助中国学生提高政治修养和思想水平，他在工作时间之外每两个礼拜都要为全体中国学生举办一次当前时事及有关政治思想问题的座谈会。他说：“你们在这里没有爸爸妈妈，有问题我们年纪大的人不管谁管？”老师们的特别照顾并不是不对他们严格要求。校长和老师们常常说：“我们要对你们负责，你们回去应该是一个有用的、好的音乐家，好好用功学习，不要懒！我们不能送回去一个学得不好的学生！”他们像爱护自己的儿女一样培养着中国来的留学生。苏联同学的友情和帮助也是说不完，他们和中国同学同吃同住，帮助中国同学克服语言困难，在一起准备功课，帮助中国同学演出新的作品。吴祖强还记得当时一个钢琴系四年级的同学卡罗格鲁耶夫花了很多时间来练习吴祖强写的钢琴曲，为了在主科考试时替他弹给考试委员会听；鲍里斯·蒂夫林，现在俄罗斯最杰出的合唱团指挥之一，当年跟吴祖强是舍友，他帮吴祖强校对过介绍中国音乐的俄语讲稿。吴祖强说，他们在音乐学院的每一点进步都渗透着苏联老师和同学的汗水，他始终不曾忘记那些帮助过他的人。即使在后来中苏关系恶化的时候，他们之间的深情厚谊也丝毫没有受到影响。吴祖强总会在逢年过节的时候，为他亲爱的老师和同学们寄去一些小卡片。因为客观原因，他们曾一度失去了联系，但仍在心中挂念彼此。中苏关系恢复正常以后，他们又迅速恢复了联系。采访时，吴祖强告诉我们就在前段时间他还邀请了鲍里斯·蒂夫林到国家大剧院来演出。“轰动！”——简短有力的两个字，道出了他为朋友感到的骄傲。如此这般用音乐维系的异国友情，历久而弥坚。

本文采访时间：2009 年 | 采访人：毛 莉

周广仁

中央音乐学院教授、著名钢琴家，中国第一位在国际比赛中获奖的钢琴家，中央音乐学院终身教授，当今中国在国际乐坛上最具影响和权威的钢琴演奏家、教育家，30 多次应邀在欧美各国的重大国际钢琴比赛中担任评委。参与创办高水平、权威性、国际性的中国国际钢琴比赛，并担任前三届比赛的评委会主席。

★在保加利亚留影，左二为周广仁，右二为周巍峙。

“她依旧记得我的琴声”

——周广仁忆新中国早期音乐交流往事

参加 1951 年世界青年与学生和平友谊联欢节之后，中国青年文工团赴欧洲多国巡演，每到一个国家，都得到当地人民赞许的目光和热烈的欢迎。周广仁第一次感受到了中华民族艺术的伟大和震撼。这种感受给她带来很大的冲击，她开始慢慢认识到一个真理：个人的命运永远与祖国的命运息息相关。外国人欢迎中国人，尊敬中国人，其实他们看重的是中国人身后的新中国。

作为我国著名钢琴演奏家、教育家，周广仁教授的钢琴教育生涯堪称新中国钢琴教育发展的缩影，桃李满天下：上世纪五六十年代的黄佩莹、黄媚莹、黄远渝、李宝琼、吴宜南，70 年代的李仁业等，八九十年代的逄勃、陈蔓春，更不用说她的徒孙辈的李云迪、陈萨等等。

2009 年 9 月 5 日，记者来到 81 岁高龄的周先生家中，和蔼可亲的周先生放下手头的工作，为我们讲述了那段历久弥新的记忆。

★周广仁和李志曙（男低音）。

勤工俭学　跟外国老师学钢琴

周广仁出生在德国莱茵河畔。祖父是中国最早从事洋务的上海金融界著名人物，父亲留学德国，取得机械工程博士学位。4 岁时，周广仁跟随家人回到上海，父亲希望孩子能够凭借外语优势取得成功，但 10 岁的周广仁坚决要求学习钢琴，达到几近痴迷的程度。开始在由丁善德等我国第一代音乐家创办的私立上海音专学习，16 岁那一年，她不顾父亲的反对，坚持要走专业钢琴的道路。当时中国人学习西洋音乐才刚刚起步，学习条件很有限，为了学好钢琴，周广仁在上海不断地寻找高水平的中外老师学习，同时依靠教授更小的孩子弹钢琴所获得的收入，来支付外籍教师每月 20 美元昂贵的学费。一段时间里，周广仁忙碌奔波于 20 个小学生的家庭，晚上才有时间练习自己的曲目。

这期间，她遇到过数位钢琴名师。意大利指挥家、钢琴家梅・帕契（Mei Paci）先后给她上了 44 节课，在手指技巧方法上给予她很好的指导。第二任老师马库斯（Marcas）属德奥学派，他不但给周广仁留练习曲，而且为她进行音乐讲解，注重强调不同作品的风格特点和乐句表情的把握，使她接触了从古到今的许多作品。后来，一次偶然的机会，周广仁从盲人钢琴家、李斯特的徒孙贝拉贝莱（Bela Belai）那里学到了李斯特的很多技术，有针对性地练习了许多八度、六度、四度双音的技法片段。之后，她还师从于曾任柏林大学教授的犹太人威坦贝格（Willenberg）以掌握贝多芬的音乐，在上海音专佛兰克教授的教导下学习现代和声和对位……回忆起这一段忙碌却颇有收获的早年学习时光，周广仁说，虽然跟这些钢琴老师学习的时间都很短，但每个老师都有其特长，从他们那里掌握的是各种不同的演奏技巧与音乐表现形式。

除此以外，大量的艺术实践也是周广仁学习和进步的手段。20 岁左右她便开始在上海演出，举行独奏、室内乐和协奏音乐会。这些演出常常由周广仁自己来安排、组织。周广仁还把与国内外音乐家的合作看成一次又一次锻炼和学习的机会。当时还有很多人找她为小提琴、声乐伴奏，她都非常乐意接受。

学钢琴最苦恼的事情是没有一架属于自己的钢琴。周广仁说自己非常幸运，一个偶然的机会令她得到了一架昂贵的德国钢琴。那天，她突然接到祖父的电话约她去一位德国太太家做客。这位夫人说德国战败，她将要离开中国，但是什么都不能带走，最舍不得的就是这架钢琴。她让周广仁弹了两首曲子，或许是曲子感动了这位夫人，她把钢琴送给了周广仁。周广仁说，那是一架极好的钢琴，没有它自己日后不会取得那么好的成绩。如今，这架钢琴陪伴她已有几十年的光景，尽管修过好多次，但是依旧保留在家中。周广仁说，前些年自己曾经去德国拜访过这位夫人，“她依旧记得我的琴声。”那天晚上，周广仁为她弹奏了一夜，老人非常满足。

新中国第一位国际钢琴比赛获奖者

解放以后，周广仁到上海音乐学院教课。对钢琴演奏技巧的追求使她思想上波动很大，她向贺绿汀院长提出要出国深造。贺绿汀对她说：“你别走，我们没人呀！你留下吧！以后国家会培养你的。”他的诚恳打动了周广仁。虽然后来周广仁一直没有出国进修的机会，但是她不后悔，反而要感谢贺绿汀院长，是他的挽留使她的一生与祖国的钢琴教育事业紧紧地联系在一起，让她得以见证中国音乐事业的发展和进步，让她有幸为自己钟爱的钢琴教育事业付出毕生的心血。

不久之后，国家派周广仁和马思聪、喻宜萱、杜鸣心等组成中国音乐家代表团，参加 1951 年 5 月在捷克举行的“布拉格之春”国际音乐节这一在欧洲乃至全世界颇有影响力的音乐节。为了在音乐节上展示中国音乐作品，这次代表团要带去的全都是中国曲目。可是，在此之前周广仁从来没有弹奏过中国的曲目。到北京后，拿到贺绿汀的《晚会》和马思聪的《鼓舞》两首曲子的乐谱，她马上开始练琴。10 天下来，曲子已经烂熟于心。在“布拉格之春”音乐节上，这两首曲子获得了观众的一致认可。这可以说是中国钢琴曲第一次在国际音乐节上露面。1952 年，周广仁再次参加了“布拉格之春”音乐会，这一次，她演奏了一首《波尔卡》。

1951 年，周广仁还作为中国青年文工团的一员前往德国柏林，参加在那里举办的世界青年与学生和平友谊联欢节（简称世青节）。联欢节上有一项是钢琴比赛，团长周巍峙建议周广仁参加比赛。在毫无准备的情况下，周广仁弹奏了平时训练的曲目，不想却获得了三等奖。虽然获得的只是第三名，但却使她成为了新中国在国际钢琴比赛上获得奖项的第一人。周广仁说，那次得奖对于她的整个人生是一个非常重要的转折。从此，她开始策划自己的钢琴梦想，期望今后能够成就钢琴事业。不仅如此，此行对周广仁的钢琴演奏技术也有着非常直接的启发。一位匈牙利钢琴教授在吃饭时对周广仁说，你们的音乐非常好，你的弹奏也很有乐感。不过，你的弹奏方法还比较陈旧，你的演奏也不够松弛。后来，这位教授陆续给她上了 6 次课。周广仁说，这次经历让她有些“开窍”。自此以后，她在弹奏和教学过程中，一直都非常注意钢琴弹奏方法方面的更新研究。

不过，这次出访经历对她来说，最大的收获却并不是获奖与演奏技巧的提高，而是思想的提升与灵魂的震撼。周广仁说，自己出生在德国，受到的是西式教育，曾经是一个“假洋鬼子”，这次经历激发了她作为一个中国人的使命感与自豪感。

在文工团里，她除了担任钢琴独奏和所有伴奏任务之外，还担任德文翻译。在德国，周巍峙团长每场演出前的发言都由她翻译。她清楚地记得，在几万人的露天演出场地，周团长声音宏亮、充满激情，每次都以“亲爱的同志们、朋友们”作为开头。她受到了周团长的感染，每当说出“Liebe Genossen Freunde”的时候，就有一种强烈的自豪感在心中升腾。

参加世青节后，中国青年文工团赴东欧多国巡演。巡演期间，每到一个国家，都得到当地人民赞许的目光和热烈的欢迎。周广仁第一次感受到了中华民族艺术的伟大力量。这种感受给她带来很大的冲击和震撼，她开始慢慢地认识到一个真理：个人的命运永远与祖国的命运息息相关。外国人欢迎中国人，尊敬中国人，其实他们看重的是中国人身后的新中国，是中国人民用生命和战斗在世界民族中赢得了自己的尊严。她告诉自己，仅仅把钢琴弹好是不够的，为国家和为个人是截然不同的两回事。艺术家要以百折不挠的精神，努力在世界音乐艺术领域赢得自己的地位。这种强烈的使命感促使她更强烈地渴望为中国音乐事业的发展做一点实实在在的工作。

之后，周广仁又陆续参加了在罗马尼亚、波兰、苏联等国举办的世界青年与学生和平友谊联欢节，在一个又一个国家和城市，展示中国音乐与中国钢琴家的风采。

★周广仁早年弹奏钢琴的资料照片。

艰苦岁月里的光荣理想

1955 年，文化部聘请了苏联专家到当时还在天津的中央音乐学院指导工作。钢琴系主任、教研室主任和全体老师、学生都来听课，大家如饥似渴地学习，想尽办法提高自身的音乐水平。周广仁通过跟苏联著名钢琴家塔图良和苏联功勋艺术家塔·彼·克拉夫琴科学习，在专业方面大有长进。同时，其他绝大部分参加此次苏联专家班学习的学生如殷承宗、顾世英等后来都相继在国际钢琴比赛中获奖。

当时的中国百业待兴，物质条件有限。苏联专家第一次上课时，看到中央音乐学院的钢琴后皱起眉头问，中国钢琴家是怎么用这样破旧的钢琴演奏的？中国钢琴教师是如何培养学生的？有关领导知道后非常重视，马上想方设法从东德买了两架小三角钢琴供授课使用，专家一台，学生一台。但是大家练琴的时候，用的还是破钢琴。周广仁回忆说，当时她是从中央乐团借调过来的教员，因此乐团为她运来了一架立式钢琴，可以练琴，而其他同志就在楼梯下面的小仓库里练琴，环境可想而知。在这样的条件下，大家一如既往、充满热情地学习；在这样的钢琴上，练出了一位又一位国际钢琴比赛获奖者。新中国的钢琴家们，在艰苦岁月里，迸发出了无可阻挡的理想光辉。大家心里的想法只有一个：努力练琴，为国争光。1956 年，周广仁赴东德参加了第一届舒曼钢琴比赛。她说，这个时期，中国钢琴家在国际钢琴比赛上收获颇丰。刘诗昆、殷承宗等相继在柴可夫斯基音乐比赛等国际比赛上夺得重要奖项。

苏联专家班不仅培养中国的演奏家和优秀学生，还培养了一批优秀的青年钢琴教师，这对我国钢琴事业的发展有着极其重要的影响。敬业的苏联专家们不光给大家上课，同时还去听中国教师授课。苏联专家听了周广仁的一堂公开课后，认为周广仁非常适合从事钢琴教育工作，建议校方将她留作中央音乐学院的教师。从此，周广仁便在中央音乐学院执教，一教就是 40 年。上世纪 60 年代初，中国钢琴教师自己培养的学生开始在国际钢琴比赛上崭露头角。

后来，在一次搬运钢琴的时候，为了保护钢琴，周广仁的三个手指被压断。手术后手指外形得以恢复，但活动不再如以前方便。此后她便专注于钢琴教育事业，同时也通过艰难的手指康复练习，重新恢复了钢琴演奏能力。至今，周先生仍然活跃于国内外重大钢琴赛事以及各种钢琴艺术普及活动当中。

就在周先生接受采访的当天，中央音乐学院钢琴系搬入了新楼。整整一层楼的课室里，摆放的都是一流的斯坦威牌大三角钢琴。说到此事，周先生的喜悦之情溢于言表，她为新中国钢琴事业在今天的蓬勃发展感到无比欣慰。

本文采访时间：2009 年　采访人：叶　飞

张春华

祖籍河北武清，1924 年生于天津，著名京剧表演艺术家，中国京剧院武丑演员。因主演外国故事京剧《侠盗罗宾汉》而初露头角，后来凭着其主演的《盗甲》、《佛手桔》等多出剧目活跃在京剧舞台上。1945 年与张云溪合作成立云华社。1949 年进入戏曲改进局京剧实验二团，后转入中国京剧院。1951 年与张云溪一起改编了新《三岔口》。后演出了《三打祝家庄》、《猎虎记》、《三盗九龙杯》、《五鼠闹东京》。

★ 1951 年，中国青年文工团赴德国柏林参加第三届世界青年与学生和平友谊联欢节，随后去几个国家进行访问演出。图为《三岔口》演出，右为张春华，左为张云溪。

坚守在“三岔口”的文艺老兵

——张春华忆新中国早期京剧对外交流

经过一番激烈的打斗，当张云溪架住张春华的手时，观众“炸堂”了，坐满三层楼的观众又是鼓掌又是跺脚，大声呼喊不休。精彩的艺术表演彻底控制了局面，捣乱分子没敢做出任何破坏性举动。住在瑞士的戏剧大师卓别林也前往法国观看《三岔口》，因为迟到没看到首场，为此，他又多留了一天。

2009 年 9 月一个秋高气爽的上午，当记者如约来到张春华老师家中时，85 岁高龄的张老恰好透过门上的小窗往外看来，二人目光刚一对视，张老爽朗的声音马上炸响在耳边：“嘿！这可太巧了！”这有趣的情景，让记者不由得想起了京剧《三岔口》中刘利华和任堂会鼻尖对鼻尖的那一幕——于是，我们的采访也就从这出广为人知的经典剧目开始。

★张春华（前）与张云溪在英国表演《三岔口》。

《三岔口》真的成了“黑夜格斗”

1951 年，作为中国京剧院武丑演员的张春华，与搭档张云溪带着他们驰誉大江南北的《三岔口》等剧目，跟随中国青年文工团来到民主德国的东柏林参加第三届世界青年与学生和平友谊联欢节。

张春华回忆说，那时带去的节目有歌舞、京戏、杂技、魔术等，《三岔口》以哑剧形式参加比赛。东柏林演出剧场的舞台监督看到舞蹈比赛中有个哑剧，上面附的说明是“黑夜格斗”，就想当然地在表演开始后把灯给关掉了。张春华脑中顿时懵了一下，心说这可坏了！但事已至此，靠着两个追光灯，他和张云溪硬是把这一场给演下来了。即便如此，这个节目依然受到热烈欢迎，获得了参加决赛的资格。决赛在一个可容纳数千人的体育场进行，这回张春华特意嘱咐了舞台工作人员，告诉他们京剧讲究的是虚化的意境，灯开得越亮越好。结果，《三岔口》最终获得了一等奖。

柏林“世青节”结束之后，文工团又陆续奔赴匈牙利、波兰、苏联、罗马尼亚、保加利亚、阿尔巴尼亚等国进行演出。《三岔口》总是作为压轴戏上演，在遇到有重要领导出席的宴会时，也经常会被要求上台表演。有一次夜里两点钟，他们还去为东德总统威廉·皮克演出。还有一次在莫斯科演出，原本规定只演一场《三岔口》，但突然传来一个消息，说斯大林要通过电视收看中国演员的节目，并要求在前半场加演一出京戏。听到这个消息，大家都倍感高兴，当时已经四十多岁的鼓师白登云更是兴奋地当即在地毯上折了一个“小毛”（戏曲术语，类似于前滚翻）。

1955年，张春华随中国艺术团赴法国、意大利、比利时、荷兰、瑞士、英国、南斯拉夫等国演出。张春华说：“这一生中给我留下印象最深的就是在法国的演出，它使我真正懂得了什么叫文艺兵，什么叫用文艺作战。”在东欧演出时《三岔口》总是放在最后一个，但是在巴黎演出却把《三岔口》放在了开场第一个，把《秋江》、《雁荡山》放在倒数第二和最后一个。第一场演出之前，大家得知可能有人要捣乱，就决定压缩某些程式动作，把精彩的打斗戏提到前面先演，吸引观众。

演出开始了，当演到刘利华和任堂会一上一下、一前一后来回对看的时候，下面的观众先是捂着嘴乐，随即掌声就响起来了。掌声一起，张春华赶紧对着张云溪说：“打！打！”他的意思是，既然掌声都起来了，赶紧开打，顺势把气氛给“烘”起来。于是张云溪一个嘴巴过来，俩人开打。经过一番激烈的打斗，当张云溪架住张春华的手时，观众“炸堂”了：坐满三层楼的观众又是鼓掌又是跺脚，大声呼喊不休。两个翻译场上场下地喊：“观众要求你们再演一遍！再演一遍！”张春华和张云溪迅速一交流，还是按规矩接着往下进行。再往后演，雷鸣般的掌声不断地响起，精彩的艺术表演彻底控制了局面，捣乱分子没敢作出任何破坏性举动。

当时，住在瑞士的喜剧大师卓别林慕名去法国看戏，结果因为迟到，第一出《三岔口》没看到，为此，他又多留了一天。

临时加的“冒小翻”成为保留动作

在国外交流的诸多经历让张春华对如何争取国外观众、传播中国传统艺术颇有一番见解。他说，怎么把动作变成语言，让语言得到理解，让大家看明白，这都是要特别用心的。

京剧行内有句老话：“曲不离口，拳不离手”，张春华对艺术的追求也是这样永不停息。以《三岔口》为例，那时候，这出经过一番改革的戏在国外演了许多场，几乎每次都很受欢迎，但张春华告诫自己要不断地发现问题，保持创作的新鲜感。还是1951年文工团出访那一次，在去奥地利演出之前，团长周巍峙动员大家说，我们要争取西方国家的人民热爱中国的艺术，所以大家演出时要特别集中精力，不要出错，尽量提高质量。经周团长这么一鼓励，张春华就琢磨着为《三岔口》加细表演，增强剧目的黑夜感。在此之前，戏里的刘利华都是用刀拨开门，走着矮步直接就进去了。这次，为了突出这个人物做贼心虚的感觉，张春华先是一步、两步地走着矮子步，突然，以一个极其轻盈、迅捷的跟斗翻回来，表现了自己吓自己的紧张情绪。稳稳落地的那一瞬间，他听到观众不约而同地发出了惊讶声，紧跟着就是热烈的掌声。他说，我演了那么多场《三岔口》，从来没有过这个效果。没有准备的张云溪开始也被吓了一跳，看到现场反应如此强烈，自然建议他把这个临时添加的动作保留下来。这个动作行话叫“冒小翻”，在《三岔口》中一直保留到现在。

★ 1951 年，中国青年文工团赴德国柏林参加第三届世界青年与学生和平友谊联欢节，随后去几个国家进行访问演出。右为张春华。

除了剧目的选择和艺术本身的锤炼，张春华还提到出演中国戏曲时报幕人的重要作用。1955 年在英国表演时，演出得到英国观众狂热的追捧。当时担任报幕人的是英国伦敦的一个喜剧演员，从法国演出完之后就一直跟着演出团，看了将近半年的戏，对节目耳熟能详。演出时，他使用本地观众易于接受的、极其生动和夸张的语言，把剧目经典之处都描述得清清楚楚。比如介绍《三岔口》的武打，他说："刀擦过脊背和脑袋，再偏差头发丝的千分之一，就能够把脑袋削下来了……黑暗中的幽默和下刀的准确、凶狠，我从来没有看见过。"而另一出戏《秋江》在伦敦受到了比《三岔口》还要多的欢迎，张春华一根桨那么一划一撑，掌声就响起来了，其热烈程度简直让他感到奇怪。原来，老艄公手中竹篙所表现的上船、撑船、荡桨、漂流等，被深谙此剧的报幕人绘声绘色地一介绍，观众便非常容易地就领略到那种隽永奇妙的意境了。

本文采访时间：2009 年　采访人：陈　璐

孟　于

女高音歌唱家，四川成都人。1941 年加入中国共产党。1942 年毕业于延安鲁艺音乐系。曾任华北联合大学文工团演员。1945 年后演出《白毛女》、《血泪仇》等歌剧。新中国成立后，历任中央音乐学院音乐团歌唱队队长、独唱演员。1958 年毕业于中央音乐学院进修班。曾任中央歌舞团副团长、党委副书记。演唱的歌曲有《平汉路小唱》、《慰问志愿军小唱》等。

★ 1951 年，第一次赴朝慰问演出时留影，前排右二为孟于。

敌人在我们演出前鸣放“礼炮”

——孟于忆新中国第一届赴朝鲜慰问团

五一国际劳动节那天晚上，大家在 650 高地为志愿军直属队演出。当天快黑的时候，高地平坦的场地上、山坡上都坐满了人。周围所有的山顶上都有对空瞭望监视岗哨，一听到敌机临近就鸣枪示警。当孟于演唱《慰问志愿军小唱》时，防空鸣枪声和炸弹爆炸声突然响了起来，大家赶紧熄灯，孟于也停止了唱到一半的歌。

今年已经87岁高龄的女高音歌唱家孟于，离休20年来笔耕不辍，先后为《人民音乐》、《新文化史料》等刊物撰写回忆文章、整理史料近15万字。在她的记忆中，那些在炮火中进行的文化工作尤其难忘。2009年9月4日，孟于接受了《中国文化报》记者的采访，讲述了她参加中国人民第一届赴朝慰问团总团文工团前往朝鲜的经历。

"昨晚老鼠和你们接吻了吧？"

1951年3月底的一个深夜，几十辆卡车摇摇晃晃地从刚刚修复的鸭绿江大桥上驶过，进入朝鲜境内。夜色茫茫，远处不时闪过阵阵火光。突然，一枚闪光弹落在道路前方，车队马上往左右疏散开去。紧接着，敌机开始向道路俯冲，子弹疯狂扫射而来。其中一辆卡车上，孟于和她的战友们手挽手、臂扣臂地挤在一起，以免在剧烈颠簸或是突然停车时被甩出车去。气氛异常紧张，没有人敢说下一枚炸弹不会落在自己的车上……就这样,整整两夜的惊心动魄后，车队终于抵达了平壤。

此时的平壤，到处都是断壁残垣。朝鲜妇女们拿着小旗在弹坑累累的道路旁维护交通秩序——家里的男人们早已上了前线。车上的人被安置住在万景台，负责接待的朝鲜同志搭起了几个棚子供大家休息。

车队载着的是第一届中国人民赴朝慰问团及所属文工团，一行共575人。这个由中国人民抗美援朝总会派遣，廖承志任团长，陈沂、田汉任副团长的慰问团，在3月底至5月中旬的一个多月里，分赴朝鲜战场的前线和后方，慰问那些正在英勇抗击美国侵略军的中国人民志愿军、朝鲜人民军与朝鲜人民。文工团里的文艺工作者共210人，其中有北京、天津两地曲艺界出色的民间艺人所组成的曲艺服务大队，自苏联表演归国的中华杂技团，中央音乐学院音乐工作团，华东、中南、西南各分团所属的3个文艺工作队。

当时正值朝鲜第4次战役，敌军仍在对我方阵地进行着肆无忌惮的狂轰滥炸。为避免伤亡，战地晚会常常在深夜进行。每天黄昏时，文工团员们出发演出，直至黎明才返回驻地。白天，大家就分散在山上、树林中的棚子里，枕着挎包，和衣而睡。有时，防空警报突然响了，敌机一批批掠空而过，轰炸声、机枪扫射声不绝于耳。一开始简直无法入睡，后来大家渐渐习惯了，居然一躺下就能睡着，除非炸弹炸到驻地上，不然根本不会醒。当时，每个文工团员的行装只有一套军装、一件棉大衣（也是被褥）、一套演出服；挎包中装着一包盐、一包辣椒面、一包茶叶。曲艺队的同志们有喝茶的习惯，但那些日子开水很少，大家挎包里的茶叶一直到回国也没有动。

由于精神上高度紧张，大家也不免闹出一些笑话。一次凌晨归来，大家在棚子里睡觉，接待组为了让大家休息好，用黑布把窗户遮好。一位同志“起夜”，出棚后发现外面很亮，马上回来大叫：“快起来！我们被照明弹照着了！”大家翻身即起，忙往外跑。先跑出去的同志才发现，原来不是什么照明弹，而是天已经亮了。“慰问生活是紧张的，也是快乐的。”孟于说，紧张的战斗气氛已经随着岁月逝去淡然于心，但文工团员们那种面对危险时风趣和乐观的态度，至今仍然令人心生感慨。有一次，文工团刚到朝鲜人民军驻地，三架“黑寡妇”飞机呼啸而来，大家马上分散隐蔽。待敌机走后，各队检查人数确认没有差错后，立即抓紧时间开始演出。有同志风趣地说：“想不到敌人还在我们演出前放礼炮呢！”

由于连续睡眠严重不足，喝水也比较少，不少人嘴上都起了泡。团长廖承志一见，诙谐地说：“昨晚老鼠和你们接吻了吧？”大家都忘了嘴疼，哈哈大笑起来。大家休息的时候，常常欢迎侯宝林来段相声，他表演的《田汉同志讲话》那语气、音调十分逼真，《参谋长谈防空注意事项》也十分有意思。

慰问团也经历了令人伤心的时刻。相声演员常宝堃等人正在“三八线”附近的朝鲜沙里院慰问部队时，遭遇美机疯狂扫射，常宝堃和负责三弦演奏的程树棠不幸壮烈牺牲。这一年，常宝堃 29 岁，程树棠 41 岁。此外，赵佩如和两个杂技演员也负伤了。

650 高地上欢庆“五一”

当时志愿军总部设在伊川附近 650 高地上的一个开采过的金矿里。廖承志带大家参观了志愿军总司令兼政委也是中朝联军总司令的彭德怀同志办公和休息的地方。那是金矿内的一个小洞，他就是在这里，日日夜夜地指挥着中朝联军打败了号称无敌的美国军队。他平时和大家吃的一样，只有犯胃病时，勤务员才会用煤油炉为他煮上一碗挂面。他睡的地方也和大家一样铺着稻草，仅仅上面多了一条狗皮褥子而已。

五一国际劳动节那天晚上，大家在 650 高地为志愿军直属队演出。当天快黑的时候，高地平坦的场地上、山坡上都坐满了人。周围所有的山顶上都有对空瞭望监视岗哨，一听到敌机临近就鸣枪示警。演出场上有专门的战士掌管着几盏电石灯，一闻警报，立即熄灯。大家就在这样紧张的情形下开始为最可爱的人进行演出。彭德怀和其他领导同志在廖承志及田汉等的陪同下，一起参加了晚会。当晚，相声演员侯宝林、郭启儒合说的几段相声，高元钧的山东快书，金业勤三兄妹的车技，王清元的飞叉，宋惠玲的踢毽子，程少林、程小林的顶碗节目等都十分精彩。孟于演唱的是《慰问志愿军小唱》。当唱到“你们在前方打胜仗，我们在后方来支援”时，防空鸣枪声和炸弹爆炸声突然响了起来，大家赶紧熄灯，孟于也停止了唱到一半的歌。待敌机飞走，灯火再次点亮，孟于征求同志们的意见：“怎么唱？”大家异口同声地喊道：“从头唱！”唱完后，彭总说，这首歌很好，给战士们很大的鼓舞。他嘱咐文工团回国后马上灌制成唱片送到朝鲜来，让阵地、营房、哨所到处都能听到祖国人民的声音。

慰问期间，文工团还与朝鲜的文艺工作者进行了交流。朝鲜的艺术工作借鉴了苏联模式，设有人民演员、人民艺术家、功勋艺术家等称号。文工团聆听了朝鲜协奏团的音乐演奏，观看了朝鲜舞蹈。在艰苦的战争环境下，朝鲜艺术工作者与中国的艺术工作者并肩作战，结下了深厚的友谊。

第一届赴朝慰问团胜利完成任务回国时，第 5 次朝鲜战役已经开始了。此时，我国的空军已经开始参加战斗，地面防空部队的炮火也开始强大起来。当文工团再过鸭绿江大桥的时候，敌机已只能在高空盘旋，不敢再低空俯冲近距离袭扰大桥了。

本文采访时间：2009 年　采访人：叶　飞

罗昌遐

1930年出生于安徽芜湖。先后于华北人民文工团、北京人民艺术剧院、中央歌舞团、中央实验歌剧院、中央歌剧院工作，担任乐队小提琴演奏员。曾于1951年赴苏联、东欧，1952年赴蒙古，1958年赴苏联进行友好交流演出。

★ 1951 年，中国青年文工团赴德国柏林参加第三届世界青年与学生和平友谊联欢节，随后去几个国家进行访问演出。图为向烈士献花，后一为罗昌遐。

乌兰巴托的阳光

——罗昌遐日记里的中蒙早期文化交流

由于表演任务繁重，大家也没有太多的时间去体会蒙古当地的风情，马不停蹄地参加中国图片展、电影展，与蒙古文艺工作者联合演出，为在蒙华侨、蒙古普通市民、蒙古煤矿工人演出。

面前这本薄薄的日记，有着非常厚重的分量。当日记的主人罗昌遐，这位已近八十高龄、瘦小精干的老者翻开泛黄的纸页，一行行已渐褪色的字迹呈现眼前，记者的思绪瞬间被带回到半个多世纪之前。

“天安门、整个北京一定在欢乐之中。那该是多么热闹啊，可以想象毛主席站在天安门上向游行队伍招手的情景……可惜我们什么也看不到，想收听祖国的广播也总未收到。这真是天大的遗憾。”这页日记的日期是 1952 年 10 月 1 日，当时，身为小提琴手的罗昌遐正在蒙古。

1952 年 9 月 30 日至 10 月 10 日，蒙古人民共和国政府在首都乌兰巴托和全蒙 18 个省会举办蒙中友好旬。中国应邀派出以周立波为团长的中国文艺代表团和以丁毅为团长的中国歌舞团赴蒙参加活动。罗昌遐当时是中国歌舞团的成员之一，她完整保留的日记再现了那段历史的生动细节。

★在罗马尼亚留影，左三为罗昌遐。

★在罗马尼亚留影，右一为罗昌遐。

不能浪费全国人民的血汗钱

1952 年 9 月 26 日凌晨 4 点，当人们还在睡梦之中，罗昌遐和同行的艺术家们就从北京棉花胡同坐上了去机场的汽车。破晓之时，一行人坐上了中苏民航的飞机。起飞了，看着渐渐变小的万里长城，罗昌遐心生感慨，她从未想到过自己竟然能坐上飞机，并能坐着飞机到国外去。她在日记里写道："一定要把工作做好，才能对得起人民交给的重任，不能浪费供我们出国的全国人民的血汗钱。"这项工作，就是前面提及的赴蒙交流演出。

新中国成立之初，蒙古人民共和国是最早与中国签订文化合作协定的国家之一，当时双方文化交往非常频繁。据不完全统计，从 1952 年经济及文化合作协定签订后到 1966 年，两国的文化交流项目多达 160 多项。双方除了派遣政府文化团，作家、美术家等专业代表团互访外，中国几乎每年都会派遣艺术团赴蒙古访问演出。随中国青年文工团参加完 1951 年第三届世界青年与学生和平友谊联欢节的罗昌遐归国不久，就又来到了蒙古。

低矮的草地、清浅的河流、逐水而建的白色蒙古包、行人稀少的街道，随处可见"斯大林万岁"的俄文标语，宾馆里有着苏联式样的玻璃缸、桌布、窗帘，这是蒙古留给罗昌遐的最初印象。由于表演任务比较重，大家没有太多时间去体会当地风情，马不停蹄地参加中国图片展、电影展，与蒙古文艺工作者联合演出，为在蒙华侨、蒙古普通市民、蒙古煤矿工人演出……包括罗昌遐在内的所有中国歌舞团成员都百倍努力地实践着来时的誓言。为了赶到乌兰巴托 40 公里之外的煤矿演出，大家早上六七点就出发，乘车穿过一片没有公路的大草地开往煤矿目的地。天气转冷，大家顶着大风在小小的舞台上不打半点折扣地为工人们演出。

对外交流成为回归民族传统的催化剂

“民族特色的歌剧不仅会赢得本国人民的喜欢，同时也会受到全世界人民的欢迎。我们有许多亟待整理、研究的民间艺术，我们再也不能对自己的民族艺术不闻不问，盲目地学习西洋。”蒙古演员们演出的中国歌剧《白毛女》在蒙古国家剧院公演的那天，罗昌遐在日记里写下了这段话。《白毛女》这出土生土长的中国歌剧，能得到蒙古艺术家的肯定，并最终被译成蒙语上演且受到极其热烈的欢迎，让她感受到民族艺术跨越国界的魅力。

在观看了蒙古歌剧《三座山》之后，罗昌遐心中对这一认识愈加清晰。在国内的时候，罗昌遐就曾听说这个歌剧在蒙古演了上千场，非常期待。看完之后，罗昌遐发现其中的许多曲调都采自于民歌，所用的也都是民族唱法，当时她就想把其中的选段给记下来，可突然想起自己不懂蒙文，直笑自己傻。

由于学习的是西洋乐器、长期与西方音乐形式打交道，罗昌遐在走出国门之前对于中国的民族艺术不是很熟悉，在思想上也从未考虑过要向民间学习的问题。1951 年的苏联、东欧之行，让她真正接触了民族艺术。这次蒙古之行，让她再一次认识到向民族艺术、民间传统学习的重要性。因为，在两国表演的节目中，受到大家最热烈欢迎的总是最具民族特色的节目。而且，这决不仅是罗昌遐的个人经验。上世纪 50 年代，中国音乐工作者在借鉴外国歌剧成功经验的同时，在歌剧创作的民族化和群众性方面进行了很多有益的尝试，创作出了一大批以反映中国人民革命和建设为主题的优秀歌剧。实际上，在“岁月如歌——新中国文化交流早期记忆”栏目的采访过程中，记者发现，无论是从事哪一个门类的艺术家，最后总会慢慢回归到民族的文化传统中，寻找安身立命的根基。而他们参与的对外交流活动往往是促成这一转变的催化剂。

★罗昌遐（中）旧照。

连母亲给的别针都送了

“中蒙文艺工作者大团结”，1952 年 10 月 10 日中蒙友好旬闭幕这天的日记以此为题。几天之前，两国演员就开始为闭幕准备节目，大家非常认真地在一起排练。这次合作非常愉快，很多演员都交上了朋友，仿佛相互之间已经完全没有拘束，没有什么不可以聊的了。

正式演出时，中国演员穿蒙古服装表演，蒙古演员则穿上中国服装表演。演出结束后，全体演员上台谢幕，人们在台上就开始交换起了纪念品。因为带的东西不多，罗昌遐深为懊恼，晚上回去后连觉都没能睡好——自己从国内带来的东西全都送出去了，总想着还有什么可送。最后，罗昌遐把母亲给她的一枚随身戴了 5 年的别针都送出去了。蒙古朋友们也把认为好的东西一股脑拿来塞在中国演员手里：徽章、袜子、别针、香水瓶、玻璃杯、书画片……

其实，在中蒙友好旬的所有演出里，都可以看到蒙古艺术家对中蒙友谊的珍视——他们的节目至少有一半是在表现中国主题。其中有一场蒙古少先队员的演出让罗昌遐至今难忘：身穿酱色衣服、套着白围裙、系着红领巾的孩子们在一个十二三岁孩子的指挥下，用汉语演唱了《东方红》等多首中国歌曲。虽然罗昌遐听过很多人唱《东方红》，但这些孩子的童声格外令人感动。

在普通的蒙古民众身上，罗昌遐也感受到了“如乌兰巴托的阳光一般明媚的友情”。蒙古人民对中国代表团尊重、友好极了，招待得无微不至。在宾馆外面，天真无邪的蒙古孩子们羞涩地躲在大人后面，偷偷瞄着这些跟他们长得好像一样又有点不同的中国人。离别的那一天，天很冷。当飞机起飞时，罗昌遐还能看见穿着薄薄长袍的蒙古朋友们久久挥手、不愿离去。合上日记，翻开满满几大本相册，直到今天，罗昌遐还能辨认出当年那些可爱的面孔。

本文采访时间：2009 年　采访人：毛　莉

秦　怡

1922年1月31日出生于上海，著名电影表演艺术家，中共党员。从1949年11月上影成立开始至今为上海电影制片厂(现上影集团公司)、上影演员剧团成员。担任剧团一级演员，曾任剧团副团长、厂艺委会顾问等职，主演了《农家乐》、《马兰花开》、《女篮5号》等影片。曾任中国文联委员、上海文联委员，中国电影家协会、中国戏剧家协会、上海电影家协会、中国表演协会理事等职，全国政协第二至九届委员。现任上海对外文化交流理事、上海对外国际联合会理事等。

★电影节上，中国电影代表团团员们和各国著名电影工作者聚会。

莫斯科的那次“洋相”让她终生受益

——秦怡参与新中国早期电影交流的难忘经历

新中国的文化发展，离不开对外文化交流。去听，去看，去问，去想，秦怡总是不放过任何一次出国学习的机会。她明白，国家在经济困难的条件下，还不惜成本把他们多次送到国外去交流学习，对于她不仅仅是一种极大的政治荣誉，更是一份沉甸甸的责任。

关于新中国文化建设起步阶段的风雨历程，我们不仅能够通过翻阅严谨刻板的史书对之有所了解，还能够有机会从半个多世纪前的亲历者那里感受到鲜活的具体细节、生动的时代表情、独特的个人思考，这是我们采写“岁月如歌——新中国文化交流早期记忆”项目稿件时最感幸运的事情。在采访秦怡老师的过程中，这种感受尤为突出。已经87岁高龄的秦怡谈起上个世纪中叶她参与过的新中国对外文化交流活动，或抚掌大笑，或凝眉叹息，她为我们讲述的不仅仅是关于电影的记忆。

★1959年，苏联著名导演扎洛夫和扮演夏伯阳的人民演员保巴其金在联欢会上与秦怡亲切交谈。

★合影。

★与外国友人交流。

★旧照。

日本观众："林红，你好！"

电影是一门国际性的综合艺术，也是一种可以促进各国人民相互了解、相互交流的有效工具。秦怡在首次日本之行中便深深体会到这一点。

1962年4月至5月，以司徒慧敏为团长、袁文殊为副团长的中国电影工作者代表团一行11人访问日本。他们在日本停留了一个多月的时间，访问了东京、京都、大阪、宇治等地，参观了日活和东映电影制片厂，观摩了日本电影，还带去了《青春之歌》、《红色娘子军》等6部影片的拷贝。当时新中国和日本还没有建立外交关系，两国间的往来均通过民间的渠道进行。中国影片与日本观众见面的途径，在相当长的时间里，是由中日友好协会通过日本民间友好社团或大学举办电影欣赏会和电影观摩会等形式完成的。

5月上旬的一天，日本朋友告诉秦怡，代表团下午要去日本政法大学放映《青春之歌》，希望秦怡与观众见面并讲几句话。下午，代表团准时到达政法大学时，主人却让大家在会客室等待。秦怡有些纳闷，照一般惯例，应先让代表团和观众见面之后再放映电影。"现在影片已在放映，放映结束后与观众见面，说些什么好呢？"正在秦怡搜肠刮肚考虑发言内容之时，主人请代表团进场了。秦怡发现场内一片漆黑，而银幕上正是她饰演的林红走出牢房即将就义的场景。突然，场内灯光亮了，观众发现银幕上的林红就在他们面前，所有目光一起投向秦怡，场内爆发出一阵热烈掌声。原来这是主人为观众精心安排的一个特别惊喜，以营造出其不意的效果。当代表团走出剧场时，观众拥挤着上前来拉秦怡的衣服，握着秦怡的手不放，嘴里喊着："林红，你好！"后来，《青春之歌》在日本其他民间团体和学校也放映过。那次在日本的33天时间里，无论秦怡随代表团走到哪里，都会有日本朋友认出"林红"。

演员不能只懂演戏

不只局限于电影表演方面，还必须在各个方面提高自己的素养——这种意识的形成跟秦怡早年从事对外交流的经历有很大关系。因为秦怡深深懂得在对外交往的过程中，经常会碰到许多始料未及的事情，如果没有良好的综合素质，就有出“洋相”的可能。

1959年夏天，秦怡跟随中国电影代表团参加在莫斯科举办的首届国际电影节时，就出了一回“洋相”。一天上午，代表团被临时告知晚上将在狄那莫广场举行盛大晚会，中国代表团需要上台表演节目。大家一下子懵了：怎么办？表演吧，时间太仓促，一时间拿不出什么好节目。不表演吧，毕竟是来自中国堂堂一个大国，怎么也推诿不过去。最后，代表团派秦怡去唱了首《九九艳阳天》。“因为只会调子，记不清歌词，只好临时一面编一面唱。”秦怡如今说起来还紧张地连连抚摸胸口。后来使馆还有人打趣说：“秦怡同志，您唱的《九九艳阳天》是另外新编的吧？”虽然外国人听不懂对付过去了，但秦怡对此一直耿耿于怀——虽然自己是一个演员，但怎么能只会演戏，其他的都不会？

在外个人的一言一行，往往与国家的尊严紧密相关，因此对个人各方面的素质会要求很高。新中国刚成立不久，人们的生活水平远远落后于发达国家。乍一走出国门，国外花花绿绿的生活，很容易让人思想波动、迷失方向，甚至产生自卑心理。“跟中国相比，我们国家怎么样？”“你是中国的大演员，你的生活怎么样？”这是秦怡经常被问到的问题。回答这样的问题，如果不具备一定的思想认识与水平，很容易落入“圈套”，而秦怡总会让接触过她的人感到惊喜：这个年轻漂亮的女演员不简单！“要承认你们有非常多值得我们学习的地方。但中国并不是天生落后的，这是由于历史客观原因造成的。旧中国一穷二白，留下了很多需要改进的地方。虽然难度很大，但是我们正在逐步改变。”秦怡诚恳而大方的回答，总是能让那些别有用心的人收起轻慢之心。

文化交流使者的重任

新中国文化的发展离不开对外文化交流活动。去听、去看、去问、去想，秦怡总是不放过任何一次出国学习的机会。她曾先后6次到访前苏联，每一次都尽可能地多走多看，调动自己的全部感官系统，幸福而贪婪地享受着前苏联艺术的熏陶。“总觉得看不够，连涅瓦河边房子铁门上的花纹，都是一幅幅极好的美术作品。”

★与外国友人交流合照。

1956年11月，去参加中国电影周的那次芬兰之行也让秦怡感触良多。千岛之国的湖泊风光固然让人倾倒，但最让秦怡赞叹的还是芬兰人的艺术修养水平之高。当时中国代表团去了一座靠近北极圈的城市——盖米，到一所类似中专的学校参观访问。在学校不大的礼堂里，他们的教师业余话剧团招待中国代表团观看了自己排演的《安娜弗兰克日记》。这场业余演员们的表演给当时已演了十几年话剧的秦怡留下了极为深刻的印象。“他们的舞台设计得简单而巧妙。”秦怡到现在还清楚地记得那个舞台布景，时不时用手为我们比划出记忆中的样子。当时在芬兰放映中国带去的戏曲片《天仙配》的情景也让秦怡至今难忘。因为《天仙配》有唱词，外国人完全听不懂。芬兰有个很有名的演员进行现场配音，虽然他不懂曲调，但是由于感情到位，现场效果非常好。电影放映时，还有不少当地观众买票来看，虽然也许他们看不太懂，但仍把最热烈的掌声献给了中国演员们。这让秦怡非常感动，“我们要学的东西，实在是太多了。”因为秦怡深深明白：国家在经济困难的情况下，还不惜成本把他们多次送到国外去交流学习，这对于她来说不仅是一种极大的政治荣誉，更是一份沉甸甸的责任，因此，时刻不能忘记所担负的文化交流使者的重任。

本文采访时间：2009年　|　采访人：毛　莉

赵汝蘅

1944年出生于北京。1961年毕业于北京舞蹈学院，之后一直就职于中央芭蕾舞团。曾主演《天鹅湖》、《仙女们》、《吉赛尔》及《红色娘子军》等大型舞剧。1972年，因脚伤不得不脱下舞鞋。此后，曾到北京第二外国语学院进修，之后集中精力投入教学、排练、艺术研究及对外交流工作。1993年，被文化部任命为芭团副团长，翌年任命为团长。现任国家大剧院舞蹈艺术总监。多次率团到奥地利、比利时、丹麦、德国、俄罗斯、英国、法国、荷兰、美国、瑞士、新加坡、意大利、希腊、印度尼西亚、日本及中国台湾和香港、澳门特别行政区访演，并应邀在各类国际芭蕾舞比赛中担任评委。2008年，被法国文化部授予“艺术与文学骑士勋章”。

★在机场迎接贝尔·格蕾，右二为赵汝蘅。

脚尖上的光荣与梦想

——赵汝蘅忆新中国早期芭蕾对外交流往事

三年自然灾害爆发，连一向享受“贵族”待遇的芭蕾舞演员们也尝到了饥饿的滋味。赵汝蘅记得在赴缅甸演出之前，演员中大多数人因为缺乏营养出现浮肿，让演出面临很大的困难。虽然中国芭蕾还没能带出去自己的民族作品，但她深知走出去的第一步迈得是多么的不易。缅甸联邦总统吴温貌观看了演出并接见了剧团全体人员。缅甸著名作家吴帕敏以“看不厌，听不腻”为题发表文章，称赞中国的芭蕾艺术。

从 12 岁那年在苏联专家的训练下第一次立起脚尖，到上世纪 80 年代末开始引领中芭走向更宽广的世界舞台，赵汝蘅人生的每一段年华都是中国芭蕾对外交流发展史的生动注解。

★ 1962 年在缅甸演出。

大金塔下的回忆

1961 年从北京舞蹈学校（今北京舞蹈学院）毕业，进入刚刚成立的中国实验芭蕾舞剧团（1963 年更名为中央芭蕾舞团）不久，17 岁的赵汝蘅就随同剧团当了一回中缅文化使者。1962 年 1 月 8 日，在鲜花簇拥和鼓乐声喧中，以丁西林为团长的中国实验芭蕾舞剧团一行 100 余人抵达缅甸首都仰光。“我住江之头，君住江之尾。彼此情无限，共饮一江水。”唱着陈毅副总理谱词的《赠缅甸友人》来到仰光，中国代表团在缅甸收获了两个月充满着美的回忆——美的景、美的人、美的情。

当时缅甸政府为了适应大型芭蕾舞团第一次在仰光演出，拨出巨款扩建刚落成不久的露天剧场，而这座剧场就坐落在伊洛瓦底江畔著名的大金塔之下。在这座气度恢弘的佛塔之下，中国芭蕾舞者为缅甸观众连续表演了两个月的全剧《天鹅湖》和《海侠》。用万人空巷来形容缅甸观众争相观看中国芭蕾的情景并不过分，剧场里 3000 多个座位总是显得那么拥挤。在中央芭蕾舞团的档案室，还可以找到当年媒体的相关报道：“有关方面把半数入场券接受预订的消息传出，不到半天时间，1.5 万张票被抢订一空。缅甸各城市和农村的人民早就函电交至，委托在仰光的亲友设法订票，他们不远万里到仰光观看演出。”缅甸联邦总统吴温貌观看了演出，并接见了剧团全体人员。缅甸著名作家吴帕敏以“看不厌，听不腻”为题发表文章，称赞中国的芭蕾艺术。

第一次出国表演就得到了如此大的肯定，这对于中国年轻的芭蕾艺术家来说，是一种极其难得的宽慰。上世纪 60 年代初，中苏关系破裂，引导中国芭蕾蹒跚学步的苏联专家突然撤走。三年自然灾害爆发，连一向享受“贵族”待遇的芭蕾舞演员们也尝到了饥饿的滋味。赵汝蘅记得在赴缅甸演出之前，演员中大多数人因为缺乏营养出现浮肿，让演出面临了很大的困难。虽然当时的中国芭蕾还没有能够带出去自己民族形式的作品，但她知道这走出去的第一步迈得是多么不易。

开放是中国芭蕾永恒的态度

中国实验芭蕾舞剧团于1959年12月成立之后，主要任务之一就是向中国人介绍欧洲的芭蕾舞艺术。无论在何种环境下，都没有停止过对外交流，并且总是大胆包容很多不同的东西，这是中国芭蕾让赵汝蘅最引以为傲的地方。当年在面对苏联专家撤走的困境之时，中国芭蕾明白必须要站得更高、看得更远，学习吸收更多的流派。“舞蹈可以这样跳，还可以那样跳。”一次次对外交流的经历不断开阔着赵汝蘅的视野。

1964年3月的一天，赵汝蘅手捧鲜花和中国实验芭蕾舞剧团副团长肖慎一起，在机场等待着英国著名芭蕾舞演员贝尔·格蕾。在中央芭蕾舞团对外交流的大事记上，接待贝尔·格蕾访华是继缅甸之行后浓墨重彩的一笔。19岁的赵汝蘅怎能不心情激动，因为贝尔·格蕾将和中国的芭蕾舞演员们同台合演《仙女们》和《天鹅湖》！能够有机会亲眼看到西方国家的芭蕾舞演出，对于中国的芭蕾舞演员来说，是他们舞蹈生涯中的一件大事。同样，此次访华之旅对于贝尔·格蕾本人来说，也是人生中的一件大事。“我的心情是这样的紧张，以至于无法入眠。未来5周的日子将会怎么样呢？同中国舞蹈家搭档不会碰到麻烦吧？向他们授课不会发生困难吧？”格蕾回国之后，把她在华期间的见闻感受写成了《从竹幕来》一书。“竹幕”，从这个来自于冷战思维的词语，就可以轻易猜到格蕾来中国之前的不安与疑惑。然而，与中国芭蕾舞演员一个多月的相处，不仅化解了格蕾的疑虑，更让她非常惊喜。“虽然乍一看来，东方脸庞出现在典型的欧洲芭蕾舞剧《天鹅湖》里面，会让人感到奇特，但看到演员们的舞技是那么动人，我马上承认演出完全令人满意。”“我想到自己在14岁时首次演出《天鹅湖》的情形。在她们的身上，我清楚地看到同样对艺术的追求——这来自于年轻所具有的热切期待和纯洁心灵。”保持开放心态的中国芭蕾也因此得到了世界上更多人的承认，赢得了更广阔的生存空间。

★ 1962 年在缅甸演出，演员有黄伯虹、戴珊、赵汝蘅、张敏初、宋琛琛等。

松山芭蕾舞团为她单独表演《黄河》

与当年在北京舞蹈学校学习的外国留学生之间，发生了很多让赵汝蘅难忘的故事。日本留学生清水哲太郎让赵汝蘅印象最为深刻。当年大家一起练功，一起嬉戏玩耍，培养起了相当深厚的友谊，中国同学亲切地称呼他为“小清水”。“国庆 60 周年时，中日友好协会请‘小清水’回来观礼，他一下飞机就直接回了团里。”说到“小清水”，赵汝蘅自然地提到了其父母清水正夫和松山树子，提到了松山芭蕾舞团的中国故事。1948 年，清水正夫和松山树子夫妇创办了松山芭蕾舞团。1952 年，他们接触到了中国电影《白毛女》并被激发出创作灵感。在中国文艺界朋友的帮助下，清水正夫夫妇把《白毛女》成功改编成芭蕾舞剧在日本公演。1958 年，松山芭蕾舞团将这出剧目带到了中国。几十年来，松山芭蕾舞团用白毛女这个中国人家喻户晓的舞台形象打动了无数中国观众。不仅清水哲太郎本人在中国学习芭蕾，松山芭蕾舞团还曾排演过中国芭蕾舞剧《红色娘子军》。近年中央芭蕾舞团排演《红色娘子军》时，森下洋子（清水哲太郎的妻子、松山芭蕾舞团第二代“喜儿”）前来观看，“每个动作，她都记得清清楚楚。”前几年赵汝蘅去了一次日本，当时松山芭蕾舞团用极其隆重而热烈的方式接待了这个来自中国的老朋友——全体演员为她单独表演了一次《黄河》。赵汝蘅笑称：“这跟接待国家元首的规格差不多了。”

本文采访时间：2009 年 | 采访人：毛　莉

郭淑珍

女高音歌唱家，声乐教育家。1927 年 6 月 1 日生于天津，祖籍山东省长清县。中央音乐学院声乐歌剧系教授、声乐教研室主任、硕士研究生导师。文化部历届专业考评委员会委员、中国音乐家协会常务理事。长期活跃在音乐舞台上，多次担任国内、国际重大声乐比赛的评委。

★ 1962 年，中国首次演出歌剧《叶甫盖尼·奥涅金》，郭淑珍出演女主角塔姬雅娜。图为《奥涅金》演出剧照。

“掌门师太”心中的难报恩情

——郭淑珍忆新中国早期对外声乐交流

1960 年，中国京剧院和中央歌舞团的精英组成百人艺术团出访委内瑞拉、哥伦比亚、古巴和加拿大 4 个非建交国家。启程之前，郭淑珍的父亲被发现罹患癌症，陈毅副总理了解情况后问她：“你还能去吗？”郭淑珍毫不犹豫地做出了肯定的回答。她回忆说，那是一段特殊的历史时期，国内正面临着严重的三年自然灾害，国际上也掀起了反华浪潮。文化交流所能做的，是以自己的表演展示新中国人民的形象。

在中国声乐界，郭淑珍被称作“掌门师太”。她教学之严众所周知，多位在业界响当当的学生对她是又敬又畏又爱，提醒记者采访前一定要做好心理准备。没想到，记者见到郭淑珍老师本人时，却发现她非常慈祥和蔼，提起新中国早期文化交流的故事，她特别愿意谈，“文化交流是国家千秋万代的大事业，对我们自身文化的发展、对增进各个国家人民对我们的了解，有着深远的影响。”在郭淑珍看来，留学、出访、参加国际比赛等形式多样的早期文化交流，是新中国成立初期，打破孤立与封锁局面的钥匙。

新中国声乐史上多个“第一”

郭淑珍创造了太多新中国声乐史上的“第一”：新中国第一代西洋歌剧演唱家；第一个荣获声乐国际金奖的中国人；新中国第一个录制个人唱片的人；新中国第一个开个人音乐会的歌唱家……面对丰硕的艺术成就，郭淑珍说，回顾此生，个人了无遗憾，唯有对祖国“情难了，恩难报”。

1953 年，郭淑珍被国家公派到前苏联莫斯科柴可夫斯基音乐学院留学，至 1958 年 10 月毕业，她总共在那里学习了 5 年半。郭淑珍获得了在莫斯科斯坦尼斯拉夫斯基——丹钦科模范音乐歌剧院、乌克兰里沃夫大剧院出演歌剧《叶甫盖尼·奥涅金》及《艺术家的生涯》女主角的邀约。由于《艺术家的生涯》是莫斯科歌剧舞台首次排演普契尼歌剧，这让郭淑珍成为了当时莫斯科公众关注的焦点。毕业之后，她破例留在苏联开音乐会、演歌剧，直到 1959 年 1 月才回到国内。那时，她 31 岁。

此后，郭淑珍马不停蹄地随中国的多个文化代表团出访。自20世纪60年代起，她先后到前苏联、前联邦德国、瑞士、奥地利、菲律宾、美国、古巴、加拿大、朝鲜、波兰、哥伦比亚、委内瑞拉、新加坡等国演出。“演出结束后，常有外国人评价说这个中国女孩如何如何。”郭淑珍说，“人家不只是单纯评价你个人，女孩前面有中国二字——外国人是通过个体来看你的祖国。”因此，郭淑珍始终以严肃的态度对待每一次出访、每一场演出、每一首歌曲。

艺术生涯的大风大浪

1960年，郭淑珍随由中国京剧院一团和中央歌舞团的精英、骨干99人组成的百人艺术团出访委内瑞拉、哥伦比亚、古巴和加拿大4个非建交国家。启程之前，郭淑珍的父亲被发现罹患癌症，陈毅副总理了解情况后问她：“你还能去吗？”郭淑珍毫不犹豫做出了肯定的回答。郭淑珍说，那是一段特殊的历史时期，当时国内正面临严重的三年自然灾害，国际上也掀起了反华浪潮。当时，一些国家的人民对中国人还存在这样那样的误解。比如，委内瑞拉人认为中国男人还留着辫子，妇女还裹着小脚；加拿大人以为《红绸舞》是在“宣传赤化”、“输出革命”，紧张得一度不让艺术团演出。郭淑珍说，由于不了解而导致的恐惧心理，是误解滋生的土壤。文化交流所能做的，一方面是以自己的表演展示新中国人民的形象，另一方面是与各方反复沟通，通过介绍中国艺术的真正内涵，改变那些陈旧的、不符合实际的认知。郭淑珍深深明白国家派出艺术团出访的重要意义：中国同拉美许多国家都是先从文化交往开始，然后逐步增加其他方面的接触，最终才建立正式外交关系的。

百人艺术团的出访经历充满了惊险，在首站委内瑞拉即遭遇了军事政变。乱飞的流弹和催泪瓦斯一度打断了排练，但大家时刻牢记在出国前周总理勉励大家时所说的“青山处处埋忠骨，何须马革裹尸还”，在枪声有所平息后立即恢复排练。后来百人艺术团在委内瑞拉首都加拉加斯的演出引起了巨大轰动，艺术团受到了委内瑞拉总统的接见。是年 8 月，艺术团赴加拿大参加温哥华戏剧节，成为第一个访问加拿大的中国艺术团。当时，甚至有美国华侨专门坐火车、驱车到加拿大来看中国艺术团的演出，比如，刘诗昆的启蒙老师刘金定。在各国演出完毕后，百人艺术团坐货船从加拿大前往法国，途中遭遇了十多级的海风，所有人都出现了晕船现象，但却没有人考虑过个人安危的问题。抵达法国后，大家迅速摆脱了疲惫状态，女艺术家们一齐穿上了旗袍。美丽的旗袍与精美的京剧服装一齐现身时装之都巴黎，在当时引起了一阵中国时装风潮。

后来，艺术团分批回国。大部分人都乘坐飞机，郭淑珍为了照顾一个病员，坚持与一部分团员坐火车返回。由于此时中苏分歧已经公开化，火车在途经莫斯科时遭遇了些许阻挠。不过，有了此前大风大浪的磨练，团员们已经天不怕地不怕，最终顺利回到了北京，美美地吃上了周总理准备的简单而温暖的接风宴。

音乐记忆力让她大占便宜

表演出访国的歌曲、舞蹈节目，可以说是新中国早期出访艺术团体的看家本领之一，但由于条件有限，中国的艺术家们很多时候无从了解某些国家的信息，大家往往抵达出访国之后才开始突击学习。

郭淑珍有一个非常突出的强项：音乐记忆力，这使得她在国外交流演出中大占便宜。即使之前根本未曾听过的歌曲、根本不懂的该国语言，郭淑珍都能快速学会，并在演出中不出现一丁点错误。到哪个国家，就唱哪国的歌儿，这一度成为了郭淑珍出访时的一个基本原则。1959 年，郭淑珍在维也纳用德文演唱了舒伯特的曲目，台下观众非常兴奋。在 1960 年的拉美之行中，尤其是在古巴，她的这个强项极其抢眼。郭淑珍在当地听到革命歌曲《七 · 二六颂歌》和民间歌曲《鸽子》后，很快就学会词曲并唱给古巴人听，大受欢迎。

不过，郭淑珍在学习外国歌曲的时候，也是有选择的。她要首先咨询当地的文化艺术人士，对该国的文化传统、民间音乐做基本了解，然后选择能够代表该国文化的歌曲。回国之后，她将多首歌曲译配了中文歌词。日积月累后，她又一一总结其中的经典歌曲，居然写成了一本教材。

在参加国际音乐比赛时，郭淑珍发现，学习到的这些歌曲都别有价值。那时，国际音乐比赛很少有中国评委，除了沈湘、喻宜萱偶尔担任评委，中国的声音很微弱。而国际音乐比赛各有各的游戏规则，许多知名比赛都指定曲目，不允许演唱中国曲目。这时，郭淑珍学到的那一首首各国经典歌曲就发挥了不可替代的关键作用。

今天，郭淑珍仍然关注着中外文化交流的大事与细节。2009 年 11 月 18 日，美国总统奥巴马访华时，中国人民解放军军乐团演奏了多首中美两国乐曲。当《美丽的美利坚》乐声响起，郭淑珍想起了中美建交之前她就曾在纽约大都会歌剧院演唱过这首歌曲。“记忆是宝贵的，但人一定要往前走。国家也是一样。”郭淑珍希望，对外文化交流工作更多一些，更扎实一些。

本文采访时间：2009 年 | 采访人：叶　飞

刘云翔、夏明箴

刘云翔，1930 年 11 月生于吉林长春，哈尔滨外国语专科学校俄语系毕业，副局级文化参赞、副译审。1953 年起在文化部、对外文化联络委员会等单位从事对外文化交流工作 50 余年。20 世纪 80 年代，曾在我驻罗马尼亚、原捷克斯洛伐克和原南斯拉夫等国大使馆担任一等秘书、副局级文化参赞等职 10 余年。20 世纪 90 年代参加《中国对外文化交流概览》的编写工作，并应聘担任建国 50 周年重点出版物——《新中国对外文化交流史略》的副主编兼撰稿人。现为中国翻译工作者协会会员、资深翻译家、中国国际友人研究会理事、文化部外联局老干部联谊会理事。

夏明箴，1934 年生，江苏苏州人，中共党员，正译审、正处级一等秘书、欧美同学会理事。先后毕业于北京外国语学院英语系和罗马尼亚布加勒斯特巴洪大学文学语言系。曾任职于文化部、对外文化联络委员会、外文局等单位，从事翻译、编辑、中外文化交流和对外友好活动 40 余年。曾组创罗马尼亚文版《毛泽东选集》翻译部，并执笔译校、组创罗马尼亚文版《中国画报》翻译组；翻译或合译大量罗马尼亚著作、故事影片、歌曲。20 世纪 80 年代在我驻罗马尼亚、原捷克斯洛伐克和原南斯拉夫等国大使馆任一等秘书等职 10 余年，编写内参资料和驻在国文化艺术方面的稿件约 60 万字。回国后，曾参加撰写《中国对外文化交流概览》和《新中国对外文化交流史略》等。

★ 1965 年 5 月，夏明箴（右二）随以李昌为团长的中国文化代表团访问罗马尼亚。图为在罗国古都圣地西纳亚山上合影。

美丽鸟翼上的两片羽毛

——新中国早期文化交流工作者刘云翔和夏明箴的故事

刘云翔到对外文化联络局报到的第一天，局领导就郑重其事地告诉他们周恩来总理叮嘱外事人员的两句话："外事无小事，责任无限大，权力无限小。"以及"对外文化交流工作是外交工作的一翼"。这两句话让他们感到将要从事的文化交流工作的严肃性和重要性，从而也产生了一种神圣感和光荣感。

因为文化部“新中国文化交流早期记忆”项目，记者有幸接触到许多原国家对外文化联络委员会（简称“对外文委”）的老干部。他们对早期文化交流工作的回忆，为我们描绘出一个时代的精彩缩影；他们所讲述的故事，勾勒出那些在幕后做着琐碎却重要的事情、为新中国早期文化交流默默奉献的对外文化工作者们的动人形象。作为对外文化工作大军中的成员，刘云翔和夏明箴两位老人的经历尤其令人感慨：对外文化交流工作使得他们相识、相知、相爱，并最终结为夫妻。他们因此结缘，同时也把毕生的精力都献给了对外文化交流事业。

★ 1958 年 4 月 12 日，中华人民共和国对外文化联络委员会秘书长陈忠经于布加勒斯特在中罗文化合作协定 1958 年执行计划上签字时拍摄。刘云翔（左）助签。

从“连说带比划”到成为素质过硬的干部

1950年，为了支持朝鲜人民反对美国侵略、保卫年轻的新中国，与千百万热血青年一样，刘云翔和夏明箴分别在长春和苏州参军入伍了。那时候他们互不相识，但都被选进学校学习外语。1953年7月27日，朝鲜停战协定在板门店签字，朝鲜战争结束，他们这批学生毕业后被另做安排。

1953年8月，从北京外国语学院英语系毕业的夏明箴被派去罗马尼亚学习，毕业后，被分配到中国驻罗马尼亚使馆工作。而刘云翔从哈尔滨外国语专科学校俄语系毕业后，于1953年国庆前夕走进了坐落在北京东四三条14号的国家对外文化联络局。刘云翔等大语种外语干部的调入壮大了文化交流者的队伍，但随着工作的开展，仅有俄英法德等大语种的外语干部仍不够用。有些来自东欧各国的外宾只讲本国语言，没有相应的外语干部协助，宾主双方急得手舞足蹈也难以沟通，失掉很多交流的机会，有时还会闹出笑话。1954年秋，刘云翔奉命接待一支来自罗马尼亚的民间乐团，因为没有罗语翻译，宴会时只能由来访团团长将俄语译成罗语，宴会后团长对他抱歉地说：“我的俄语不灵，主人的欢迎词，我只能猜想，什么时候需要鼓掌，我就说两句能够引起掌声的话。”无可奈何之下，刘云翔硬着头皮现学了一些罗文专用语，连说带比划，勉强应付舞台演出的交流。后来，他向上级提出意见，一再呼吁文化交流工作对很多稀有语种的需要。1956年，终于有一批留学匈牙利、保加利亚、罗马尼亚、捷克、波兰等国的毕业生调来国家对外文化联络局，夏明箴就在其中。所以刘云翔一直认为，是他当时的提议直接或者间接促使了这批人的到来，这份小小感情也就直接或者间接地让两人走到了一起。

当时，对外文委归口管理的单位包括文联各协会、作协、科学、教育、体育、卫生、新闻、广播、宗教、园林等，管理非常严格，事务非常之多。刘云翔向记者概述了自己那时候最主要工作的简单程序：先是与归口单位磋商编制政府间的文化合作协定及其年度执行计划草案；草案定稿后报经各级领导审阅；待周总理审阅批准后，译出外文文本附后，开始与对方交换；经数次互换草案，所含项目大致接近后，双方组团商谈并举行签字仪式；待双方政府各自履行本国的法律程序后，互换照会告知对方；合作协定开始生效并按其执行——这一切主管人员都应认真协调办理。而且，在计划执行过程中，主管人员对归口各单位的执行情况都须全局在胸，该催办的催办，该派出的要向出访团组介绍对方国家的概况，交待注意事项、守则等等。

对外文化工作的另外一个主题就是服务，这种服务是事无巨细的。刘云翔说，那时候，出国演出都是选拔骨干临时组团，具体的出访事宜，从排演到办理护照、从黄皮书到置装都归对外文委管理；接待外宾，方方面面也要考虑周全。而且，对外交流工作常会遭遇很多复杂的情况，工作中也会出现许多困难。对外工作要打开局面，主管不同国家的人就要想方设法收集该国的资料，以便调查研究，制定政策。刘云翔说，接待国外来访团时，汇报外宾情况是不能隔夜的，而且必须做到准确无误。因此，他们白天带团，负责联络和翻译，晚上回来还要立即编写外宾接待工作简报，普遍是日夜加班工作，精神高度紧张、疲惫。尽管如此，大家从没有任何怨言，也从没有人去考虑报酬、计较得失。我们的对外文化工作，就是在这样不断的努力和摸索当中，一步一步走过来的。

事实上，在新中国成立之初就注意培养自己的外语干部和外交人才，学习国家新的外交政策，也就是毛主席说的“另起炉灶”。而周总理对培养外事干部一直以来都非常重视，所以对外文委才能够拥有这样一批外语出类拔萃、素质作风过硬的干部。

要做好全方位服务，翻译必须是个多面手

那个年代，学习语言的人不像现在这样多，尤其是一些稀有语种人才更显珍贵。夏明箴所学的罗语就是稀缺的小语种之一，肩负着国家赋予的任务出国留学的她，深感压力——必须好好学习，必须全部考 A。因此，她把所有的精力都投入到学习上。那时尚无中罗或罗中字（词）典等工具书，留学生们需要借助英语学罗语。后来，她干脆把包括冷僻的军事科技类在内的各类词汇都累积起来，自己编词典。再后来，因为国家需要，夏明箴从罗马尼亚布加勒斯特巴洪大学提前毕业，先是在驻罗使馆工作，不久又奉调到国家对外文化联络局。夏明箴说，对于国家的安排我们都是无怨无悔的，因为我们是国家培养的人才，我们的一切都是国家给的。

当时在很多人眼里，翻译是很吃香的，有国家出钱给做服装，还经常出入高档饭店等场所，吃的好穿的好，只有他们自己才知道这“看上去很美”的背后所付出的艰辛。夏明箴说，很多翻译都有肠胃病，因为整天东奔西跑，饮

食很不规律。大家赴宴时，别人惬意品尝佳肴，你却还要支着耳朵听，有时候一口菜刚夹到嘴里，一旦要翻译，只能囫囵个地往下咽。除此之外，场合的庄严和重要、所遇情况的千变万化，导致翻译所承受的压力和投入的精力都是巨大的。

翻译不仅仅要负责语言工作，还要做很多繁杂细致的服务工作，这是很考验人的耐性和责任心的。夏明箴对 1957 年春夏之交陪同著名画家傅抱石、阳太阳访问罗马尼亚的一段经历记忆犹新。傅抱石有作画前要喝烈性酒、吃尖辣椒的习惯，一天，餐厅服务生说没有尖椒，夏明箴照译后，傅抱石立马火冒三丈，硬说这是蓄意不让他作画。那时候夏明箴刚出校门不久，第一次陪团出访就被来了个下马威，不免感到委屈。但很快她的委屈就转为钦佩了，这不是因为傅抱石的道歉，而是因为她注意到，傅抱石每次在烈性酒和尖辣椒下肚后，满头大汗、一脸关公像，大笔一挥，一幅作品就一气呵成了。这让夏明箴感到，傅大师作画，分明是使命的呼唤、生命的燃烧，自己不全力以赴地照料他是不对的。此后，夏明箴常常提前和餐厅打好招呼，再没有说过“没有辣椒”。夏明箴记得，傅抱石那次访罗至少留下四五十幅画作，回国后便出版了一本《罗马尼亚写生集》。

除此之外，翻译对于当时的政治、经济、军事、文化等方面的情况和政策，都要有较为详尽的了解。夏明箴说，新中国成立初期我国与外国签订了很多文化协定，协定内容丰富、包罗万象，这就要求我们在做翻译工作时要掌握各方面知识和政策，即便不能达到专业水准，也要有一定的了解；而在使馆工作时，我们同时还要调研驻在国情况，掌握文艺界的动向和状况，比如有哪些畅销书、上演什么剧目、研究有什么倾向性的问题等。如果有好的作品，就要考虑引进，请作家做讲座……多年来，夏明箴陆续翻译了《奇普里安 · 波隆贝斯库》、《权力与真理》、《侦察英雄》、《多瑙河三角洲的警报》、《布加勒斯特居民证》等罗马尼亚电影，翻译、译配了《信笺》、《年轻人是太阳的子孙》、《为我的祖国而自豪》、《炼钢工人之歌》等多首罗马尼亚歌曲。

从事了 40 余年对外文化交流工作的刘云翔一直清楚地记得，他们几个年轻人到国家对外文化联络局报到的第一天，局领导就郑重其事地告诉他们周恩来总理叮嘱外事人员的两句话：“外事无小事，责任无限大，权力无限小。”以及“对外文化交流工作是外交工作的一翼”。这两句话让他们感到将要从事的文化交流工作的严肃性和重要性，从而也产生了一种神圣感和光荣感。刘云翔说，如果把外交工作比作一只鸟，把对外文化交流工作比作鸟翼，我们就是鸟翼上的羽毛。这个比喻是谦逊的，细想之后又是那样的贴切。正是靠着无数羽毛的支撑，我们的大鸟才能够腾空而起，翱翔天际，越飞越高。

本文采访时间：2009 年　采访人：陈　璐

马长礼

生于1930年，原名崇礼，祖籍北京，北京京剧院老生演员。他幼年入北京荣春社科班学艺，出科后，投师刘盛通学老生并私淑杨派，苦心钻研，颇得杨派艺术真谛。后拜谭富英为师，又得马连良（为马连良的养子）、李少春的指点，技巧更加娴熟。他博采众长，能演唱多种流派名剧，代表作有《红鬃烈马》、《沙家浜》、《借东风》、《伍子胥》等。

★ 1963 年马长礼夫人王慕贞在香港演出《赵氏孤儿》。

在香港约会“刁德一”

——京剧表演艺术家马长礼谈文化交流往事

首次的香港之行给马长礼留下了很多难忘的记忆，所经历的一切都是那么新鲜和有趣。整整半个月的演出，香港观众像过年似地连夜排队买票观看。香港人民对祖国艺术的热情，绝对非同寻常，深深感动了马长礼。他认为，香港其实非常需要祖国的艺术滋养，在各种文化交流活动频繁的今天，内地永远不要忽略了与香港特区的文化交流。

凡是看过或听过电影版样板戏《沙家浜》的人们，一定忘不了那个很有“神采”的坏人刁德一吧？2009年岁末，记者在香港采访了在这里定居的著名京剧表演艺术家、样板戏《沙家浜》中刁德一的扮演者马长礼先生。

因为著名的文化老人周巍峙先生的力荐，马长礼先生很早就被列入了我们的采访名单。但是寻找马先生的过程却颇为曲折，他自1992年从北京京剧院退休之后，便因照顾年事已高的岳父的需要，到香港定居了。此后很长一段时间，内地关于他的音讯似乎很少。为了约访马长礼先生，记者颇费了一番周折，最终在香港联艺机构董事长李建民先生的帮助下，找到了马先生的香港联络方式，李建民先生还友情提供了联艺公司的会议室作为采访马长礼先生的地点。

采访的那天是一个周末，公司的办公室里特别安静，当马长礼先生和他的夫人小王玉蓉(王慕贞)女士精神矍铄地来到香港联艺机构的时候，记者简直不敢相信自己的眼睛——两位年届八十的老人步履轻松，面容年轻，这么多年了，《智斗》铁三角中扮演阿庆嫂的洪雪飞和扮演胡传魁的周和桐，已分别于1996和1986年离开了人世，而“刁德一”却依然这么精神矍铄，让人感到格外的珍惜。马先生对香港联艺机构并不陌生，来到香港定居之后，他曾多次应邀到由这个公司经营的香港新光戏院演出，为京剧艺术在香港的传播老骥伏枥。

落座后，当记者仔细凝视马长礼先生的时候，忽然不由得有点心酸——马先生双耳都戴着助听器。一问才知，他的双耳已经严重失聪。难得的是，像马先生这样饱尝人生的酸甜苦辣的老艺术家，至今仍然保持着积极乐观的人生态度。听着马先生和夫人谈笑风生，敬意油然而生。

★ 1963 年在香港宣传橱窗中展出的马长礼演出京剧《伍子胥》剧照。

香港：裘盛戎改名“狗”盛戎

马长礼说，他第一次“出国”就是到香港，那时的香港还由英国人管辖，他的文化交流活动便是从香港起步的，他与香港的缘分也是从文化交流开始的。

1956年，年轻的马长礼参加由谭富英、裘盛戎先生领衔的中国民间艺术团到香港访演。他们先从北京飞到广州，住在广州的爱群大厦，并在这里与广东省解放军文工团的演员会合，一起出发到香港。那时候，这样的出访艺术团是受到高层格外重视的，周恩来总理特意从北京飞到广州，给艺术团作行前动员讲话。周总理的讲话非常鼓舞人心，使马长礼感到自己是去完成一项光荣的使命，浑身充满了力量。

首次的香港之行给马长礼留下很多难忘的记忆，所经历的一切都是那么新鲜和有趣。记得艺术团坐火车奔赴香港的途中路过深圳海关，上来两个英国警察核对护照，一个警察来到马长礼面前叫道：“马长礼。”马长礼感到很不可思议，忍不住问周围的伙伴，“这个英国警察怎么会知道我的名字呢？”同伴们笑着告诉他：“护照上的英文写着就是你的名字呀。”说得一直有点懵懵懂懂的马长礼很不好意思。到了香港以后，艺术团的高水平京剧加歌舞演出大获成功，负责报幕的一位年轻女士不但会说英文，还会说广东话和普通话，但她在香港主要是说英文和广东话。裘盛戎听完粤语报幕后一脸困惑，他憋了半天不好意思问，但还是忍不住偷偷问马长礼，他们怎么把我改姓“狗”了呢？马长礼也不明白，就再去问别人，才知道广东话的“裘”发音就是“狗”，裘盛戎自此也被大家趣称为好一阵子“狗”先生。

中国艺术团在香港大受欢迎，观众疯狂鼓掌欢呼。夏梦等著名艺人纷纷露面与艺术团进行座谈。整整半个月的演出，香港观众像过年似地连夜排队买票观看。香港人民对祖国艺术的热情，绝对非同寻常，深深地感动了马长礼，也使他对这个城市产生了一定的好感，特别是使他这个从小受苦、自称“解放的戏子”的京剧演员，对京剧艺术的热爱骤然加深了。

★ 1963 年，中国京剧艺术家在香港拜访孟小冬（中间坐者），左一为谭元寿，左二为张君秋，右二为马长礼，右一为高宝贤。

后来他多次来到香港演出，每次到香港，都深切地感到香港观众对内地演出的疯狂喜爱。但是表面的热烈之下，还潜伏着一种悄悄的紧张。1956 年初到香港时，有一天说有人要炸艺术团的车辆，领导让马长礼和谭元寿和谭富英先生换车坐，马长礼毫不犹豫地坐上谭富英的团长车，但神经却是绷得很紧。1963 年那次去香港，敌特分子就公然进行了针对艺术团的破坏活动。在普庆戏院演出前 10 分钟，一个放在观众座位上的炸弹提前炸响了。因为平时为提防敌特分子的破坏，演出前对剧场都有严格的检查，但是这次因为白天场演完接着演晚场，来不及检查，敌特分子就钻了空子。艺术团接到指示，演出照常进行，观众见到剧场里有烟，只知道是保险丝憋了，并不知道实情。

马长礼几次到香港演出，对这个城市的理解也逐渐加深。直到现在，马长礼偶尔还会在香港参加一些京剧票友的活动，他认为，香港其实非常需要祖国的艺术滋养，在各种文化交流活动繁荣的今天，内地永远不要忽略了与香港特区的文化交流。

莫斯科：漂亮的黄油难下咽

1957 年，世界青年与学生和平友谊联欢节在莫斯科举办，马长礼作为中国艺术团的成员，和大家一起坐了七天七夜的火车才到了莫斯科。

到了莫斯科，一切都是那么新鲜和充满异国风情，苏联人的餐厅又大又亮，吃的东西也很陌生，比如第一次吃“老黄油”，一块黄油被油煎得红红的，盛在一个巨大的盘子里，特别漂亮，艺术团里有一个唱花脸的杨明庆很兴奋，说这东西一定特别好吃，马长礼说那你先吃吧！只见杨明庆端起大盘子拿起小勺子一吃，“嗷”的一声，恶心得立刻要吐，但是团长就在旁边又不敢吐，只好咽了，生生干咽了下去，之后，他什么也吃不下去了，嘴里还不停地念叨着：这么难吃的东西怎么会样子这么漂亮呀。记得当时每人发了一个皮鞋油、一个牙膏、一支牙刷，杨明庆“祸不单行”，刚艰难地咽下黄油，回到住处一不小心踩到了掉到地上的鞋油，弄得地毯上蹭了很多鞋油。那时候纪律很严，别人出去游览的时候，杨明庆就留在房间里用刷子刷地毯，等大家回来的时候，地毯上的鞋油还真的不见了。

★左图为 1958 年马长礼结婚照（前排右四为马连良，右三为尚小云，右五为谭富英，后排站在马连良身后者为马长礼，站在尚小云身后者为王慕贞，她的另一侧为张君秋。右图为马长礼夫妇在香港。

★ 1965 年，马长礼和同事们为演出京剧《红岩》在重庆渣滓洞体验生活。

马长礼特别难忘在苏联的各种艺术观摩活动，让他很开眼界。他记得中国艺术团看过苏联跟匈牙利的足球比赛，欣赏过乌兰诺娃表演的芭蕾舞。看足球比赛前，他见天很不好，就嘱咐同行的两位女同志关肃霜和杜近芳带上雨衣，但是她们都说“不用不用”。结果看到半截，大雨哗啦而至，两位女演员身上的漂亮旗袍被雨水全染花了，色彩染得全身都是。两只“落汤鸡”回来还直埋怨马长礼。马长礼那时是出了名的好脾气，在苏联演出时大家的饭总是不够吃，杜近芳等女演员愿意和他一起吃，因为不够吃的时候要比划着去要，但是她们不愿意比划，就让马长礼去比划，马长礼总是乐呵呵地去比划。

在苏联参加戏曲比赛，中国评委是程砚秋，本来马长礼想唱《文昭关》，程砚秋先生说：“长礼呀，你不要唱这个戏，这个戏是两个人唱的，你一个人唱，外国人看不明白；再有，外国人的假声唱得极好听，男人一唱简直跟女人一模一样，你唱的假声不一定比得上人家，你得改个节目，不如唱《捉放曹》吧。结果马长礼的《捉放曹》获得了一个银质奖（二等奖），李世济也是二等奖，两位“落汤鸡”女士关肃霜和杜近芳则获得了一等奖。

★“文革”前马长礼（中）演出《盗仙草》剧照。

“马长礼同志还要演刁德一”

1958年，现代戏的热潮来了，28岁的马长礼出演《智取威虎山》中50岁的座山雕，6天就排出来了这部新戏。第一次演出是在北京西单剧场，观众非常喜欢，演员出来谢幕7次观众还不想走。这一年，马长礼开始进中南海给毛主席唱戏，组织上要求他不许和任何人提起此事，马长礼便守口如瓶。开始的时候有马连良、裘盛戎等老先生一起去，艺术家们还带着一个乐队。第一次马长礼和杜近芳一起去，正在化妆，身后站着一个人看着特别眼熟，他回身一看，哎呦，这不是总理嘛，他急忙站起来说总理你好。总理说，你坐下，你坐下化妆，我来看看你。马长礼说，谢谢总理。总理问，你唱什么戏呀？马长礼回答说是《贺后骂店》，一会儿又来了一个人，是刘少奇主席，还围着一个围脖。马长礼说：刘主席你好！刘少奇说，你唱的很棒，你化妆，你化妆。

化好妆，马长礼他们来到主席面前，主席问杜近芳：“你挣多少薪金呢？”杜近芳说：“我比您挣得多。”毛主席听后非常高兴，说：“应该的，你们比我辛苦嘛。”主席给马长礼递烟，马长礼忙说“不会”，主席又爽朗地笑了，说：“不会好呀！”后来汪东兴对马长礼说，以后你们年轻的来就可以了，不要让你们老师们亲自来了。他们来了，毛主席对他们特别礼遇，每段唱完，主席都要站起来跟他们握手，唱一次站起一次。马长礼是马连良的养子，又拜了谭富英为师，主席对自己老师们和自己的尊重，让他非常的感动。

汪东兴问，有没有长点儿的戏？马长礼就演《文昭关》、《借东风》，主席一边看一边打拍子，一边跟着唱。由于离得很近，马长礼只顾看主席，忘了台词，主席说：“你唱漏了。”演出回来，剧团领导找他谈话：“你都给主席唱什么了？”马长礼吓了一跳，以为犯错误了呢，忙问：“怎么了？”领导说：“主席还让你去唱。”

★马长礼饰演刁德一的造型。

“文革”前马长礼排了《沙家浜》。“文革”开始要清理阶级队伍，马长礼的妻子小王玉蓉（王慕贞）被诬陷为反革命被抓起来，“反革命家属”马长礼也受到牵连而靠边站，被贬成剧团传达室的看门工，还被造反派打聋了右耳。后来，由于受到右耳的影响，他的左耳也慢慢聋了。有一天晚上7点，军代表叫马长礼跟着走一趟。那时候妻子已经被抓起来不在家，马长礼以为该轮到抓自己了，就对自己的几个孩子说，我走了，如果回不来了，家里没吃的，没钱，找伯伯（马长礼哥哥）。军代表让他骑自行车，马长礼心想，自行车骑去谁骑回来呀，舍不得，就对军代表说，你骑吧，我跟着你跑就行。军代表说，你骑吧，是去俱乐部。到了俱乐部，军代表让他锁上车，进去看戏。进去一看，是演《沙家浜》，周总理也在，他对马长礼说，长礼啊，你好吗？这个刁德一演得不错嘛，是不是你教的？马长礼说不是。周总理对剧团的领导说，马长礼同志还要演刁德一。临走的时候，周总理刚上汽车又下来了，对送行的领导说，马长礼同志还要演刁德一，连说了三遍。

★马长礼与恩师马连良（右）。

★金日成（左一）在朝鲜接见马长礼（图中与金日成握手者）等中国艺术家。

还有一次，朝鲜的二号人物崔庸健访华，马长礼在人民大会堂为朝鲜客人表演《沙家浜》。演出结束之后，周总理让人用大喇叭广播寻找马长礼。找到后，周总理问他：你怎么不谢幕呢？马长礼说："报告总理，反面人物不让谢幕。"周总理说："谢幕是演员和观众的关系。"此后，反面人物也可以谢幕了。这次演出后，马长礼带了两个戏去朝鲜进行了访问演出，他演《智取威虎山》里的邵剑波和《沙家浜》里的刁德一，还和金日成主席照了合影。

马长礼说，特别可惜的是，"文革"破四旧，所有的老照片全都烧毁了，一张也没有留下。

本文采访时间：2009 年 | 采访人：张小兰

郑恩波

满族，中共党员，笔名红山鹰、洪英、辛文冰、章正博等。1939 年 4 月 3 日生于辽宁省盖州市，1964 年 7 月在北京大学俄罗斯语言文学系毕业，先后留学阿尔巴尼亚、南斯拉夫 5 年。

曾任《人民日报》记者、中国外国文学学会副秘书长、中国艺术研究院当代文艺研究室主任。中国作家协会、中国翻译家协会会员，阿尔巴尼亚作家与艺术家协会唯一外籍荣誉会员，塞尔维亚“兹玛依”儿童文学家协会终身会员。文化部有突出贡献高级专家，享受国家特殊津贴。著有各类作品 600 余万字，主要作品有学术著作《南斯拉夫当代文学》、《阿尔巴尼亚文学史》、《东欧文学史》，散文集《来自南斯拉夫的报告》等。

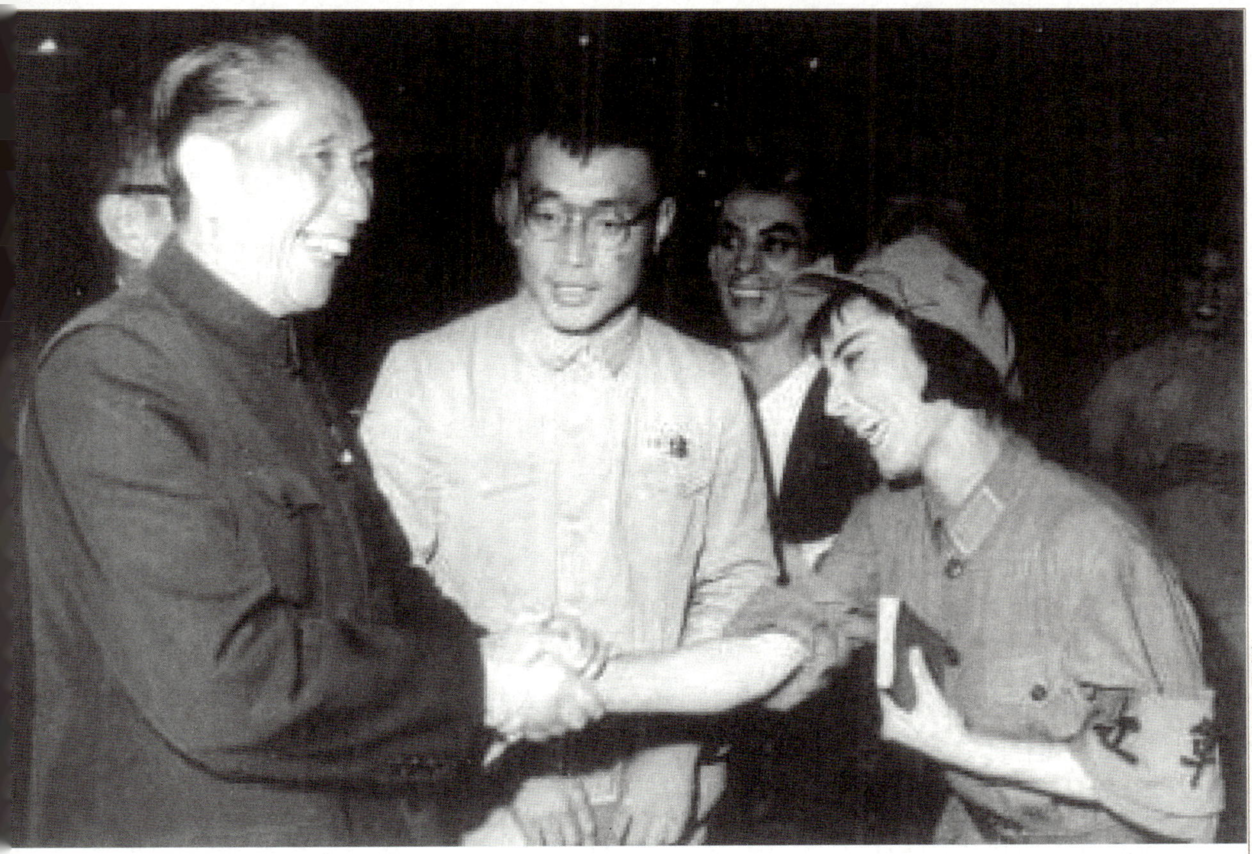

★ 1967 年国庆节期间，阿尔巴尼亚演员受到我国对外文委领导楚图南的接见（右一为佐依察·哈禅，后排男演员为阿格隆·阿里阿依）。中间译者即本文作者郑恩波。

阿尔巴尼亚也有“琼花”和“老四”

——忆中阿演员同台演出芭蕾舞剧《红色娘子军》

经过一段时间的紧张排练，中阿两国艺术家终于在北京天桥剧场成功演出了芭蕾舞剧《红色娘子军》。一连几天晚上，剧场内外人山人海，犹如欢庆盛大的节日一样，观众为哈禅和阿里阿依的精彩演技喝彩。毛主席热情接见了他们，并同他们合影留念。中阿同台演出芭蕾舞剧《红色娘子军》，为正在迅猛发展的伟大的中阿友谊，又添上了浓墨重彩的一笔。

看过电影《红色娘子军》和根据这部影片改编的同名芭蕾舞剧的观众，对吴琼花和老四这两个人物形象一定不会陌生——前者是该剧的女主人公，后者是大地主南霸天的狗腿子。不过，你可知道在距离我国万里之遥的阿尔巴尼亚，也有“琼花”和“老四”吗？而且他们现在还健在，同我还有着一段长达40多年的深厚情谊。

“一手拿镐、一手拿枪”来了

上世纪六七十年代，中国和阿尔巴尼亚人民除了在政治、经济、军事等领域开展了真诚有效的合作外，在文化方面，两国文艺工作者之间也进行了极为默契的配合与互助。在近20年的时间里，我国的很多影片都被配上阿文字幕，以原声的形式在阿尔巴尼亚的广大城乡放映；而阿尔巴尼亚富有很高思想水平和艺术价值的故事片（如《地下游击队》、《宁死不屈》、《海岸风雷》、《第八个是铜像》、《广阔的地平线》等）也几乎全部被上海电影制片厂译成了中文——在那个差不多所有电影都被视为“封资修”而封存起来、全国人民遭遇前所未有的电影荒的时代，正是这样一大批阿尔巴尼亚电影润泽了我们的心灵。

1966年，在我国杰出芭蕾舞剧编导蒋祖慧和演员张策的指导和帮助下，阿尔巴尼亚国家歌剧芭蕾舞剧院成功地将《红色娘子军》这出形式新颖的芭蕾舞剧搬上了首都地拉那的舞台。两位阿尔巴尼亚著名演员佐依察·哈禅和阿格隆·阿里阿依，在芭蕾舞剧中分别扮演吴琼花和老四。1967年秋冬之交，“地拉那一手拿镐、一手拿枪业余艺术团”来华演出近3个月，哈禅和阿里阿依也随该艺术团来到中国。二人除参加本国的舞蹈演出外，还到当时的“工农兵芭蕾舞剧团”学习交流，与该团的演员一起苦练半个月，最终实现了与中国舞蹈演员同台演出《红色娘子军》的夙愿，并同蒋祖慧、张策、赵汝蘅、郁蕾娣等演职人员结下了难分难舍的深厚情谊。这在中阿文化合作与交流史上，是非常值得铭记的一幕。

“为了友谊，我可以献出一切”

中阿远隔千山万水，两国人民有着迥然不同的民族心理和文化传统，外国演员要真正做到与中国演员熟练而和谐地使用同一种舞蹈语汇，塑造出地地道道的中国人物形象，那需要付出多少辛苦的汗水、克服多少常人想象不到的困难啊！然而，哈禅和阿里阿依两位艺术家就是有着一股在任何艰难险阻面前不弯腰、不低头的倔劲儿。他们抵达北京后，很快就到陶然亭与中国芭蕾舞演员一起紧张地排练起来。两人每天早出晚归，对每个动作精益求精，一连多日都不肯休息，“十一”那天也只是因为要参加国庆观礼活动而仅仅停练了半天而已。排练过程中，有一次哈禅身体不适，医生嘱咐她一定要好好休息，但是她依然咬着牙坚持苦练。阿里阿依也是一样，他请求扮演过老四的中国演员为他细致地分析人物性格和人物心理，力争每个动作在细节上都能跟中国演员表现得一样惟妙惟肖。为了学好中国传统的武打动作，阿里阿依往往一个动作要做上几十遍，把脚都磨破了，还有几次一天竟然练习了 10 多个小时。蒋祖慧劝他们稍微休息一下，却被他们委婉地拒绝了。阿里阿依说：“我们是为了向中国朋友表达战友的情谊而来，为了友谊，我可以献出一切。现在有些动作做得还不到位，显得很生硬，怎么能够休息呢？”

新中国成立前，中阿两国的劳动人民都吃过苦、受过难。就像哈禅，她当时是人民议会代表、社会主义劳动英雄。可是在索古统治的年代，这个五六岁的穷孩子却只能在米寨娇平原的烂泥潭里打滚。后来，她的父母为了祖国的解放和人民革命的胜利英勇地献出了生命，而她自己也曾因为革命坐过监牢。哈禅的不幸遭遇和吴琼花的经历是何其相像啊！难怪许多阿尔巴尼亚人会说她是阿尔巴尼亚的“琼花”呢！吴琼花的命运唤起了哈禅强烈的感情，让她决心发挥出自己全部的艺术才能，演好吴琼花这个角色。她曾经几次激动地表示：

“《红色娘子军》像革命的火种，它能在被压迫的人民心中点起烈火；它能像进军的号角一样唤起被压迫、被奴役的人民起来英勇地斗争，争取自由与解放。因此，吴琼花不仅是中国和阿尔巴尼亚的，而且也是属于全世界的！”

经过一段时间的紧张排练，中阿两国艺术家终于在天桥剧场成功地演出了《红色娘子军》。一连几天晚上，剧场内外人山人海，犹如欢度盛大的节日一样。观众为哈禅和阿里阿依的精湛演技喝彩。专家们称赞说：“他们的基本功看起来比很多中国演员还要过硬，脚下特别干净。”电视台也转播了这场不同寻常的中阿艺术家的联合演出。毛主席于当年10月7日还热情地接见了他们，并同他们合影留念。随后，他们二人应《人民日报》约稿，撰写了《并肩前进》一文，发表在11月3日的文艺版上。第二天，《解放军报》、《北京日报》以及全国许多省市级报纸都转载了此文。毫不夸张地说，中阿舞蹈家成功演出新型芭蕾舞剧《红色娘子军》，为当时正在迅猛发展的伟大的中阿友谊，又添上了浓墨重彩的一笔。

我的阿尔巴尼亚亲人

作为“地拉那一手拿镐、一手拿枪业余艺术团”的翻译，我当时具体负责哈禅和阿里阿依的翻译工作，因而有幸参加了中阿演员集体排练、共同演出的全过程，见证了中阿芭蕾舞演员同台演出的盛事，也同哈禅、阿里阿依两位同志结下了终生难忘的深厚友谊。1968年至1969年，陪同中国印刷专家在地拉那工作时，我与他们的友谊又得到了进一步的发展和深化，彼此的关系犹如亲兄弟、亲姐弟一般深挚而浓烈。我们一起在凉爽的夏夜里，沿着拉那河畔散步；有时相邀在市中心或文艺家俱乐部里喝咖啡；我还曾多次观赏他们创作的新剧作。1990 年夏天，我应阿尔巴尼亚对外文委之邀再次赴阿参加阿尔巴尼亚语言文学研讨会时，我们又幸福地重逢于地拉那旅馆，在宽敞而舒适的晾台上，海阔天空地聊了一个下午。临别时，阿里阿依还把一大把列克（阿尔巴尼亚货币）硬塞进我的口袋里，叮嘱我渴了买些饮料喝，简直就像我的亲哥哥一样。

1967 年我 28 岁，哈禅和阿里阿依也都 30 岁出头。弹指一挥间，四十几年过去了，如今大家都步入了古稀之年。令我感到欣慰和自豪的是，这两位在从事中阿文化交流事业之初就给我带来良好熏陶和影响的阿尔巴尼亚艺术家，经历了那么多狂风暴雨、惊涛骇浪之后，依然坚定地固守着芭蕾艺术这片神圣的净土，为民族艺术的兴旺与繁荣锲而不舍、孜孜不倦地默默耕耘着。摸摸自己肌肉松弛的面颊，我自然能够想象得出大我五六岁的哈禅和阿里阿依现在大概是什么模样。但我的眼前却总会出现一个场景——有一天，哈禅和阿里阿依依然像 40 多年前那样红光满面、气宇轩昂地向我走来，而我则会抑制住激动和欣喜的热泪，紧紧地拥抱他们，对他们说：衷心地祝愿你们永葆艺术青春！我的阿尔巴尼亚大哥、大姐，视友谊为生命的中国人民永远不会忘记你们！

本文作者：郑恩波

冯琬珍

1932年生于武汉市，1954年华中师范学院音乐科毕业即考取中央歌舞团合唱队，任歌唱演员31年。1986年，调至乐团团史资料室负责整理编写团史、撰写乐评等。所写文稿发表于《中华英才》、《瞭望》周刊海外版、《人民音乐》等刊物和《人民日报海外版》、《中国文化报》、《音乐周报》、《光明日报》、《北京日报》、《文汇报》等等。1987返聘为乐团工作三年。1993至1996年又被聘任为乐团团刊主编至改为"国交"。1986至2008年，随李凌、严良堃、秋里和孟昭林等同志参加中国合唱协会筹建工作，后任协会副秘书长，创办会刊《合唱艺术》、《合唱通讯》并任主编22年，此间同时任协会常务理事、合唱大赛组委会办公室副主任、艺术顾问及评委等。1979年始被《音乐周报》聘为特约通讯员20余年并多次被评为优秀通讯员，1982年被《中国文化报》聘为特约记者。2007年被文化部离退休人员服务中心授予"荣誉编者奖"。2009年被文化部离退休人员服务中心评为优秀共产党员。

★ 1954 年 12 月，中国中央乐团合唱团参加原苏联斯坦尼斯拉夫斯基——丹钦科音乐剧院演出的歌剧《多瑙河彼岸的萨波洛斯人》的终场合唱演出。

用歌声传播友谊，赞颂和平

——新中国早期合唱艺术对外交流散记

1973 年，中美关系刚刚出现转机不久，著名指挥家奥曼迪率领享誉世界的美国费城交响乐团来中国演出。在欢迎会上，中央乐团合唱团特地用英文演唱了在美国家喻户晓的《美丽的美利坚》。歌声响起时，美国朋友们边听边露出赞许的微笑，有人甚至流下了激动的眼泪。而这一切，与新中国成立之后中央乐团作为国家重要的演出团体，一直受命参加重大演出的基础有关。1956 年，周恩来总理对中央乐团的成立做出指示，要求不仅要把民族乐队办好，世界性的交响乐队、合唱队也要办得像个样子，要担当起国际文化交流的重任。

中央乐团合唱团成立前，经历了1949年中央音乐学院音工团时期、1952年中央歌舞团时期。1956年，与中央歌舞团的交响乐队、创作组、独唱独奏组共同组建为中央乐团，1996年改为中国国家交响乐团合唱团。亦是我国具有半个多世纪历史的国家专业音乐团体。几十年来，乐团在继承民族艺术传统、借鉴和介绍世界音乐艺术精粹等方面做了大量工作，在完成国家各项重大演出任务中做出了卓越贡献。

★ 1955年，原中央歌舞团合唱团（中央乐团前身）赴波兰华沙参加第五届世界青年与学生和平友谊联欢节。图为在华沙斯大林文化宫音乐厅举行开幕式演出。指挥：葛朝祉教授。第一排左第八人为冯琬珍。

★ 1954 年参加歌剧《多瑙河彼岸的萨波洛斯人》的终场合唱演出。

★ 1954 年，时年 21 岁的冯琬珍在后台化妆间候场。

走出国门　让世界了解中国

1949 年，新中国尚未成立，第二届世界青年与学生和平友谊联欢节在匈牙利布达佩斯举行，党中央派出 100 余人的中国青年文工团前往参加。1957 年，党中央又派出以周巍峙为团长，李焕之、李凌为副团长，由 200 多人组成的中国青年文工团，到东柏林参加第三届世界青年与学生和平友谊联欢节（以下简称“世青节”）。这两次参加世青节，文工团演出了歌剧《白毛女》、《黄河大合唱》以及舞蹈、京剧等富有民族色彩的曲目，使许多外国朋友对中国艺术家们绚丽多彩、独具东方艺术魅力的表演赞赏不已，特别是《荷花舞》、《红绸舞》、《扇舞》、京剧《三岔口》等等受到热烈欢迎，有些国际友人在联欢交流时伸出大姆指，热情地对中国代表连说“好”“好”“和平”“友谊”！我们认识到，大家出来不仅是演出，更重要的是广交朋友，和各国代表加深了解、增进友情，并以文艺演出展示胜利了的中国人民的新风貌，从而让世界了解新中国。

通过这两次参加世青节，年轻的文工团员受益匪浅，主要是在第三届世青节结束后，全团在苏联、东欧多国进行了历时一年多的巡回演出。在这段时间里，除演出外，还观摩了歌剧、芭蕾舞剧、音乐会、画廊……使我们的同志开阔了视野，增强了事业心。在欧洲，我们在剧院、画廊、博物馆专心地欣赏，细致地研究，回国后就抓紧时间刻苦地练习、不断地求精。不少演员不仅技术技巧、艺术素养有了显著的提高，并且增强了为发展、繁荣国家艺术事业而努力，为建设一个高水平的、国家级的专业音乐团体而奋斗的决心。

1952 年 7 月，中国青年文工团从东欧、苏联、蒙古等国巡演回国后，中央领导十分重视他们的成绩，刘少奇同志指示，为了提高我们的音乐舞蹈水平，满足人民对音乐舞蹈日益增长的要求，适应国际文化交流的需要，决定在中国青年文工团的基础上，成立国家歌舞团，并明确其方针任务是研究和发展民族民间音乐舞蹈艺术，介绍国外优秀音乐舞蹈，在演出方面则要求内外并重。1952 年 12 月，我国第一个直属文化部领导的专业歌舞团成立，当时拥有合唱队、管弦乐队、舞蹈队、民乐队、民歌队、创作组等。1956 年，根据国家文化工作需要，合唱队和管弦乐队、创作组及独唱独奏组合并建成中央乐团。

1956 年，周恩来总理对中央乐团的成立做出指示，要求不仅要把民族乐队办好，世界性的交响乐队、合唱队也要办得像个样子，要担当起国际文化交流的重任。中央领导对中国青年文艺工作者在国际文化文流中所起的作用和影响的高度重视，有力推动了合唱团的迅速发展。

★ 1955 年 8 月 6 日为日本广岛原子弹受难日，在波兰参加第五届世界青年与学生和平友谊联欢节的各界代表齐聚华沙广场举行追思纪念会。中国代表团站在前排右边（穿旗袍者。右起第三人为冯琬珍）。

深情演绎　用歌声传递友谊

作为国家重要的演出团体，中央乐团合唱团几十年来受国家委托，参加过很多重大的演出。新中国成立不久，许多国家元首、贵宾或代表团来中国访问，我国政府为欢迎来自远方的客人，常举行盛大的音乐舞蹈晚会。演出时，为表达我方对友好国家的尊重，合唱团在演唱曲目中都会安排来访国家的歌曲，并要用该国语言演唱。为此，合唱团成员们刻苦练就了一套背记大合唱外文歌谱的本领。比如：欢迎印度总理尼赫鲁时，合唱团用印度语演唱了《向母亲致敬》，记得当时由刘淑芳领唱，她对印度音乐风格掌握得很不错，我们唱得很有韵味，因此受到热烈欢迎。在迎接印尼国家元首苏加诺时，我们用印尼文演唱的歌博得了热烈的掌声。几内亚元首赛古·杜尔来访时，合唱团演唱的几内亚歌曲也获得好评，连使馆人员都夸合唱团成员的外语发音准，将这些国家的音乐风格演绎得很好。

1959 年，为庆祝新中国成立十周年，我们中央乐团演出了贝多芬《第九（合唱）交响曲》，演出博得各方的好评，正在北京演出的德累斯顿交响乐团团长、指挥家波恩嘎兹教授看完演出，热情地赞扬道："我认为你们是世界一流的合唱团，假如和我们交响乐团合作，将会很完美。"在他的倡议下，1959 年 10 月 11 日，我们的合唱团和德累斯顿交响乐团在北京人大礼堂联合演出了贝多芬《第九（合唱）交响曲》，获得极大的成功。周恩来总理、陈毅副总理和民德驻华大使汪戴尔都上台来祝贺，德国朋友还为中德音乐家的合作演出拍了纪录片。1973 年，中美关系刚刚出现转机不久，著名指挥家奥曼迪率领享誉世界的美国费城交响乐团来中国演出。在欢迎会上，中央乐团合唱团特地用英文演唱了在美国家喻户晓的《美丽的美利坚》。歌声响起时，美国朋友们边听边露出赞许的微笑，有人甚至流下了激动的眼泪。

★ 1959 年 10 月 11 日，中央乐团合唱团与来华访问的德国德累斯顿交响乐团联合演出贝多芬《第九（合唱）交响曲》。

走近大师　在合作交流中升华

合唱团常常会接待一些著名的外国音乐家或音乐团体，与他们合作演出并向他们学习。在这样的过程中，合唱团得到许多启迪和帮助，并留下了难以忘怀的美好回忆。1954 年 12 月，苏联斯坦尼斯拉夫斯基——丹钦科音乐剧院以庞大的阵容到北京来演出芭蕾舞剧和歌剧，其合唱团与中央乐团合唱团联合排练了《回声》及《奥涅金》、《伊戈尔王》等俄罗斯歌剧中的合唱曲，并邀请中央乐团合唱团参加歌剧《多瑙河彼岸的萨波洛斯人》的终幕合唱。通过一个月的认真训练和与苏联合唱家们的相处学习，中方合唱团在歌唱方法、音乐知识与音乐修养上有了很大的提高，也使得团里许多只唱过群众歌曲的年轻娃娃，第一次深刻了解到什么是合唱艺术、独唱与合唱的歌唱方法有何不同及为何不同。同时，音乐剧院的合唱家们认真排练的态度和对待艺术的严谨，也令合唱团成员由衷敬佩、深受影响。斯坦尼斯拉夫斯基——丹钦科音乐剧院合唱团主任指导、功勋演员斯杰潘诺夫是中央乐团合唱团接待的第一位外国指挥家，当时他已年逾古稀，在艺术上非常严格，待人接物则和蔼可亲，大家都尊称他为“老指挥”。一次排练过程中，老指挥让大家休息嗓子，并亲切地说：“我们的合唱演员中许多人都有为艺术奉献终生的理想，有的同志还表示为合唱艺术要有老死在舞台上的决心。”老指挥的话让合唱团成员们内心激动不已，当天，很多人把这句话记在了日记里。半个多世纪以来，这句代表着对合唱艺术的追求的话，一直激励着我不断前进，直到现在我们老合唱团员欢聚时，还常常会深情地回忆那终身难以忘怀的、斯杰潘诺夫老指挥的这句话。1954 年 12 月 28 日，当合唱团同剧院一起演完歌剧之后，老指挥激动不已地说：“你们的声音像珍珠一样优美、明净，我真想把你们带回苏联去……和你们在一起演出使我年轻了几十岁，你们唱得那么质朴、美好，我真想拥抱你们、吻你们，可是中国人没有这种礼节。”听了这话，大家都不由得笑了。

在我 30 多年的合唱艺术生涯中，还参加了中央乐团合唱团与小泽征尔、皮里松、罗大卫、奥尔迪斯、杰夫林等许多著名指挥家的合作演出。每一次与指挥大师们的合作，都能使合唱团接触、学习到世界上不同国家、不同时代、不同流派和不同风格的合唱作品，我都详细地记下他们对作品音乐的分析、处理，令我受益匪浅。在多年排演新曲目的过程中，我们不断对新作品进行开拓，对合唱艺术进行深层追求、研究，深深领会到“学然后知不足”的真谛。作为中央乐团合唱团的成员，我从所参加的对外文化交流活动中深深体会到了对外文化交流工作的重要性、必要性。我们遵循周恩来总理对我们的嘱托——“文艺先行，外交殿后”“文艺要当外交使节的先行官”……我们用歌声传播友谊、歌颂和平，更能使中国合唱事业在不断学习交流中成长与升华。

本文作者：冯琬珍

鲍蕙荞

1940年生于四川，钢琴演奏家、教育家。1999年起连任两届中国音协副主席，现任中国音协顾问。多次在海外举办钢琴音乐会，并担任重要国内外钢琴赛事评委。

★ 1961 年鲍蕙荞（中）参加罗马尼亚埃涅斯库钢琴比赛留影。

沉积下来的是感恩之情

——鲍蕙荞和她的新中国早期文化交流往事

1961 年，鲍蕙荞参加了第二届乔治·埃涅斯库国际钢琴比赛，得了第五名。名次虽然听起来不是特别高，但在那种历史环境下，却可以看做是自力更生的一次胜利。在那个年代，参加国际比赛都是学校推荐、文化部选拔的，每个人出去时都觉得自己代表的是国家，内心充满着使命感、责任感和为国争光的信念。

“一直认为老之将至是一件很可怕的事，但真到了这个年纪，却发现这原来是一个可以怀着从容和喜悦的心情去接受的日子。往日经历过的磨难与病痛，其实是上苍赠予的最丰厚的财富，在我的心里，没有留下丝毫的怨恨和阴影，沉积下来的是浓浓的感恩之情。”这是钢琴演奏家鲍蕙荞在前一段时间举办的师生钢琴音乐会节目册的扉页上写下的话，经历风雨之后那份心灵的恬淡和对生活的热爱跃然纸上。

作为一位著名的钢琴演奏家和教育家，鲍蕙荞的经历一直以来为很多人所关注。而作为新中国成立后升起的钢琴新星，鲍蕙荞在新中国早期对外文化交流中扮演着不可忽略的角色。这段经历不但对她的艺术生涯和人生产生了深远的影响，也在她脑海中留下了一段美好而难忘的记忆。

曾为没有获奖偷偷抹泪

1953年，鲍蕙荞考进了中央音乐学院附中。虽然只是中学生，但是因为成绩突出，每当有中外文化交流活动时，鲍蕙荞经常会被派去表演。1956年，波兰总理西伦凯维兹来到中国，在周恩来总理的陪同下访问了天津。当时，中方为两国总理在天津干部俱乐部举行了一场演出。鲍蕙荞在其中演奏了肖邦的《降b小调谐谑曲》，获得了热烈的掌声，也受到了两国总理的肯定和鼓励，这对于一个初露头角的中学生来说，是个很大的荣耀。

1957年，17岁的鲍蕙荞被保送至中央音乐学院钢琴系。在为参加1957年第六届世界青年与学生和平友谊联欢节（以下简称世青节）而进行的国内钢琴选拔中，沈阳音乐学院的金石和上海的顾圣婴最终入选，而相对年轻的鲍蕙荞和殷承宗在四选二的比赛里落败。1959年，演奏技术已比较成熟的鲍蕙荞和殷承宗被选派前往参加在奥地利维也纳举办的第七届世青节。在这一届比赛中，殷承宗获得了金奖，而鲍蕙荞没能获奖。后来，鲍蕙荞等人同其他国家的艺术家又陆续在奥地利的一些城市进行了演出，大家在一起交谈、玩耍，感到十分愉快，由于互相之间都会交换纪念章，到最后，有人戴的围巾上面别满了纪念章，琳琅满目，很是好看。不过，她还是偷偷哭了一场，至于哭的原因，主要是内疚，因为她意识到这次参赛并不是代表个人，而是代表国家。

难忘第二届埃涅斯库钢琴比赛

1961 年是鲍蕙荞钢琴生涯中十分重要的一年。这一年，她参加了第二届乔治 · 埃涅斯库国际钢琴比赛并获得了第五名。

准备比赛并不是一件简单的事。埃涅斯库钢琴比赛有规定的曲目范围，但是这其中有很多中国选手根本没有弹过，唯一的应对方法就是拼命练习。那时候，我国正处于三年自然灾害期间，物资非常匮乏，几乎每个人都吃不饱。为了减少消耗，学校的体育课已经停了。因为要去参加比赛，鲍蕙荞等受到了学校的特殊照顾，除了每天有一小瓶牛奶之外，一个星期有三天还可以去留学生食堂领一份有几片肉的菜。

鲍蕙荞进步很快。每天不到 6 点鲍蕙荞就起床了，跑一会儿步便开始练琴，平均每天都要练 8 到 10 个小时，从早到晚几乎不停歇。当时，因为苏联专家已经撤走，鲍蕙荞的老师朱工一教授在没有任何加课费的情况下，每隔一天都会从广安门骑车到中央音乐学院，指导她弹琴。

这次比赛中，洪腾得了第三名，鲍蕙荞得了第五名，名次虽然听起来不是特别高，但在那种历史环境下，却可以看做是自力更生的一次胜利。因为我国钢琴事业的发展最初主要是靠苏联专家的帮助，鲍蕙荞等实际上是第一批没有接受过苏联专家指导的学生。比赛的结果为大家争了口气，很多爱好音乐的人现在提起此事还印象深刻。鲍蕙荞说，在那个年代，能出国参加国际比赛者，

★中苏艺术家参加第二届埃涅斯库国际钢琴比赛后在基辅合影。左起：刘恒之、洪腾、黄揆春、郑石生、苏联小提琴家、鲍蕙荞。

都是经过学校推荐、由文化部选拔的，每个人出去时都觉得自己代表的是国家，内心充满着使命感、责任感和为国争光的信念。

鲍蕙荞说，上世纪 50 年代末到 60 年代初，中国的钢琴家开始在国际上有了影响，得了很多有分量的奖。"在那个年代，钢琴比赛的结果很可能会受到国力等非艺术因素的影响。一般而言，第一名往往会给苏联人，第二名则会给主办国的钢琴家。在这种重要比赛中，我们的钢琴家能拿到这么高的名次，说明水平确实够高。"

★鲍蕙荞（右二）1961 年在罗马尼亚参加埃涅斯库钢琴比赛留影。

晚年助推年轻艺术家走向世界

除了演奏钢琴和做评委，鲍蕙荞退休之后还投身于音乐教育事业，并开办了鲍蕙荞钢琴城。跟她学习过的学员、她亲手教过的孩子，有多人多次在国内外的重要钢琴比赛中获奖。除此之外，她还做了一件非常有意义的事情，那就是采访同行。《鲍蕙荞倾听同行——中外钢琴家访谈录》的近80篇访谈文章，就是她十几年来与多位同行对话的结晶。在鲍蕙荞笔下，那些或蜚声中外、或德高望重、或年轻有为的钢琴家们被活灵活现地展现出来。因为鲍蕙荞在专业领域的优势，再加上活泼易读、无拘无束的笔风，发人深省、给人启迪的内容，令这些访谈文章受到了极大好评。

鲍蕙荞说，她采访过的很多老一辈钢琴家都对新中国早期那段历史记忆犹新、难以忘怀。比如郭沫若之子、日籍著名钢琴家郭志鸿在那一段时间就进行了不少交流活动，而他自己也表示从中受益匪浅。1948年，郭志鸿从日本回到国内，进入中央音乐学院学习。他跟随中国艺术团参加了1955年在华沙举办的世青节，弹奏了巴赫的《半音阶幻想曲和赋格》、肖邦的《摇篮曲》、贝多芬的《“皇帝”协奏曲》和丁善德的《儿童组曲》等，很受好评。后来，郭志鸿往来于中日之间，为文化交流和钢琴教育做了很多贡献。

本文采访时间：2010年 | 采访人：陈　璐

韩中杰

1920年出生，上海人。1942年毕业于国立音乐专科学校长笛专业。1944年赴重庆国立音乐院任教；1947年后任上海音乐专科学校及上海音乐学院副教授、上海交响乐团首席长笛；1954年任中央歌舞团指挥；1956年后任中央乐团指挥；1957年至1961年入圣彼得堡音乐学院指挥系攻读研究生。1961年毕业，回国后任中央歌剧院和中央乐团常任指挥。出访过朝鲜、西班牙、奥地利等许多国家。

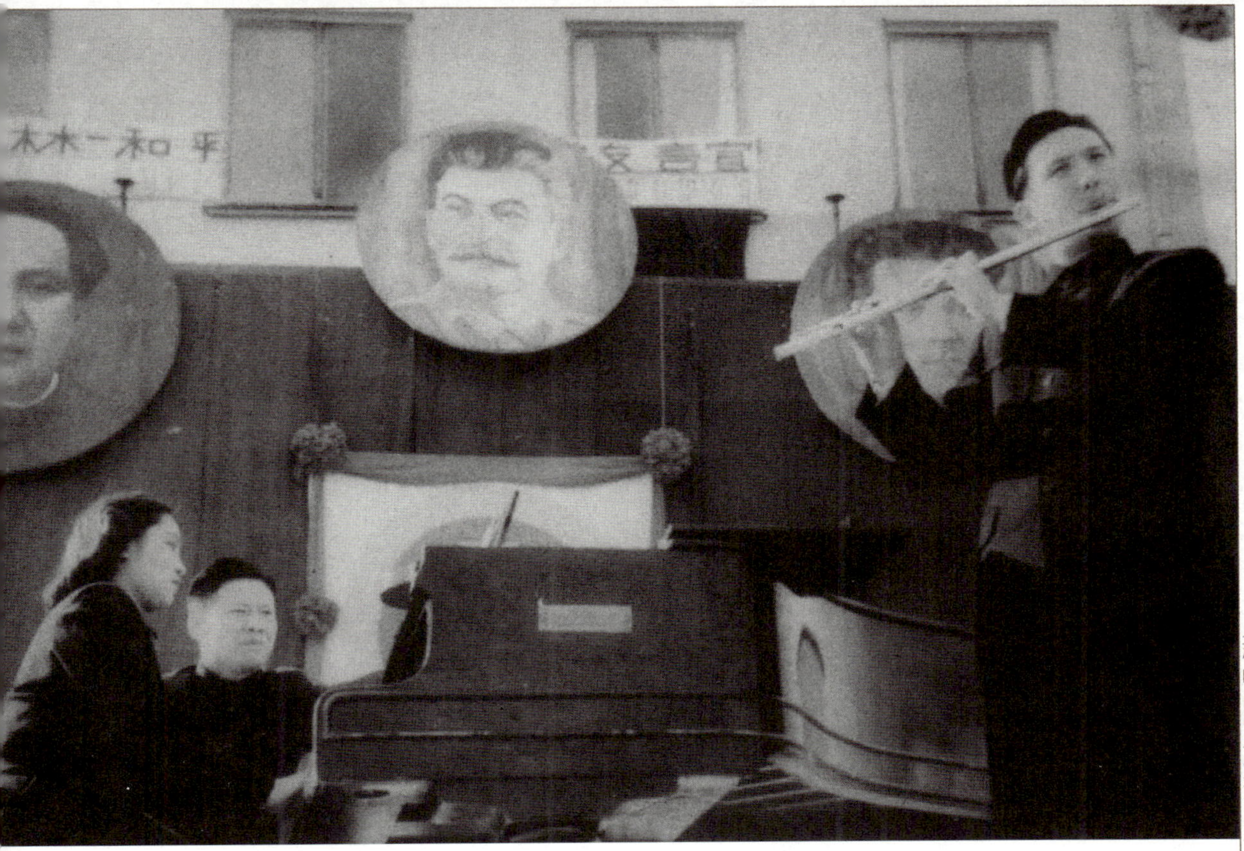

★ 1951 年在柏林举行的第三届世界青年与学生和平友谊联欢节上，韩中杰在吹奏长笛。

在莫斯科亲耳聆听毛主席说“世界是你们的”

——韩中杰谈新中国早期文化交流故事

1957 年 11 月 17 日，一个让万千留苏学生铭记终生的日子，就在这一天，毛主席在莫斯科接见了中国留苏学生，韩中杰当时就挤在数千留苏学生组成的汹涌澎湃的人群中。“世界是你们的，也是我们的，但是归根结底是你们的。”留苏这段经历，不仅对于韩中杰、李德伦、严良堃等个人的音乐事业弥足珍贵，对于新中国指挥事业的发展来说，也有着非常重要的意义。

关于新中国早期的文化交流，人们往往发现可供查询的记录并不太多。为了让后人能再次阅读那段历史，我们只能试图与时间赛跑，去找寻新中国早期对外文化交流的参与者。通过与那些白发苍苍的老者们的对话，我们所幸还能回望新中国文化交流事业的起点。作为中国老一辈著名指挥家之一，如今已 90 岁高龄的韩中杰的脑子里就装满了新中国早期对外文化交流的故事。

参与指挥北京首场交响音乐会

1951 年，中国青年文工团应邀赴德国柏林参加第三届世界青年与学生和平友谊联欢节（以下简称世青节），随后到东欧多国进行正式访问演出。因为新中国成立不久，当时北京的音乐人才比较匮乏，为了顺利完成出国访问的任务，一批青年音乐人才被从上海调到了北京，其中就包括当时担任上海交响乐团首席长笛兼乐团副主任的韩中杰。

作为新中国早期规模最大的出国艺术团，中国青年文工团肩负着向世界展示新中国形象、展示优秀的中国艺术的使命。韩中杰不辱使命，在那次世青节长笛比赛中获奖。但让韩中杰没有想到的是，当 1952 年底完成出访任务回到国内后，他的音乐轨迹彻底发生了改变。

从长笛演奏员到乐队指挥，韩中杰这一身份转变的背后，有一件中国交响乐界的大事——中央歌舞团管弦乐队（中国交响乐团的雏形）的成立。1952年底，中国青年文工团回国之后，团长周巍峙向韩中杰等从上海来的同志提出，希望他们留在北京组建起一支交响乐队。韩中杰当时已经在上海结婚，夫妇二人都有体面的工作，舍弃这一切到北京做“开荒牛”，韩中杰的决定下得很痛快。这是因为新中国成立前，除了有一个外国人办的上海工部局乐队之外，中国根本没有像样的交响乐队，在新中国的首都建立一个国家级的交响乐队，韩中杰说这对他们搞音乐的人来说诱惑实在是太大了！当时，几乎所有参加中国青年文工团的上海团员都留下来了。

由于直接成立交响乐团的条件不成熟，乐队被暂时放在了中央歌舞团里面，再加上从天津调来的音工团，成立了中央歌舞团管弦乐队。乐队成立起来了，但是却面临着一个尴尬的问题：没有正式的指挥。虽然专业是长笛，但是韩中杰说他始终有点想成为指挥的“野心”，私下里也曾跟着在上海的外国指挥学习过。于是，有点指挥底子的韩中杰就常常被临时抓差去“救火”。韩中杰理性严肃的指挥风格得到了马思聪等前辈艺术家的赞许，他这个临时“救火队员”慢慢转了正。1954年，全世界几乎都在纪念捷克音乐家德沃夏克逝世50周年之际，中国也发出了自己的声音。当时，诞生不久的中央歌舞团管弦乐队举行了北京历史上第一次交响音乐会，韩中杰便是指挥之一。

在莫斯科见到毛主席

伴随着中国交响乐事业的发展，韩中杰的指挥之路走得越来越宽。1957年，他又获得了到苏联学习指挥的机会。

韩中杰一直十分感激国家给他的深造机会。当时，为了接触更多的音乐流派，将来把更好的音乐体系介绍回国内，听取了当时在莫斯科留学的李德伦、严良堃等人的建议后，韩中杰申请到圣彼得堡音乐学院（旧称列宁格勒音乐学院）学习。韩中杰的要求很快得到了苏联方面的同意，但正当他要启程前往圣彼得堡的时候，却接到一个让他暂时不要离开莫斯科的通知。怀着迫切心情想要投入圣彼得堡留学新生活的韩中杰当时还不知道，他原来赶上了毛主席第二次也是最后一次出访苏联到莫斯科参加十月革命胜利40周年的庆祝活动。

1957年11月17日，一个让万千留苏学子铭记终生的日子。就在这一天，毛主席在莫斯科接见了中国留苏学生，韩中杰当时就挤在数千留学生组成的汹涌澎湃的人潮之中。“世界是你们的，也是我们的，但是归根结底是你们的。你们青年人朝气蓬勃，正在兴旺时期，好像早晨八九点钟的太阳。希望寄托在你们身上。”这段后来大多数中国人耳熟能详的讲话被韩中杰一字不落地听进耳朵里，铭刻在心里。

凡此种种，都激励着韩中杰以十二分的用心去对待学业。凭着这股劲头，当时已经30多岁的韩中杰在圣彼得堡音乐学院重新建立起了一套音乐知识体系。除了指挥的本业，诸如和声这样在国内已经学习过很多遍的“副业”都被苏联老师要求重新学习以达到专业水平。这其中，让韩中杰印象最深刻的就是钢琴课。担任韩中杰钢琴老师的是一名参加过二战的炮兵，他把部队里的高标准、严要求用在了韩中杰身上。虽然在国内早就学习过钢琴，但是韩中杰的钢

★小泽征尔与吴祖强（右）、指挥家韩中杰（左）合影。

琴水平达不到苏联老师要求的“能开独奏音乐会”的水平。韩中杰笑说，当时他练钢琴的时间远比学指挥的时间多。当苏联老师要求他上形体课的时候，韩中杰心里更是犯起了嘀咕：“学习指挥还要上什么形体课？”将信将疑上完课，韩中杰发现形体课对塑造更优美舒展的指挥姿势确实大有裨益。

留苏学习的这段经历，不仅对于韩中杰、李德伦、严良堃等个人的音乐事业弥足珍贵，对于新中国指挥事业的发展来说，也有着非常重要的意义。直至中央音乐学院于1956年建立指挥系之前，中国专业指挥教育尚属一片空白。因为教学经验和师资短缺，初创时指挥系的大部分课程是集体教学，包括韩中杰在内的新中国老一辈指挥家长期在中央音乐学院兼任指挥系教授。在兼任教授的几十年时间里，韩中杰充分利用他在苏联吸取到的音乐养分，滋养了中国不少优秀青年指挥。

本文采访时间：2009年　采访人：毛　莉

王寿印

文化部离休干部、打击乐专家、国家一级演奏员。著有《中国民族打击乐简史》。

1949 年 3 月，进入华北人民革命大学，曾在华北人民革命大学文工团、华北话剧团、中国青年艺术剧院工作。1956 年，调入中央歌舞团民族乐队，1985 年，任中央歌舞团副团长。1955 年至 1978 年，出访亚、欧、美洲的 30 多个国家。

★ 1960 年，中国艺术团出访南美。

中国艺术团南美历险记

——忆中国艺术团 50 年前出访南美

委内瑞拉演出初战告捷，我们又充满信心地奔向下一个国家——哥伦比亚。虽然对拉美人粗犷豪放的民族性格和表达感情的方式已有所了解，但万万没有想到，哥伦比亚朋友竟会以举家迎接、抢客人的方式，把全团化整为零地塞进了私家汽车离开机场，我也无例外地被人拥抱、献花、架走——几乎在瞬间，全团上下就失去了联系。

我是一名鼓手，在中央歌舞团工作近40年，多次执行出访任务。1960年，中国艺术团访问南北美洲之行给我留下的印象极深，这是贯彻周恩来总理“文化先行，外交殿后”指示的一次成功举措。此事虽发生在半个世纪前，但当时的情景仍历历在目，且有些趣事，故写出以飨读者。

随着各国间文化交流的发展，中国艺术团体出访国外已是件很平常的事了。提起艺术家出国演出，一般人心中可能首先会想到掌声与鲜花，但作为一名从上世纪50年代起就在中央歌舞团服役的乐手、干部，我自建国初期到上世纪90年代离休，随团先后走访了欧、亚、南北美洲区域的30余个国家，深知这其中的酸甜苦辣。那些所经历的非同寻常的事，尤其是1960年出访南美的一场“历险”，给我留下了深刻的印象。

飞机迫降，夜宿里斯本

1960年初，我以鼓手兼乐队指挥的身份，随中国艺术团出访美洲。当时，国际上掀起一股反华逆流，美国政府与中国处于敌对状态，周恩来总理亲令要组织精英荟萃的一流艺术团在美国“后院”开展人民外交。以陈忠经（时任对外文委副主任）为团长的百人中国艺术团就此组成，其中包括以李少春、袁世海、杜近芳领衔的京剧艺术家，世界青年与学生和平友谊联欢节金质奖获得者、著名歌唱家郭淑珍，以及在国际比赛上获奖的中央歌舞团青年舞蹈家徐杰、资华筠等。

出访的第一站是委内瑞拉。我随京剧团、歌舞团两团的乐队一起，被分在第三批，乘荷兰KLM航空公司航班横渡大西洋。没想到出师不利，飞机航行不足1小时，突然左侧螺旋桨停转，不得不在葡萄牙首都里斯本迫降。说是

2 小时后即可起飞，但是过了 10 多个小时仍得不到起飞信号，最后得到通知夜宿里斯本。由于当时我国与葡萄牙并未建交，葡当局不准我们离开机场。经航空公司几番交涉，才达成协议，需将护照扣在海关，人方可入境，下榻酒店后亦不得走动。于是，我们虽住进了里斯本的饭店，却成了一批身无护照的“危险”人士。

遭遇政变，被困库拉索

后来，辗转坐上飞机，经过十几个小时的颠簸，我们终于抵达委内瑞拉首都加拉加斯上空。可不知为何，飞机一直在空中盘旋，并不降落。这时，机长宣布委内瑞拉发生军事政变，机场关闭，而返回欧洲的话恐怕路程太远，油料储备不足，只好就近迫降荷属小岛——库拉索。祸不单行，我们这些“难友”简直又受了当头一棒。这次，除将护照扣在海关外，当局更以“防止走私乐器”为由，将我们随身携带的乐器也全部扣在海关。争辩无用，为了安全，我们也只好服从安排了。

库拉索岛是旅游胜地，但我们这些不速之客却毫无赏景观花的雅兴。与国内亲人及艺术团的战友们全部失去了联系，在食不香、睡不稳的状态下，三天的时间仿佛过去了三年!

先期到达委国的艺术团领导及同志们只知因所在国政变机场关闭，却不知我们身在何处。李少春先生事后告诉我：“我们当时处境也很危险，甚至都准备打道回府了。”是啊，没有乐队，哪出戏、哪个节目都演不成了。

好在天无绝人之路，三天后，委国政府平息了政变，机场再次开放。在 KLM 航空公司的友好协助下，我们延期五天安抵加拉加斯，全团欢聚，格外感受到同志间的温暖情谊。

无辜受害，遭催泪弹“洗礼”

时值五月，地处赤道附近的加拉加斯市，气温高达摄氏40度以上。全团百人各就各位，团结一致积极为首场演出做准备。正在热火朝天之时，忽然有人鼻子发酸，随即大家均感不适。你看我，我看你，似乎每个人都在流泪，还夹杂着打喷嚏。此刻，大家才注意到从门窗的缝隙中涌进股股烟雾，并听到阵阵枪声。当地朋友立刻前来告知：“政变虽已平息，但仍有少数人在城内聚众闹事，治安部队正施放催泪弹驱散人群。”原来，这是瓦斯气涌进了剧场，令我们也无辜受害！大家流涕对视而笑，稍事休整，继续排练。

经过积极准备，来自中国的文化使者们在委内瑞拉的演出获得了巨大成功。加拉加斯的观众对我们的欢迎、赞颂达到了疯狂程度，每场演出谢幕达数十次，观众长久等候在剧场外，不舍得离去。中委两国当时虽未建交，但中国艺术团全体受到了委国总统的隆重接见。出访拉美的第一站，虽是一波三折，但最终取得了成功。当时，我们每个人的心中都回响着一句话：“祖国啊，我们没有辜负您的重托！”

★1960年，王寿印访问古巴时，在华人联欢会上。

有惊无险，差点被栽赃

委内瑞拉演出初战告捷,我们又充满信心地奔向下一个国家——哥伦比亚。虽然对拉美人粗犷豪放的民族性格和表达感情的方式已有所了解，但万万没有想到，哥伦比亚朋友竟会以举家接迎、抢客人的方式，把全团化整为零地塞进了私家汽车离开机场！我也无例外地被人拥抱、献花、架走——几乎在瞬间，全团上下就失去了联系。这特殊的欢迎方式使我这个临时被任命为“全团行动总干事”的人出了一身冷汗。所幸所有车全部按时到达我们下榻的酒店，真是又一次有惊无险！

初到波哥大，下榻的酒店一时安排不下全团上百人，只好分出 30 人到离此不远的另一家酒店住宿。这家酒店不大，从老板到服务人员都非常友好，尤其是饭菜很精美，使我们有宾至如归的感觉。

第二天一早，我们便赶去剧场排练。忙了一上午回到酒店，见老板及服务员分别在大厅及我们所住各个房间门口站立，面带愠色，神情紧张。经老板讲述，我们才获知了刚刚发生的触目惊心之事：“在诸位离开酒店之后不久，来了 18 名大汉，称自己是调查局人士，欲进入你们所住的各个房间，被我拒绝后，又进行利诱并道出来意。原来，他们是要以查看行李为名，放入些枪支武器，然后等你们回来后突击检查，最后以私藏武器罪栽赃，将你们驱逐出境，达到破坏艺术团哥伦比亚首访演出的目的。”老板义正辞严地拒绝了这些恶棍的要求。他对我们说：“诸位入住我的酒店是我们的荣幸，但出于安全考虑，建议立即迁出。”

我们感谢了老板，立即汇报团部，采取紧急措施，以最快速度迁出酒店。第二天，翻译告诉我们，酒店老板在报上登了严正声明，揭露了这一卑劣的“调查事件”，客观上保护了我们并使中国艺术团得以顺利演出。

不小心演了古巴“代国歌”

那次南美之行，给我留下深刻印象的还有对古巴的访问。古巴位于加勒比海中部的一座岛屿之上，椰林青翠、海滩金黄、碧涛无垠，像一艘大船横卧在大海中央，是举世公认的“加勒比海明珠”。1959 年，菲德尔 · 卡斯特罗率起义军推翻了巴蒂斯塔独裁统治，建立了革命政府。我们是来古巴的第一个中国艺术代表团，作为古巴政府邀请的客人来庆祝古巴革命一周年。

艺术团来到了马埃斯特拉山区。这里是古巴的革命圣地，曾经是卡斯特罗起义兵营所在地。艺术团 100 人同住一间狭长的帐篷式的营房，屋内整齐地安放着一排排双层床，中间过道挂上床单，男女隔开。演出就在野外进行，临时搭起的舞台下挤满了士兵、群众和专程赶来庆贺节日的人士，真是观众如潮、盛况空前，使我们在大洋彼岸又想起了上山下乡的情景。这是出国演出中绝无仅有的经历。

我们每访问一个国家，都要演出所在国的音乐、舞蹈，在古巴也不例外。古巴革命成功刚刚一年，我们与他们的交流刚刚开始，行前在国内只找到了《鸽子》和一曲《七 · 二六颂歌》。始料不及的是，当我们演奏《七 · 二六颂歌》时，台下观众全体起立，随乐高歌。后来我们才知道此曲有代国歌的含意，难怪观众如此崇敬。我们的舞蹈演员则在朋友的帮助下，经过千辛万苦突击学会了“萨巴呆欧”舞蹈。此舞受西班牙舞蹈影响，但又掺糅有土著黑人的气质，上身灵活，舞步踢踏，女着大裙、持折扇，男着白色衣裤、戴草帽、系红领带，热烈而潇洒，很有古巴特色。

★在古巴马埃斯特拉山区与民兵合影。左一为王寿印。

小胡子伊万教我演奏古巴音乐

我们排练时，第一个观众和“指导”是伊万。他是古方派来的保卫组长（古巴中央保卫局局长），是位艺术爱好者。他有着黑人常见的匀称身材，上唇留着小胡子，在他那极富表情的面颊上有一双机警的眼睛，对朋友永远笑容可掬。每当看排练时，他总是情不自禁地随着乐曲扭动身体，喜形于色。

为解决“萨巴呆欧”伴奏的问题，我们颇伤脑筋。舞曲分两部分，慢板优美而深情，快板热烈而奔放，用中国民族乐器演奏慢板还比较容易，但快板却比较难掌握，不仅 6/8 节奏速度很快，而且必须用其特有的打击乐器伴奏。

一开始，我使用了热带乐曲通用的沙锤，自以为颇有“风格”，但伊万却并不认可我的方法。他表情极为严肃地帮助我排练，强调每小节头一拍并提高速度，一下子就把古巴音乐的风格突出了。他还告诉我们不能用沙锤，这是另一种风格的乐器，必须用梆子、刮瓢及铁铃。说完，他不容分说地拉起我就走出了酒店，一连看了几家乐器店，买到了一只瓢。此物约一尺长，比茶杯口略粗，空心，后方有共鸣孔，前面从上到下刻有等距凹槽，用一竹条上下划动，发出沙沙的声音，伊万对它很满意。不过，其他乐器仍未凑齐，伊万略有所思，果断地将我送回酒店，飞奔而去。不一会儿，他满头大汗而归，手里拿着一对红木的梆子，看上去像两根短短的擀面杖，略有粗细之分，用手托起细者，用粗者相击，发出清脆悦耳的响声。伊万又从我的乐器箱中选出一只大木鱼，代替铁铃，再次指导我们演奏。用木鱼打节拍，梆子击花点，瓢随乐曲旋律划动，三合一构成特有的旋律和节奏，风格鲜明，十分好听。最后，伊万指挥乐队合成，一曲演罢，他伸出双手大拇指，然后与我拥抱并用力捶打我的后背。

“萨巴呆欧”的演出引起了轰动，卡斯特罗看完演出上台接见了演员。至今，在我家中的相册中尚存有一张当时表演“萨巴呆欧”的女演员——我的夫人资华筠与卡斯特罗握手的照片，当时他对她说：“你是古巴姑娘。”其实这次演出的成功，伊万功不可没，他是战士，更是音乐家，是我的知音。

首场演出之后，伊万拉我到吧台，要了两小杯浓浓的咖啡，以表祝贺，感谢中国朋友演出古巴舞蹈。其实应该得到感谢的是伊万，他使我了解了古巴音乐的内容，教会了我如何演奏出古巴的音乐风格和运用此奇特的打击乐器。

中国艺术团在哈瓦那演出之后，应古巴政府的邀请，到全国大城市巡回演出。在广场演出时，阳光灼热，气温高达 40℃左右，演出的热烈气氛也难以形容。数万人集于台下，人声鼎沸，秩序井然，起义军、民兵排成无数方阵列于台前，然后是民众层层包围于外，一眼望去无边无际，观众的方阵很有艺术感。

此时，伊万才做起他的本职工作。他穿起了一件黄色短衫，上面印有极特殊的图案，很像中国的八卦图，我们戏称之为“八卦衣”，这是全会场最高指挥的标志。只见他神情严峻，往来于人群之间，无论是起义军、武装警察、民兵统统归他一人指挥调动。此“八卦衣”在维持着全场的稳定，保卫着艺术团的安全。只有当演出结束了，物资、平台都装上货柜车，伊万才又恢复了那可掬的笑容。

我曾问伊万为什么穿一件黄衬衣，他笑着说那是工作服。他说，现在古巴还不平静，将来会好的。我发现他很喜欢音乐，每次工作之余或当我们在演出时，他一定深情地倾听着乐曲。他说：“我很喜欢音乐，也曾想做一个音乐家，但民族的危亡使我改变了初衷，做了保卫。将来革命完成了，真希望到中国去学习音乐，中国的音乐十分迷人……”在古巴的两个月时间，我们结下了很深的友谊。

颇值一提的是，当我们离古北上时得到通知：中古建交了。我们的随团西语翻译李国新留在古巴，筹建中国驻古使馆。告别时，伊万说那一对梆子是他私人之物，送给我作为纪念。伊万很重感情，言后再也没有回头，快步离去。几年后，我听到了噩耗，伊万牺牲了，这使我非常难过。我有时从柜子里拿出那对红木梆子，敲上两声，那清脆的声音寄托着我的哀思。

本文作者：王寿印

于　蓝

辽宁岫岩人，生于1921年。1950年转入北京电影制片厂，先后在《翠岗红旗》和《龙须沟》中扮演主要角色。上世纪60年代，主演了《革命家庭》和《烈火中永生》。1981年，积极参与筹建中国儿童电影制片厂，并担任了第一任厂长、艺术指导。1989年被授予新中国成立40周年最佳影星。2009年获第27届中国电影金鸡奖终身成就奖。曾担任全国政协委员、中国电影家协会副主席、中国儿童少年电影学会会长、中国儿童少年影视中心主席等。

★与非洲朋友合影。

从好学生到好演员

——于蓝记忆中的新中国早期文化交流往事

新中国成立初期，电影界一批同志要赴苏联学习，于蓝没有去，她觉得自己主要塑造中国妇女的形象，耗时几年去苏联学习太不值得。1954 年，于蓝在表演实践中认识到自己理论基础的不足，在北京报名参加了苏联专家库里涅夫执教的表演干部培训班，提高了表演的综合素质。

她是《翠岗红旗》里的向五儿，一个坚强的红军家属；她是《革命家庭》里的革命母亲周莲，周总理称赞她“演了一个好妈妈”；她是《烈火中永生》里的江姐，温柔而坚强的形象被无数观众奉为银幕经典；她积极参与筹建中国儿童电影制片厂，并在 1981 年担任了第一任厂长和艺术指导……她，就是于蓝。一个烈日炎炎的下午，记者来到年近九旬的于蓝老师家中，听她讲述所经历的新中国早期文化交流往事。

★于蓝电影剧照。

★于蓝旧照。

从文艺积极分子到国际电影节奖得主

上世纪 30 年代，怀着一腔报国热情的于蓝千里迢迢奔赴延安，投身革命事业。虽然条件艰苦，但延安的文娱生活非常丰富。由于普通话说得好，在抗大学习的于蓝经常参加一些文化活动。1940 年，她和好友赵路被挑选进了鲁艺实验剧团，“糊里糊涂地走向了艺术的大门。”也因此“确定了自己一生的道路”。在鲁艺，她接受了专业的表演培训和文化知识的熏陶，也参演了一些话剧，这些为她以后的演艺生涯奠定了基础。

1950 年，于蓝到上海拍摄电影《翠岗红旗》。这部影片的导演张骏祥早年留学国外，曾长期在国统区工作，在戏剧、电影方面都有着十分丰富的经验。在他的指导下，于蓝等人先在江西生活了两个月之久，深入调研、体验时代背景，收获良多。影片拍摄过程中，于蓝在电影表演艺术方面学到了很多东西，对视觉艺术的魅力也有了更深刻的体会。《翠岗红旗》完成于 1951 年春节前夕，正赶上 1950 年 24 部国产故事片的展映活动，还获得了 1951 年第六届卡罗维·发利电影节的摄影奖。说起在国际上获得肯定的原因，于蓝表示，除了苏区人民历尽艰辛最终获得胜利的生活历程令人感动，“在这部片子中，江家宅前的老槐树和石板小路，以及我们踩水车的场景都非常美，也非常醒目地突出了中国地方特色。”

1961 年，于蓝又因为在《革命家庭》中成功饰演周莲一角，获得第二届莫斯科国际电影节最佳女演员奖并亲赴莫斯科领奖。

★ 1961 年第二届莫斯科国际电影节，中国代表团与朝鲜朋友合影（右四为于蓝）。

跟随苏联专家再当小学生

新中国成立初期，电影界一批同志要赴苏联学习，组织上曾征求于蓝的意见，但于蓝没有前去。尽管苏联的斯坦尼斯拉夫斯基表演体系很科学，但她觉得自己要塑造的主要是中国妇女的形象，耗费好几年的时间去学习似乎不太值得。后来，她在《翠岗红旗》等影片中按照自己的理解去创作角色，取得了一定的成绩，但在创作过程中，总感到比较吃力。

1953 年，著名话剧导演孙维世让于蓝出演舞台剧《万尼亚舅舅》，扮演其中的重要角色之一叶琳娜。不知为何，排练进行得很不成功，正好苏联专家列斯里在中央戏剧学院教授导演课，孙维世便把他请到青年艺术剧院帮助排练。列斯里看完排练后，马上把于蓝和另一位男主角给撤了下来。当时大家都怕于蓝接受不了，还纷纷过来安慰她。于蓝心里当然不好受，但她是个对事业执着和要强的人，通过留下来认真观察全剧重排，她找到了自己失败的原因——对角色的理解错误，即单一地为演悲剧人物而演，没有挖掘出剧本赋予人物的丰富色彩，而且对帝俄时代和契诃夫作品也缺乏理解。这时，她深刻地感到演员实在是一个需要丰富知识和精湛演技的职业，想要进一步学习和深造的念头也越来越强了。

1954年初，中央戏剧学院首次创建了由苏联专家库里涅夫执教的表演干部训练班。于蓝不愿再放弃这个好机会，便报名参加了。这个训练班招生不是以单位推荐的方式，而是必须经过严格的考试。于蓝为此精心准备了考试，最终被顺利录取。当时，班里大部分学员都年近三十，正处于工作繁忙、家务繁重的阶段，且大家基本都是从表演的ABC学起，光一个“注意力集中”的基础训练就让许多同学出了洋相，更别说拖着因长年行军走路而僵硬的腿哆里哆嗦地跳小天鹅了。不过，所有人都十分珍惜这个机会，想方设法克服各种困难，坚持学习。为了鼓励于蓝，她的爱人、著名演员田方还特地送她一个厚厚的笔记本，上面写着：“做一个好学生”。

在训练班里，库里涅夫不断告诉大家要留意生活。于蓝记得，他常说的一句话是“你们的艺术是为了谁”。他要求学员们做小品练习要反映生活现象，要有创作热情，要注重动作的逻辑性、顺序性等等。除了学习表演，训练班还开设马列主义、戏剧史、音乐、舞蹈等课程，开阔了学员的眼界，提高了大家的综合素质……于蓝像小学生那样认认真真地学习，如饥似渴地汲取着各种知识和技能。毕业仪式上，库里涅夫看着她说：“于蓝，你很漂亮，但是太瘦了！”回忆起这段经历，于蓝说，我很高兴苏联专家和我们的艺术观点是一致的，他教我们艺术永远是为人民服务的，他还教我们用艺术改变生活，并帮我们走向富有朝气的艺术天地。

★于蓝电影剧照。

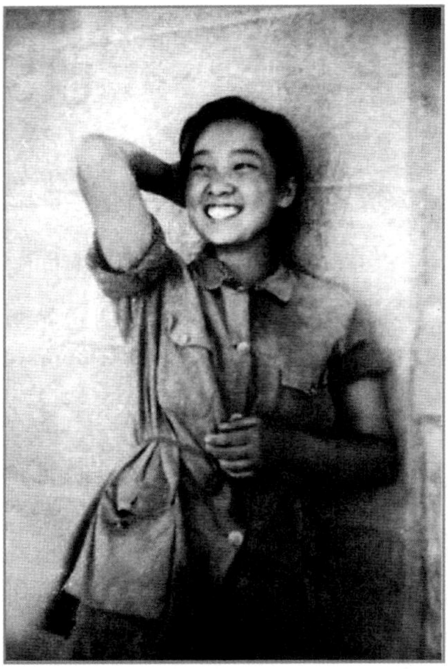

★于蓝旧照。

抗美援朝的难忘经历

1950年冬，中国人民志愿军抗美援朝，保家卫国。北京电影制片厂派了摄影队去朝鲜，演员科的同志们也坐不住了，纷纷要求赴朝慰问。最后，厂长汪洋确定了一支由14名同志组成的队伍，于蓝和李百万（电影《白毛女》中大春的饰演者）分别担任队长和副队长。于蓝至今还记得当时的场景：朝鲜老百姓打开房门，说着他们听不懂的话，大意是邀请他们进去。于蓝说，朝鲜的老大爷、老大娘十分爱护他们，一早就端来热水给大家洗脸，还在树林里拴上草绳，让他们把头天夜里淋湿的衣服晾晒上。虽然语言上无法沟通，但大家却是心心相通的。

于蓝所在的小组以深入生活为主，放电影及演出小节目为辅。他们采访、听报告、参加各种座谈和交流，看到志愿军战士们在艰苦条件下表现出的高尚思想和顽强意志，于蓝和她的同事们也受到了教育和锻炼。于蓝记得，当时在露天广场上放电影，来观看的除了志愿军还有附近的朝鲜老百姓。敌人的飞机一次次出现在广场上空，但大家没有因此而退却。看完电影，大家在深沉的夜色中走回去，朝鲜女孩子三五成群地唱着民歌。这场景深深打动了于蓝，她联想起在抗日战争和解放战争时期，中国人民也是像这样不屈地斗争和生活着。

在平壤，于蓝他们还参观了电影厂，厂长等人热情地欢迎来自中国的同行。见面之初，由于没有翻译，大家很长时间没有说话，只是笑着，紧紧握着手。电影厂的同志带于蓝参观了编辑室、录音室和洗印车间——只要是未被炸毁的房间，就有人在里面工作。参观完电影厂，中朝演员围坐在美丽的小山坡上，唱着自己国家的歌谣和苏联歌曲，还跳起各自的民族舞，欢庆这战火中的相聚。虽然在平壤只停留了3天，但这里的一切都给于蓝留下了深刻的印象，与朝鲜人民的友谊也得到了升华。

本文采访时间：2010年　采访人：陈　璐

王　犁

1930年生,中共党员,自华北大学第三部音乐科毕业后,长期从事舞美、编导工作。曾任东方歌舞团副团长、东方艺术大厦董事长等职。曾担任大歌舞《人民胜利万岁》分场导演，上世纪60年代随中国艺术团访问欧洲六国，见证并参与了东方歌舞团的建立。

★ 1964 年底，周总理和陈毅副总理在中南海紫光阁与东方歌舞团演员亲切交谈。

紫光阁遐想

——周总理和东方歌舞团

1964 年 3 月 24 日晚上，皓月当空，周总理在中南海紫光阁接见东方歌舞团赴北非的全体演职人员和赴西欧的部分演职人员。周总理说，东方歌舞团进行的是革命工作，要为亚非拉的民族革命服务，不要怕到艰苦的地方去，要做一个彻底的革命文艺工作者。要像毛主席说的，四海为家，志在千里。如果出去回不来怎么办？那就“青山处处埋忠骨，何须马革裹尸还”。

本文开头的那张照片，是1964年底周总理在中南海紫光阁接见东方歌舞团演职人员时拍摄的。如今，照片已经泛黄，但是周总理的音容笑貌依然清晰地留在我的记忆之中，恍如昨日。在“文革”以前，紫光阁是东方歌舞团常去的地方，周总理两次在紫光阁接见东方歌舞团的演职人员。除了有照片留念的1964年底的那次之外，还有一次是在1964年的3月24日。虽然3月24日那次没有留下照片，可在东方歌舞团的历史上却留下了难以磨灭的印记。

★周总理旧照。

周总理请大家吃夜宵

当时，东方歌舞团的一部分演职人员刚刚随中国艺术团访问欧洲六国归来，另一大部分又将出访北非。恰在此时，周总理与陈毅副总理刚刚访问亚非十四国归来。3 月 24 日上午，团里接到国务院办公厅通知——晚上周总理要接见大家。消息传来，全团一片欢腾，大家纷纷准备节目。谭镕和于海燕还赶写了一首《热烈欢迎周总理、陈毅副总理胜利归来》的快板诗。晚上，皓月当空，东方歌舞团赴北非团的全体演职人员和赴西欧的部分演职人员来到中南海紫光阁。周总理神采奕奕地来了，陈毅副总理也来了，同来参加的还有廖承志、周巍峙等。会上，演员们表演了一些小节目和准备去北非表演的一些舞蹈，朗诵表演了欢迎总理出访胜利归来的群口词，在朗诵到赞扬周总理出访获得巨大成功的时候，总理站起来说："不要念了，这一切是毛主席领导的英明，咱们还是一起唱支歌吧。"说完快步走到演员当中，一同唱起《歌唱祖国》，响亮的歌声让在场的每个人激动不已。

随后，周总理亲切地招呼大家围坐在他的周围，谈起刚才朗诵快板诗中的诗句，总理说："这后边的四句不错，为什么只把青春献给她？你们想得太短了，只想到青春。这是革命事业，你们要去亚非拉搞调研，你们要披荆斩棘一辈子……你们讲青春也有道理，老了就不能跳了，跳不了还可以搞研究工作嘛。我看应该改为'誓把一生献给她'。你们说对不对？"后来，在北京饭店的话剧发奖联欢招待会上，周总理见到我团的同志还特别叮嘱那首诗的第三句"党的话儿记在心"应改为"一心要听党的话"。后来这四句诗就成为：东方歌舞一枝花，决心学好亚非拉。一心要听党的话，誓把一生献给她。这就是此诗成为东方歌舞团团训和座右铭的由来。

周总理在这次会见中，谈到了非洲之行的见闻，要我们向我国在马里的种茶专家学习，学习他们那种忘我的工作精神。他说，东方歌舞团进行的是革命工作，要为亚非拉的民族革命服务，不要怕到艰苦的地方去，要做一个彻底的革命文艺工作者。要像毛主席说的，四海为家，志在千里。如果出去回不来怎么办？那就“青山处处埋忠骨，何须马革裹尸还”。化成灰，撒之海中，葬之深山。总理谈到亚非拉地区去学习时说，“你们去只学文艺还不行，要研究他们的政治。去非洲要用法文、英文、阿拉伯文，还有当地的民族语言，你们学外语了吗？至少要学英语，小廖（廖承志）你要帮他们安排学外语呀。”总理还谈到，“亚非会议最好明年开，我想把准备工作做好，想到东方歌舞团要演几十个国家的节目，人怎么够？现在人太少了，听说一个人要演七八个节目，劳苦功高，也太累了。”大家围坐在周总理和陈毅副总理的身边，听他们娓娓谈话。这时，有人提醒夜已深了。总理笑着说：“我请你们吃夜宵。”大家跟随总理走出紫光阁的边门，月光如水、星空灿烂，经过曲折的回廊，来到国务院的食堂，与总理一道吃夜宵——馒头、花卷、白菜熬豆腐。

总理拍板：“娃娃们不要散了。”

自成立之日起，东方歌舞团始终坚持“以我为主”的建团方针，把中国传统民族民间歌舞艺术和表现现代中国人民生活的音乐舞蹈作品介绍给国内外观众，同时把外国健康优秀的歌舞艺术介绍给中国人民。半个世纪以来，歌舞团足迹遍及祖国各地，并代表国家出访过五大洲70多个国家和地区，为丰富我国人民的文化生活和促进国际文化交流作出了突出贡献。创造了这段辉煌岁月的东方歌舞团是怎么成立的呢？这离不开周总理的拍板。

1957 年 7 月，在戴爱莲任校长的北京舞蹈学校设立了“东方舞乐班”：学舞蹈的学员五男五女，学音乐的三女七男，教员有张均、于海燕，金兆庚任班主任。从印尼巴厘岛请来以里克思为首的四人专家组，教授具有悠久传统的巴厘舞和民间乐器伽美兰。“东方舞乐班”用 8 个月时间排练了一台巴厘舞晚会，这台晚会上婀娜的舞姿、优美动听的伽美兰乐声，震动了舞校的师生和文化部的领导，还特别让以严格著称的苏联专家古雪夫兴奋异常、赞不绝口。

1960 年，“东方舞乐班”划归中央歌舞团，请来缅甸舞蹈家杜钦纽教授缅甸舞。1960 年底，“东方舞乐班”随周总理、陈毅副总理率领的政府代表团访缅。访问即将结束时，中国驻缅大使馆举行了盛大的告别宴会。在这次宴会上，“东方舞乐班”可谓大出风头。当时，缅甸政要、各国驻缅使节等 500 余人出席了宴会。“东方舞乐班”表演了亚洲各国舞蹈，受到了观众的热烈欢迎。特别是当张均和赵世忠表演缅甸古典双人舞时，缅甸总理吴努和全场来宾起立鼓掌欢迎，并应吴努的要求加演。每表演一个国家的舞蹈，该国大使就起立向周总理敬酒致意，感谢中国人民尊重和热爱他们的文化，气氛十分热烈。宴会后周总理高兴地说：“娃娃们演得真好，我没想到我们还有这么多的宝贵财富，回国以后这些娃娃们不要散了。”在归国途中的飞机上，周总理根据当时的国际形势和外交工作的需要，同意对外文委主任张致祥提出组建东方歌舞团的构想。经过近一年时间的筹备，以“东方舞乐班”为基础，从中央歌舞团抽调了一批业务骨干，从全国各地抽调一批尖子演员，东方歌舞团于 1962 年 1 月 13 日宣告成立了。

“东方人”不忘总理教诲

半个世纪以来，许多“东方人”始终牢记周总理的教诲，把青春和一生奉献给了东方的歌舞事业。

张均三去印度，在十分艰苦的生活条件下，研究和学习印度舞蹈，获得印度达尔巴纳艺术学院“戏剧荣光”学位；郑振槐、姚策去印度专攻塔布拉鼓和锡塔尔琴；张均和王丁菲去柬埔寨学宫廷舞得到帕花·黛维公主的真传；王丁菲还曾四去马来西亚、泰国、菲律宾学习长达两年时间。郑慧芳、田昌去越南学习舞蹈和音乐，张善荣、安胜子等访问日本新制作座，与日本同行互教互学中日民间舞。齐世杰去巴基斯坦，唐景璐去斯里兰卡，赵世忠去尼泊尔，冯弥去缅甸，刘小梅去印尼……大家都学到了不少当地特色的舞蹈和节目。

不仅学习亚洲舞蹈，更为难得的是，东方歌舞团还不远万里数度派人前去非洲“取经”。1977 年，田雨率谭铬、汪永生、郑振槐等 5 人，去坦桑尼亚、布隆迪、卢旺达、扎伊尔、乌干达、肯尼亚等六国采风学习；尤其可贵的是，李亚媛三去非洲，在长达 3 年时间里，她走遍了非洲的东南西北，先后到过塞内加尔、马里、塞拉利昂、毛里求斯、马达加斯加、肯尼亚、突尼斯、埃塞俄比亚、莫桑比克等 20 多个国家，深入民间学习了不少地道的非洲舞蹈。

本文作者：王　犁

★出访归国途中的周总理。

梁沈修

1934年出生，籍贯河北，毕业于哈尔滨外语学院。1957年开始长期在对外文委、文化部外联局从事文化外交工作，曾在中国驻苏联、罗马尼亚使馆主持文化处工作。上世纪80年代起发表小说、译作及杂文160多万字，曾任文化部《文化交流》副主编、《对外文化交流通讯》主编。

★ 1964 年几内亚舞蹈团在颐和园。

无怨无悔四十年

——一位老文化外交官对新中国早期文化交流工作的记忆

新中国成立初期，承认中华人民共和国并与我国建立外交关系的主要是社会主义国家，世界上大多数国家还处于疑虑、观望和犹豫不决中，有些国家甚至持敌视、抵制态度。在这种形势下，更需要我们广泛宣传、广交朋友、扩大声势、吸引同情，而对外文化交流作为“外交的一翼”，确确实实地起到了“先行官”“宣传队”“播种机”的作用。对外文化联络局的成立，令对外文化交流工作得以真正有领导、有规划、有方针、有序地进行。

“我认为回顾新中国成立初期的历史的确非常重要。那段时间，我国不遗余力地发展对外文化交流事业，争取朋友，正确地宣传新中国，取得了很多成就。对我而言，那也是段很难忘的历史。能参与这项工作，我无怨无悔，备感骄傲。”面对前来采访和挖掘“新中国文化交流早期记忆”的笔者，文化部外联局退休干部梁沈修老师一面从书柜中往外搬着厚厚的资料，一面感慨万千地说道。

1957 年，从哈尔滨外语学院毕业的梁沈修被分配到对外文化联络局（后为对外文化联络委员会）工作，主要负责对外文艺演出交流，后又长期在我国驻外使馆从事文化外交工作，到 1997 年从文化部外联局退休，正好 40 年的时间。回首过去，他有着数不清的难忘故事。

★ 1959 年 10 月乌兰诺娃独舞音乐会。

难忘国家领导人的关怀

新中国成立初期，对外文化联络局的成立，令对外文化交流工作得以真正有领导、有规划、有方针、有序地进行。后来的对外文委更囊括了学术、文艺、国际比赛及世界名人纪念大会等各方面的交流，统筹管理，严格把关。据梁沈修介绍，该机构在中央的领导下，在周恩来总理、陈毅副总理等的直接关怀下，汇聚了夏衍、阳翰笙、肖三、洪深、陈忠经等经验丰富的人士，后又吸收了楚图南、屈武、丁西林、曹瑛等加入，下辖了一批忠实贯彻中央政策、奋发有为的各级骨干力量，为从事对外文化宣传和交流、扩大新中国的影响做出了很大贡献。

新中国成立初期，承认我国并与我国建立外交关系的主要是社会主义国家，世界上大多数国家还处于疑虑、观望和犹豫不决中，有些国家甚至持敌视、抵制态度。在这种形势下，更需要我们广泛宣传、广泛交友、扩大声势、吸引同情，而对外文化交流作为“外交的一翼”，确确实实起到了“先行官”“宣传队”“播种机”的作用。

最初，中央的外交政策是“一边倒”，即主要依赖苏联、东欧等社会主义国家。后来范围逐步发展扩大。出访艺术团展示了新中国人民和文艺工作者友好诚挚、朝气蓬勃、积极向上、充满信心的精神面貌，具有直接的宣传展示作用和极大的影响力。

让梁沈修尤为记忆深刻的是，党和国家领导人对出国艺术团非常爱护和重视，认真审查、严格把关，为艺术团出访奠定了基调、宗旨和政策。毛主席向出访艺术团提出“宣传、友谊、学习”三大任务；周总理也提出“寻求友谊、寻求和平、寻求知识”的方针。周总理在审查出国艺术团节目中起到了把关和指导的作用，如去伊斯兰国家不能有《打猪草》之类的节目，去西方国家要减除《翻身道情》、《月牙儿五更》等旧社会苦情节目等。

★ 1958 年 9 月，陆定一雨中观看苏联阿塞拜疆歌舞团演出。

以礼和情打动来华外国艺术家

在国内期间，梁沈修曾多次接待外国大型艺术团。1954 年 9 月，苏联莫伊塞耶夫舞蹈团来华访演。周总理在中南海宴请全团，刘少奇、朱德、陆定一都出席了。后来，毛主席突然赶到并和大家一一握手。听说毛主席没有看过演出，而莫伊塞耶夫舞蹈团第二天又要赶去上海，舞蹈团的姑娘们立即拉开饭桌，脱掉高跟鞋，跳起了《少女环舞》。大家认真地跳着，很多人的丝袜都磨破了……1984 年，梁沈修在驻苏联使馆工作的时候，亲眼看到团长莫伊塞耶夫在回忆这段往事时流下了激动的泪水。莫伊塞耶夫说，那是他一生中受到过的最高礼遇，永生难忘。当时，在与苏联的文化关系中断 18 年之后，作曲家瞿维和上海芭团副团长蔡国英、芭蕾舞演员郁蕾娣到莫斯科的莫伊塞耶夫舞蹈团访问，年过古稀的莫伊塞耶夫在排练厅等了一个多小时，一见到来自中国的朋友立即紧紧拥抱，热泪盈眶。

新中国成立10周年时，苏联大剧院艺术家在刚落成的北京人民大会堂演出了《天鹅湖》、《吉赛尔》，周总理和陈毅副总理两次观看并接见有关演员。京剧大师梅兰芳在看了苏联舞蹈家乌兰诺娃的演出后，写下了“刚柔相济，仪态万方，轻如随风絮，娇若冲天羽”的赞美诗篇。访华经历也让乌兰诺娃对中国的感情进一步加深，她说，当看到新闻纪录片中上万中国人民挑着土筐往来穿梭建设水库时，她怎么也忍不住感动的热泪。“这样勤劳的人民，这么团结一心，这么热爱生活、向往未来，什么力量也阻挡不了他们！”

梁沈修说，1961年至1964年，日中文化协会每年都会安排进步文艺团体来华访问，包括日本合唱团、蕨座、新制作座、前进座、松山树子芭蕾舞团等。毛主席、周总理先后接见了他们，观看他们的演出。周总理还曾登上首都剧场的舞台，与蕨座演员一起跳舞，令日本演员备感亲切。1965年4月至6月，由日本著名戏剧家金丸千寻、泷泽修、杉村春子、东野英治郎率领，6个著名的演剧团体组成的日本话剧团一行60人到中国访问。两名打前站的友好人士来了以后提出一个请求，要求在北京下火车后不坐车，徒步走到新侨饭店。为此，北京市外办组织了约1万人夹道欢迎，还做了很多标语牌，学唱了很多有关亚洲同胞的歌，一边唱歌一边喊口号迎接他们的到来。6月20日深夜，在中国第一颗原子弹爆炸后，周总理接见了日本话剧团全体人员，就中国原子弹爆炸的意义、中国对核武器的立场、中国政府的承诺、“尘埃东飘”等问题做了长达4个小时的阐述，日本朋友对此表示信服。作为当时的记录人员，梁沈修记录了足足有30多页。

★日本话剧团游行前，接待人员拍摄于北京新侨饭店。

★ 1960 年柬埔寨皇家舞蹈团，帕花 · 黛维公主。

在记录本上写下周总理的嘱咐

梁沈修说，当时的对外文委拥有 30 多个语种的外语人才，包括柬埔寨语、塞尔维亚语、葡萄牙语、阿尔巴尼亚语等稀有小语种。还有英、法、德、日、俄、西文的精英，都可以做同声传译和首长接见翻译，经常被工会、作协、妇联等单位借去开国际会议。

除了业务过硬之外，这些人员在各方面也都具有极高的素质，忠实敬业、纪律严明、不卑不亢。1952 年由洪深局长亲拟的《最低限度国际礼貌》和 1981 年制定的《涉外人员守则》是他们切实遵守的原则和条例，规范着他们的行为。在梁沈修的记录本上，还清清楚楚地记着周总理对工作人员的要求——“讲原则，讲尊严，讲分寸。”梁沈修说：“我是一个普通的对外文化交流工作人员，是党的政策的执行者，为这一不可或缺的重要事业尽自己的一份力量而已。”

在这种思想的指导下，1984 年至 1987 年，梁沈修被派驻苏联大使馆主持文化处工作，为我国的文化外交工作履行了自己应尽的职责。在中苏关系尚未完全解冻的情况下，他按着国内的指示，做了大量工作，积极促成我国著名歌唱家胡晓平成功访苏，成为文艺界的“破冰之旅”；经他不懈努力和有关部门的大力配合，收藏在列宁格勒的《红楼梦》的一个版本得以全书翻拍并送回国内，受到红学界的高度重视和肯定；梁沈修还与几位俄罗斯具有广泛影响的“世纪人物”来往密切，建立了深厚的友谊——乌兰诺娃晚年一度拒绝任何记者的采访，却对梁沈修的探望表示热情欢迎；列夫·杜马舍夫是 50 年代苏联派到中国的音乐专家，在中国工作 6 年，帮助我国组建了第一个乐团即中央乐团，培养了严良堃、秋里、郑小瑛等一批优秀的指挥家，梁沈修在任期间经常登门探望他。有一次，秋里听说老师生活困难，托人带去 200 美元。当梁沈修亲自登门转交时，杜马舍夫的夫人娜塔莉娅打开信封一看便泪流不止：“30 年了，中国朋友没有忘记我们！”

本文采访时间：2010 年　|　采访人：陈　璐

于文涛

陕西人。1954年从北京师范大学音乐系毕业后，担任《北京日报》文艺记者、编辑工作。1965年调至原对外文委。之后在文化部外联局、中国文化报社工作。著有《欧非旅丝》、《菲岛情话》、《寻师访友录》等文集。

★ 1965 年 5 月，中国政府文化代表团访问罗马尼亚时合影。左一为于文涛。

浓得化不开的罗马尼亚情结
——于文涛忆新中国早期中罗文化交往

1965 年的那次罗马尼亚之行，有一种“乱花迷人眼”的感觉。这次出国让他领略到了文化交流的巨大作用，也让他掌握了一种对外文化交流的基本规律——无论何时，人与人之间的友好交往都是最重要的。这次访问结识了很多罗马尼亚兄弟，和他们之间的友情是于文涛人生最美好的记忆之一。

提起罗马尼亚这个国家，许多中国人对它怀有一种特殊的感情。这种感情源于中罗两国人民友好交往的历史，在岁月的冲刷下凝聚成了一种深沉的罗马尼亚情结。

由于长期从事对外文化交流工作，于文涛见证了新中国与罗马尼亚的早期交往，也充分感受到这种情感的深厚与绵长。对他来说，对于罗马尼亚的感情历久弥坚，就像一壶陈酿好酒，年头越久，越是香醇。

★参加蒙居涌国际民间艺术节。蒙居涌国际民间艺术节主席格旺热，把中国歌剧舞剧院表演艺术家小组在艺术节开幕式游行的照片和有他自己签名的照片赠给于文涛（举国标牌者）留作纪念。

负责撰写访罗日记

1965年，三十来岁的于文涛还是一个刚刚参加工作的年轻人，从北京日报社调至原对外文委工作。没想到才到对外文委没几天，组织就让他跟随中国政府文化代表团前往罗马尼亚。

罗马尼亚是世界上最早与中国签订文化合作协定的国家之一。1951年12月12日，中罗两国第一次签订文化合作协定，协定规定了双方相互交流在文化、教育、科学、艺术等各方面的建设经验，并促进两国文化、教育、科学研究机构间的合作。1964年1月，对外文委张映吾等二人已经赴罗马尼亚进行了初步商谈。此次访问罗马尼亚，目的是正式签订中罗两国之间的第二个文化协定。

此次访罗是在1965年5月。于文涛说，这是他第一次出国。由于平时有写日记的习惯，代表团团长、对外文委副主任李昌交给他写访问记录的任务。罗马尼亚之行结束后，途经莫斯科回国前，李昌嘱咐他写一本系统、详细的访罗日记。回国后，于文涛便埋头整理资料，写成了6万余字的日记一本。这本日记经过对外文委办公厅印刷后，呈中央领导同志及国务院各部委外事部门参阅。于文涛告诉记者，团长李昌已于2010年秋去世，在这种情况下，当初的那本日记，作为中罗早期文化交流的鲜活记录，不可多得。

动真情的罗马尼亚兄弟

对于文涛来说，那次访罗有一种“乱花迷人眼”的感觉，短时间内接收的信息量非常大。这次出国让他领略到了文化交流的巨大作用，也让他掌握了一个对外工作的基本规律——无论何时，人与人之间的友好交往都是最重要的。“那次访问中结识了许多罗马尼亚兄弟，和他们之间的友情是我人生最美好的记忆之一。”

中国政府文化代表团在罗马尼亚进行友好访问的日子里，不论是在农村还是工厂，到处都能看到罗马尼亚人民奋发图强、积极创造社会财富的景象。代表团在布拉索夫参观汽车制造厂和工业学院，在林地进餐时，小提琴家们特别为中国代表团演奏了罗马尼亚音乐家埃奈斯库的名曲和中国民歌《牧羊姑娘》；在港口城市康斯坦察，参观造船厂，登上了为中国制造的轮船，参观了古城遗址；代表团还走访了布莱伊拉、杜尔恰、多瑙河三角洲、黑海之滨的玛玛亚等地……不过，与罗马尼亚的自然、社会风貌相比，亲切可爱的罗马尼亚朋友的音容笑貌，在于文涛的脑海中占据了更重要的位置。

到达罗马尼亚的第一天晚上，在下榻的饭店吃饭时，一位罗马尼亚女高音歌唱家演唱了一首《昨天晚上刮着风》。对这首歌曲，于文涛可是熟得不能再熟了——此前，罗马尼亚歌舞团于 1956 年访华时，于文涛便得到了这首歌的歌谱和中文译词，很快完成了为其配歌的任务。歌曲发表后，中央人民广播电台向全国广大听众播放、教唱。于文涛将此事告诉了当时陪同中国政府文化代表团的罗方翻译罗明先生，罗明大喜过望。

作为罗马尼亚第一批来华学习的留学生，罗明曾在北京大学学习中文，是当年来华学习汉语的苏联东欧国家留学生中的佼佼者，能说一口极其流利、标准的普通话，如果闭上眼睛听他讲中国话，根本不会相信他是罗马尼亚人。周恩来总理生前到罗马尼亚访问时，经常由他担任翻译。周总理鼓励学罗语的中国留学生要下苦功夫学习，要把罗语学得像罗明的中国话那样好……后来，罗明再次来到中国，任驻华大使多年，一直没有忘记于文涛的这份情谊。此外，在多瑙河三角洲，于文涛还结识了曾在中国玉门油田帮助建立石油基地的罗马尼亚机械师瓦西列斯库。他在中国工作了5年，中国话讲得也很地道，在留言本上写的是汉字。令人惊讶的是，他还能讲西北地方话……

于文涛说，当时罗马尼亚人在谈到罗马尼亚取得的成就时，往往把话题转到罗马尼亚曾经的苦难岁月，常常聊起1866年从德国"进口"的罗马尼亚国王卡洛尔一世。这位国王刚到罗马尼亚的时候，手里提着一个皮箱，里面装了两条破裤衩，可是过了几年，摇身一变成了大富翁——他把罗马尼亚人民用血汗创造的财富卖给了帝国主义者和外国资本家。在参观锡纳亚皇宫时，这位国王的奢侈生活展现在中国政府文化代表团的面前：皇宫的修建花了整整40年的时间，直到1914年才正式完工。建筑是德国式的，里面有德国的兵器、意大利的艺术品和家具、日本的花瓶、阿拉伯式的喷泉、法国式的剧院、英国式的音乐厅……唯独没有一件东西是罗马尼亚的。"'进口'的皇帝骑在我们罗马尼亚的脖子上，这就是我们过去的处境。"的确，罗马尼亚人民曾深受封建地主、反动政权和帝国主义的重重压迫——这种经历与中国人民经受的苦难是如此的相似！正是出于对苦难的感同身受，中国人民与罗马尼亚人民才能够畅所欲言、毫无隔阂地相识、相知。

法国蒙居涌意外重逢

后来，由于工作安排，于文涛10多年没能再访罗马尼亚。想不到的是，他和一些罗马尼亚朋友却在法国“喜相逢”了。1981年，于文涛随中国歌剧舞剧院前往法国参加蒙居涌国际民间艺术节。在到达蒙居涌后，得知罗马尼亚埃尔塔艺术团也来到了此地，于文涛立刻向负责接待的蒂玛小姐打听到了该团的住地。原来，除了中国代表住在镇上，其他各国都安排在几十公里以外的学校里，每天中午、晚上到镇上来吃饭。果然，当天下午，于文涛在街上就碰到了艺术团的艺术指导，大家相约第二天中午吃饭后在食堂外的场地上联欢。

大家以最快的速度吃完午饭，来到食堂外的树下，只见罗马尼亚朋友已经等候多时了。两国演员在树荫下、鲜花旁，三三两两，表友情、叙衷肠……大家都没想到，居然能在法国艺术节与异国朋友重逢。

艺术团团长瓦西里把一本杜尔恰画册送给了中国代表团。于文涛接过画册，仔细浏览那些自己曾经到过的地方。这时，一位罗马尼亚同志走上前来，握住于文涛的手，说：“同志，我看你很面熟，你曾经到过杜尔恰。当时，我陪你参观过杜尔恰的资源博物馆，咱们一起在多瑙河上游览……”这时候，于文涛认出了他，“你不是盖尼亚同志吗？”两人紧紧拥抱在一起，禁不住热泪盈眶。瓦西里团长见两人如此亲热，恍然大悟道：原来你们早就认识了。

★于文涛（中）与比利时民间歌舞团团长夫人（右）、张晓萍（左）合影。

于文涛心中一直惦记着一件事情，决定借这个机会告诉罗马尼亚朋友们。在上次访问卡拉茨的时候，一天傍晚，大家在街上漫步，一群罗马尼亚小姑娘围着他们问："中国叔叔阿姨，你们有没有猴皮筋？跳猴皮筋可好玩啦，听说中国的小朋友都喜欢跳猴皮筋，是吗？中国来我们这里的歌舞团的阿姨给过我们许多猴皮筋，但现在都已经玩坏了……"大家满怀歉意地告诉她们这次来没有带，以后再来一定带一些送给她们玩。这么多年过去了，这些孩子早已经长大成人，虽然她们已经不会再玩猴皮筋，但于文涛却总觉得欠了孩子们的情，当年的承诺成了一个没有兑现的诺言。于文涛说完后，瓦西里团长和盖尼亚紧紧地搂住他的肩膀，激动地说："你啊，这点小事竟一直放在心上，太让我们感动了。"

"尽管分别已有多年，但每当想起我的罗马尼亚兄弟们，心中总是感到温暖、亲切。"于文涛动情地说，"真希望世界上没有战争，那种人与人之间友好相处的感觉太叫人怀念了。"

本文采访时间：2010 年　采访人：叶　飞

王 昆

歌唱家，生于 1925 年，祖籍河北唐县。1945 年毕业于延安鲁艺戏剧音乐系，曾在新歌剧《白毛女》中饰主角喜儿，并演出秧歌剧《兄妹开荒》、《夫妻识字》等。后任华北联合大学文工团演员。新中国成立后任中央实验歌剧院演员，受教于苏联专家梅德维捷夫和我国歌唱家林俊卿。1954 年入中央音乐学院进修。后历任东方歌舞团艺委会主任、团长，中国文联第四届委员，中国音协第二、三届理事，全国妇联第四届执委。是中共十一大代表，第一至三届全国人大代表，第五、六届全国政协委员。曾参加大型音乐舞蹈史诗《东方红》的演出。她积极探索中国民族唱法规律，在民间唱法基础上，吸收西洋发声的长处，发展了自己音色明朗、感情质朴、处理细腻的演唱风格，成为中国歌坛民族唱法的开拓者和奠基者之一。代表曲目有《南泥湾》、《翻身道情》、《秋收》、《农友歌》及歌剧《白毛女》等。

★ 1951 年，中国青年文工团赴德国柏林参加第三届世界青年与学生和平友谊联欢节，随后去几个国家进行访问演出。图为王昆和当地孩子在一起。

掌声为新中国民族艺术家响起

——王昆谈参与新中国早期文化交流活动感悟

在金碧辉煌的德累斯顿剧院，从山沟里出来的新中国文艺工作者们眼界大开，头一回在演出结束之后谢幕。记得当给黄世仁的扮演者献花的时候，台下有人喊："不要给他！"结果鲜花都纷纷塞到"喜儿"王昆的怀中，满满的，让人激动不已。当王昆捧抱着缤纷鲜艳的鲜花走到后台的时候，颇为民族唱法在海外的成功而自豪和骄傲。

2010年8月26日，非常凑巧的是文化部外联局和中国文化报社联合主办的“岁月如歌——新中国文化交流早期记忆”栏目开栏一周年的日子。2009年8月26日，作为这一栏目的开篇之作，《中国文化报》刊登了记者采访周巍峙先生的文章——《不能忘记那些壮丽的日子》。时隔一年，一直因忙碌或生病无法接受采访的周老的夫人王昆，终于有心情坐在自己位于北京南城的宽敞安静的家中，静静地向记者回忆半个多世纪之前的片段往事，以及这些往事留给她的对于艺术与生活的深切感悟。

捷克人不理解：杨白劳怎么可能不穿外套？

85岁高龄的王昆是享誉中外的杰出民族歌唱家，延安时期就曾在歌剧《白毛女》中饰演喜儿，担任过东方歌舞团艺委会主任、团长等职务，并参加过大型音乐舞蹈史诗《东方红》的演出。作为新中国最早走出国门参与对外文化交流的艺术家之一，王昆对参与新中国早期对外文化交流活动的经历记忆犹新。说起1949年8月第一次出国到匈牙利参加第二届世界青年与学生和平友谊联欢节、1953年去罗马尼亚参加第四届世界青年与学生和平友谊联欢节及去朝鲜进行友好访问演出、受教于苏联专家梅德维捷夫等往事，王昆感慨良多。但是她坦承记忆有些不太精确了，那时不懂得留资料，除了拍下少数照片（大多在“文革”时期被毁掉了），没有留下一星半点的影像声音资料。

王昆清晰地记得，1949年8月新中国成立之前派出由肖华任团长、廖承志等为副团长的中国文化代表团赴匈牙利参加世界青年与学生和平友谊联欢节，其中的青年文工团由李伯钊任团长和书记，周巍峙等任副书记、副团长，带去了《打击侵略者》、《牛永贵负伤》等一些新戏，中国将要胜利的喜悦弥漫在艺术工作者的心田。

从那个时候开始，王昆就感受到新中国领导人对艺术个性的尊重和欣赏。入选青年文工团的歌唱演员无论王昆还是郭兰英与李波，个个都是艺术个性鲜明、嗓音独一无二的艺术家。

王昆记得，当时带去的节目分作三个部分，一是民间歌曲独唱和合唱；二是延安时期创作的秧歌剧；三是腰鼓和大秧歌，节目内容都是反映新生活、歌颂社会主义的。中央领导同志对新中国派出的第一个文化代表团非常重视，毛主席、周总理、朱总司令专门接见了代表团成员。周总理指着王昆向毛主席介绍说，这是王鹤寿的侄女，毛主席高兴地对王昆点头微笑。

★ 1949 年，中国青年代表团在莫斯科与著名作家法捷耶夫和马尔夏克会见，前排左二为王昆。

当时还没有国旗，代表团在匈牙利举的是八一军旗。在匈牙利，王昆独唱的一首陕北民歌《感谢毛主席》，第一次用艺术的形式把毛主席介绍给世界人民，她那嘹亮动人的歌声和充满激情的表演，受到了各国艺术家的热烈欢迎。歌词的大意是：

我老婆今年五十三～家住边区延安县
男种地来女纺线～不愁吃来不愁穿
咱边区好比那～地上天堂
享幸福全靠那共产党～家家户户呀喜洋洋
毛主席好比那天上明灯
领导着百姓翻了身～给咱们过的好呀光景
年年过了腊月二十三～家家户户忙着过新年
推豆腐，磨白面～全家团圆好喜欢
毛主席共产党万万年

出国时间比较长的是1951年赴民主德国参加第二届世界青年与学生和平友谊联欢节，那次出国整整在外面呆了一年。《白毛女》是王昆参加的重点剧目，她在剧中饰演喜儿。这是《白毛女》第一次出国演出，外国观众能接受这部戏吗？王昆的心里并不是特别有底。在金碧辉煌的德累斯顿剧院，从山沟里出来的新中国文艺工作者眼界大开，头一回在演出结束之后谢幕。记得当给黄世仁的扮演者献花的时候，台下有人喊："不要给他！"结果鲜花都纷纷塞到"喜儿"王昆的怀中，满满的，让人激动不已。当她捧抱着缤纷鲜艳的鲜花走到后台的时候，颇为民族唱法在海外的成功而自豪和骄傲。此后，《白毛女》等剧目还在苏联轮管的奥地利维也纳金色大厅进行了表演，这是新中国艺术家首次在那座著名的音乐厅登台亮相，而且大获成功。

说到那时经历过的有趣故事，王昆不禁露出了笑容。那时候，真是有太多有意思的故事了，那一幕幕往事的片段，总是不时在她的脑海里重现。

1953 年，王昆到罗马尼亚参加第四届世界青年与学生和平友谊联欢节。除了对一流的剧场设施和歌剧、芭蕾等表演印象深刻之外，捷克人演出的话剧《白毛女》也让她非常难忘。自从歌剧《白毛女》在东欧上演之后，一些捷克的朋友非常喜欢，他们唱不了中国的音调，便改编成话剧进行演出。王昆等来自新中国的艺术家应邀前往观看，王昆说，记得捷克的《白毛女》风格很有意思，让人看得津津有味。捷克的《白毛女》装束也很戏剧化，有一个细节是杨白劳顶着大风大雪进了屋，脱了外衣挂在客厅里，外衣上落着补丁。王昆对他们说，杨白劳根本没有外衣，他穷得只剩下一件单衣。捷克人很不理解，这么冷的天气怎么可能只穿一件单衣呢？生活富裕的欧洲人对于旧中国的苦难无论如何也不能完全理解。对于王昆的意见，捷克人摇摇头，一副很无奈的样子。

在苏联的坦丁阁剧院演出时，政治家莫洛托夫和坎诺维奇等参加欢迎中国代表团的宴会。“喜儿”王昆被安排坐在坎诺维奇旁边。坎诺维奇对“喜儿”说：“多吃点呀，你都三年没有吃过饱饭了。”王昆与莫洛托夫和坎诺维奇的合影还登上了杂志的封面。王昆说，可惜当时没有留资料的意识，很多重要的历史镜头都只是装在自己的脑子里，无法复制成影像和图片资料。

★ 1951 年，参加第三届世青节，图为王昆、陈强演出《白毛女》。

★ 1953 年冬，随以贺龙为总团长的第三届赴朝鲜慰问团访问朝鲜的艺术团歌唱家们。左起：黄源尹、喻宜萱、周小燕、王昆、楼乾贵、姜蝶、李志曙。

★ 1953 年，参加第四届世界青年联欢节期间，在罗马尼亚首都布加勒斯特的大街上和罗马尼亚的民间艺术家相遇。前排右起：歌唱家郑兴丽、声乐教授高芝兰、王昆、歌唱家林俊卿、唢呐演奏家任同祥。

★ 1951 年，中国青年文工团赴德国柏林参加第三届世界青年与学生和平友谊联欢节，随后去几个国家进行访问演出。图为王昆在游船上。

周总理很奇怪："你也要去音乐学院？"

说起新中国早期文化交流的往事，王昆最为难忘的是敬爱的周恩来总理对自己的关怀和教导。而在诸多周总理的亲切指示之中，充分尊重艺术个性对她的启发和影响极大。其实，自从王昆参加革命文艺工作，周恩来总理的关怀就一直温暖着她。作为声音独特的歌手，王昆对周总理对艺术家艺术个性的重视体会很深，这样的指导思想直到今天依然深深影响着她。

1954 年，王昆进入当时在天津的中央音乐学院学习。那时有一种说法，用"洋方法"可以使民族唱法变得更好。周总理知道此事后感到很奇怪，他问王昆："你也要去音乐学院？"周总理一直认为王昆的唱法很有特点，声音激越、嘹亮，自成一体。因此，得知王昆去音乐学院学习的消息，周总理对王昆说："你不要改变你的唱法，如果有一天人们在无线电里听不出你的声音了，连我也不认识你的声音了，经人提醒才知道这是王昆的声音，那你的学习就失败了。如果你的声音更顺了，那你的学习就有成效了。"

从那个时候开始，王昆就很注意保有自己的演唱个性。她积极探索中国民族唱法规律，在民间唱法基础上，巧妙吸收西洋发声的长处，比如气息的处理和运用，很好发展了自己音色明朗、感情质朴、处理细腻的演唱风格，成为中国歌坛民族唱法的开拓者和奠基者之一。不但她自己的演唱富有个性，在她担任东方歌舞团团长期间，所培养和选拔的人才也十分富有艺术个性。王昆做主帅时期的东方歌舞团群星荟萃，曾涌现出成方圆、牟玄甫、索宝丽、朱明瑛、郑绪岚、远征、任雁、程琳等一批艺术个性鲜明的歌唱家。郑绪岚刚报考东方歌舞团的时候，并不被人看好，被称为"声音小得像蚊子，活像一个受气包"，很多人主张不予录取。王昆敏锐地发现了郑绪岚声音甜美、亲切，乐感又好，力主大胆培养和使用郑绪岚，果然收获了奇效。王昆认为，艺术个性关乎艺术的生命和价值，不应被人为地抹杀和压制。在艺术的舞台上，百花齐放才是春，千人一面令人厌。她让每个歌唱演员根据自己的声音特点进行训练，用真诚的艺术态度和责任心对待观众。

“文革”期间，王昆身陷囹圄，当她于1976年12月22日复出之后，邓颖超大姐亲自打电话给她说，“恩来同志生前经常提到你们，很关心你们。”“恩来同志病中最痛苦的时候，我们就给他听他最喜欢的音乐，这里面就有你的歌唱。”

周总理撮合3个“白毛女”见面的故事，更是一段动人的历史佳话。在1955年的国庆招待会上，较早落座的王昆突然发现全场有限的几个记者拿着相机纷纷朝自己走来，原来是周总理带着日本著名芭蕾舞演员松山树子朝自己走来，并坐到了自己的身旁。周总理亲自将王昆和田华介绍给松山树子，说松山树子这次能来中国很不容易，是从第三国而不是从日本来的。她把《白毛女》改编成芭蕾舞剧在日本演出，并且亲自饰演喜儿。三个“喜儿”从此开始了不同寻常的跨国友谊。1958年，松山芭蕾舞团访华，与中方交流演出《白毛女》。日本演员观看了王昆出演的一幕《白毛女》后，所有演员泣不成声，她们在随后上台表演芭蕾舞剧《白毛女》的时候，眼睛还是红红的。1977年，王昆利用赴日本访问的机会，专门去看望了松山树子，并且在松山芭蕾舞团的排练厅，为松山树子示范表演的《北风吹》亲自伴唱。

★松山芭蕾舞团演出《白毛女》。　梁沆修供图

东方歌舞团最早的台柱子

王昆回忆说，东方歌舞团是在周恩来总理和陈毅元帅的亲自倡导下，于1962年1月13日正式成立的。创办这样一个歌舞团的决定，是周总理1960年带着刀美兰等艺术家访问缅甸之后，几个文化负责同志根据形势的需要和优秀的文艺演出在新中国外交方面所发挥的独特作用，在飞机上做出的一个重要的决定。周总理生前一直很关心王昆的艺术表演，常常出席王昆的演唱会，并时常发表用心良苦的“观后感”。总理点名要王昆到东方歌舞团工作，担任艺委会主任。作为一名富有艺术个性的民族歌手，王昆成了当时最受欢迎的台柱子。东方歌舞团以演出亚非拉及外国民族节目而大放异彩。建团一年之后，已拥有30多个国家的80多个上演节目，不到4年的时间，已出访过亚非拉欧多国，所到之处，都受到当地观众的热烈赞扬。周总理更是把东方歌舞团看作是新中国对外文化交流的特殊名片。早年的东方歌舞团的办团方针是一定要学好学像中外艺术表演，一方面认真学习世界各地的民族歌舞在国内外演出，一方面也高质量地学好中国的民族民间艺术去国际上交流演出。

王昆还记得，那时的学习真的是精益求精，而让中国观众喜欢外国不同风情的舞蹈，也有过一些小小的曲折。有一次，东方歌舞团为朝鲜领导人崔庸健表演朝鲜舞蹈，崔庸健认为女演员服装的飘带不像，周总理便立刻让团里更换飘带。还有一次，东方歌舞团去大连演出从古巴学来的恰恰舞，一些大连观众认为恰恰舞不停地扭屁股很不健康，是黄色舞蹈。陈毅知道了以后哈哈大笑说：“我就不信偌大的中国扭两下屁股就扭垮了！”还有人说东方歌舞团的歌唱演员拿话筒的姿势像咖啡馆里卖唱的，任仲夷同志听后坚定地说：“工具握在谁的手里就为谁所用，拿在无产阶级的手里就为无产阶级所用。”有了领导同志的鼓励，东方歌舞团才得以放开胆子去学习外国的艺术。而观众在经历了惊讶不适之后，也逐渐喜欢和接纳了各种不同风格的国外歌舞艺术。

★ 1955 年访问印度时为印度朋友演唱。伴奏者为演奏家王铁锤（左四）、作曲家吕启明（右三）、歌唱家邹敏。

★ 1955 年访问印度期间与印度舞蹈家拉哈曼女士（左一）在一起。右一为舞蹈家余颖。

王昆说，参与新中国对外文化交流的经历启发了自己一生的艺术之路。“我从农村出来，文化程度也不高，能够取得今天这样的成绩，靠的是自己的不懈追求，靠的是不断学习和借鉴各国各类艺术经验和成果，以及多接触好人，交好的朋友。”她说，参与对外文化交流的经历极大地开阔了她的艺术视野，见到很多前所未见的东西，丰富了自己的艺术积累。早年出国艺术团特别注重观摩出访国家的优秀艺术表演，在每次的行程中学习和观摩的时间往往超过演出的时间，使得中国艺术工作者们受益匪浅。在长年的对外艺术交流中，王昆无比深切地感到外国观众对民族味道浓郁的演出格外喜爱。

从王昆老师的回忆和感悟中，记者可以充分领略出一种艺术大家的风范。遥想当年，一大批新中国文艺工作者虚心学习外国艺术成果和经验，勤学苦干，刻苦钻研艺术，奠定了新中国文艺大厦的基础。老一代艺术家在艺术上虚怀若谷、海纳百川、永不满足的追求精神，的确值得现在的文艺工作者很好地借鉴和思索。

本文采访时间：2010 年 | 采访人：张小兰

高　莽

1926年生于哈尔滨，翻译家、作家、画家，笔名乌兰汗。著有散文集《久违了，莫斯科！》、《妈妈的手》、《画译中的纪念》等。长期在各级中苏友好协会及外国文学研究所工作，从事翻译、编辑、俄苏文学研究和中外文化交流与对外友好活动，同时从事文学与美术创作。曾任中俄友好协会理事、中国翻译工作者协会理事、俄罗斯作家协会名誉会员。1999年，获中俄友协颁发的“中俄友好纪念奖章”和俄中友协颁发的“俄中友谊纪念章”，同年获俄罗斯科学院远东研究所授予的名誉博士称号。

★高莽 1953 年访苏时在运河上接受苏联民众递来的鲜花。

中苏文化名人交往剪影

——高莽忆新中国早期中苏文化交流

现年 84 岁的高莽从事了一辈子文化交流工作，身兼翻译家、作家、画家多重角色，积累了重重叠叠的关于新中国对外文化交流的故事，随便一张口，就可以道出一段生动的历史。其中，给他留下深刻印象的有茅盾与苏联作家谈论海明威的故事。

在记者参与“岁月如歌——新中国文化交流早期记忆”项目的采写过程中，对高莽的采访是最容易也是最困难的。从事了一辈子对外文化交流工作，身兼翻译家、作家、画家多重角色，高莽这样一位84岁高龄老人的身上，积淀了层层叠叠的关于新中国文化交流的故事，他随便一张口就会道出一段值得铭记的历史，采访因此进行得非常顺利。茅盾、老舍、丁玲等新中国老一辈文化名人的对苏交往故事中都少不了高莽的身影，因而，素材之丰富又让记者难以取舍，本文只能截取一二片断。

★ 1955年高莽给卓娅妈妈做翻译。

茅盾与苏联作家谈海明威

在新中国成立后的很长一段时期内，中国政府执行向苏联“一边倒”的外交政策。当时，中苏两国之间关系密切，两国文化人互访频繁。茅盾作为新中国首任文化部长、中国作家协会主席，经常接待苏联文艺界使者。那时，高莽是中国作家协会成员，又是中苏友好协会总会联络部的工作人员，因而担任过茅盾的翻译。茅盾出国访问时，他有几次随同前往。高莽说，虽然许多年过去了，很多事忘记了，但是“茅公”作为新中国老一辈文化名人的见识、气度令他感佩至今。其中，让高莽记忆最为深刻的就是茅盾与苏联作家谈海明威的故事。

1955 年 10 月，茅盾在北京市西总布胡同作家协会外联部接待了以苏尔科夫为首的苏联文化代表团。茅盾与苏尔科夫当时都是各自国家作协的领导人，都属于老一辈作家。而且，早在 9 年前访苏时，茅盾便与苏尔科夫相识。那天，老友相会十分热情，谈得很随便。

不过，当话题转到海明威的中篇小说《老人与海》时，二人的观点出现了分歧。茅盾肯定了海明威在这篇小说中的成就，说主人公老人的性格和心理刻画有深度、有功力。苏尔科夫则认为海明威的作品带有悲观和宿命论的色彩，对社会主义国家的青年读者有消极影响；他从苏美关系的角度对待美国文学，认为《老人与海》不值得推广。《老人与海》于 1956 年在茅盾主编的《译文》即后来的《世界文学》杂志上发表了，读者对小说反映甚好。在那个处处以苏联为榜样的时代，刊物上能发表这样一篇作品是很需要突破精神的。一两年以后，苏联的《外国文学》杂志也发表了《老人与海》。高莽说：“可见，我国像‘茅公’这样学识渊博、融通中外、具有独到见解的老一辈作家，对待外国文学的评价要比苏联同行更有远见，更加公道。”

老舍帮季什科夫译出“京味儿”

新中国成立初期，老舍回国后，曾于1954年、1957年、1959年三次出访苏联，高莽则三次作为翻译随行。老舍的为人不仅让很多中国人佩服，也打动了苏联人。

1954年冬天，苏联举行第二次作家代表大会。我国派出了以周扬为团长、老舍和丁玲为团员的代表团前去祝贺。苏联作协派一名叫做季什科夫的汉学家陪同。季什科夫告诉高莽，他是自己主动争取来陪团的，因为知道代表团成员中有老舍先生，而他正在研究和翻译老舍的作品。季什科夫这个“粉丝”当得挺敬业，陪团期间，他总是呆呆地盯着老舍，听他怎样讲话，看他怎么走路、怎样抽烟和吃饭，有时甚至看得出神。高莽问他怎么了，他回答说：“我想从各方面更深层地了解老舍先生。”

季什科夫虽然翻译中国文学作品，但汉语讲得并不是太好。一天，他拿着一个本子给高莽看。本子上写的都是老舍小说里的词汇，有些是北京土话，一般外国人比较难懂。高莽建议他直接请教老舍先生，他不肯，说拿这些问题打搅他，不好意思。高莽把他的话原原本本地告诉了老舍，老舍没有作声，只是“啊啊”点了点头。

可后来高莽发现，老舍总是有意拉着季什科夫一块坐车、一起走路。老舍故意跟他讲些北京方言，让他听，问季什科夫：“你懂这是什么意思吗？”季什科夫脸上一阵绯红。老舍接着笑眯眯地说明这些话的来历与含义，讲得深入浅出，季什科夫听得饶有兴趣。

★ 1954 年来华访问的画家格拉西莫夫。

老舍精通英文，翻译过不少文学作品。他了解翻译的苦衷与艰难，知道自己的作品哪些地方令外国人难于理解。老舍像是在与季什科夫聊天，其实他的话是有针对性的，不只解决了季什科夫的个别问题，而且让他在潜移默化中理解了中国字的搭配、北京土语，和老舍本人的作品的语言特色。有一天，季什科夫激动地对高莽说："老舍先生真是神了，他怎么给我解决了那么多语言上的难题？"

后来，季什科夫在翻译老舍的作品上下了很大的功夫，翻译了《月牙儿》、《善人》、《也是三角》、《龙须沟》、《方珍珠》等。他翻译的《月牙儿》一版再版，已经成了经典译文，后来还译成了俄罗斯的盲文。

★ 1961 年在莫斯科，我国登山运动员王富洲访问苏联时，高莽担任翻译。

★ 1957 年与俄作家、巴金等上海作家在一起。

老波把《阿 Q 正传》搬上苏联舞台

在高莽记忆里的对外文化交流故事中，最鲜活的大概是苏联作家、新闻记者鲍里斯·波列伏依的三万里中国行。1956 年，波列伏依等人应邀前来北京参加鲁迅逝世 20 周年纪念大会。会后，高莽陪同波列伏依到西安、成都、重庆、上海、绍兴、苏州、洛阳、武汉等地进行了一个多月的访问。在华期间，波列伏依给自己取了个中国名字叫“老波”。

在访问过程中，高莽听老波断断续续地讲了如何把鲁迅先生的小说《阿 Q 正传》改编成话剧，并搬上一家工厂俱乐部的舞台的过程。《阿 Q 正传》是鲁迅第一篇被译成俄文的小说，也是五四运动后最早被介绍到苏联去的中国新文学的代表作之一。在此之前，高莽只知道《阿 Q 正传》在苏联出版的事，还不知道在上世纪 30 年代就被一些苏联文学爱好者改编成话剧，并在一个俱乐部里演出了。它的改编者之一，便是老波。

那时，老波还是个共青团员，在特维尔市一家纺织工厂里工作。当全苏人民注视着中国阶级兄弟的英勇斗争时，鲁迅的小说传到了这座古老的俄罗斯工业城市。它在共青团员中风行一时，很多人抢着阅读。老波利用自己跟列宁图书馆青年俱乐部的女管理员相识的关系，近水楼台，先睹为快。他回忆初读鲁迅著作的心情，说道：“我们突然获得了一本小说集，扉页上是当时我们完全不熟悉的人名：鲁迅。书中描写的不是皇帝妃子的故事。我们从中发现了一个普通的、悲惨的，同时又无疑是真实的阿 Q。”谈到改编《阿 Q 正传》时，他说：“我还清清楚楚地记得这个不幸的人的悲惨结局。当时，这种结局和从中国传到我们身边的阶级斗争的声音不大相称。我们大胆地进行了改编，让这个可怜的雇工在一个当苦力的共产党员的宣传下，走上了革命斗争的道路。他到广州去了，在那里参加了广州起义，最后一幕是他为保卫广州公社，手擎飘扬的大旗，身染心爱的姑娘的鲜血，大无畏地奔向用桌椅堆起来的街垒……这出戏叫做《阿 Q 在广州的街垒上》。”

老波这种对中国文学、对中国的热情在那次访问中得到了尽情的释放。在中国的每天，除了在火车上以外，天色还在朦胧未明时，老波就已经伏在案头座灯下，整理自己前一天的笔记了。午饭后，当别人去休息时，他仍然愉快地继续写作。他要求每天的活动日程排得不留一点空闲，他说：“苏联人民希望尽可能多地了解中国。我们是作家，被派来从事采访，时间很有限，没有权利放过一分钟。”临别的前一夜，老波像炫耀祖传珠宝一般，从皮夹里掏出了三百多页的手稿。清清楚楚的字迹，一排一排地横卧在蓝色小方格的纸上。他说：“这是我在中国劳动的证明！”然后又谦虚地补充了一句：“我仅仅是为中国人民的光荣劳动和宏伟业绩作了一点记录而已。”他的原稿相当于中文的 15 万汉字，也就是说 32 天中每天要写作 5000 字——这就是这位作家的劳动量，这让高莽至今依然佩服不已。

本文采访时间：2011 年　采访人：毛　莉

★ 1956 年与苏联作家在洛阳龙门石窟，左四为波列伏依，前排蹲者是高莽。

严良堃

生于1923年，湖北武昌人，合唱指挥艺术家。幼时自学乐理、和声，1940年在重庆首次指挥公演《黄河大合唱》。1949年在中央音乐学院任教并担任该校青年工作团合唱指挥。1952年任中央歌舞团合唱指挥。1954年赴苏联深造，为柴可夫斯基音乐学院指挥系研究生，1958年回国，任中央合唱团指挥。曾率合唱团多次去美国、加拿大、新加坡等国家演出，多次应邀赴海内外指挥及讲学。

★ 1959 年 10 月国庆十周年，中央乐团、中国广播合唱团联合演出贝多芬《第九（合唱）交响曲》。指挥：严良堃。

我们的血管是黄河的支流

——严良堃谈新中国早期合唱艺术的国际交流

上世纪 60 年代，日本也演出过《黄河大合唱》，由日本神户一个劳动者业余团体用日文演唱。歌词中有一句："自从鬼子来，百姓遭了殃"，一个日本小伙子问，这鬼子是谁呀？有人告诉他，这鬼子是日本军国主义者。结果该团体十分忠于原作，直接在说明书上注明：鬼子即日本军国主义。严良堃说，《黄河大合唱》在不同时期、不同国家、不同背景下的演出，或是面对不同的对象演出，都能产生激动人心的效应，这就是一部杰出的民族音乐作品的伟大力量。

很小的时候，和父亲一起看电影《东方红》，父亲指着银幕说，看，那是指挥严良堃，冼星海的学生。记忆中，那个镜头是从下往上仰拍的，细细的指挥棒在舞台的强灯下幻化成一朵朵银花……多么高大、神奇的一位指挥啊！

因文化部“新中国文化交流早期记忆”项目，记者得以采访这位已是87岁高龄的指挥大师。见到老人时，记者又惊又喜——严大师远没有想象中那么高大，身高不到一米七，但却精神矍铄，妙语连珠。从他的一言一行中，能感受到一种恬淡乐观的心境、一种从未消弭的激情，这是一笔来自灵魂深处的财富。

★严良堃的老师——著名作曲家冼星海。

《黄河大合唱》“专业户”抚今追昔

严良堃说，他经历了三次战争考验：抗日战争、解放战争和抗美援朝战争。上了两个音乐学院：南京国立音乐学院和莫斯科柴可夫斯基音乐学院。在他看来，自己在艺术上取得的成就是人民和党赐予的。自己成才了，心里只想着一件事，就是还愿于人民，尽全力为人民服务。严良堃打趣道：“前不久梦见去见周总理了，周总理说，你为人民服务的任务还没有完成呐，来这里干嘛？快回去！我就又回来了。”如今，严良堃参与讲学、演出、指导业余团体等活动从来不计报酬。

严良堃笑称自己是《黄河大合唱》“专业户”，这辈子已经指挥了不下千场《黄河大合唱》。对于这一点，无论对于业内人士还是媒体记者都是了然于心的：冼星海用 6 天时间创作出了《黄河大合唱》的最初版本，这 6 天里时刻伴随在他身边的就是严良堃。严良堃从 17 岁开始指挥《黄河大合唱》，即便 81 岁那年做了心脏搭桥手术，康复后他立马再度拿起了指挥棒。可以说，《黄河大合唱》成就了严良堃的指挥生涯，严良堃则令《黄河大合唱》的歌声响彻了祖国大江南北乃至海外各地。不过，他从没有因稔熟而消退了激情，因为，对他来说，《黄河大合唱》绝不仅仅是一个合唱作品，而是他 60 余年的生命体验，是他心中永远的冼星海。

严良堃回忆说，《黄河大合唱》在武汉首演时，乐队只有两三把小提琴，二十来件民族乐器，低音弦乐器是用煤油桶制成的，打击乐器有脸盆，还用大勺子在搪瓷缸子里搅动制造音效……在这支不能再原始的乐队的伴奏下，40 多位热血青年放声高歌，《黄河大合唱》就这样被唱响了。

严良堃说，冼星海十分敬仰苏联音乐，并与普罗科菲耶夫、哈恰图良、格里埃尔等苏联作曲家交往、学习。“冼星海在苏联创作了《第二交响曲神圣之战》等一批国际主义题材的音乐作品。可以说，苏联革命音乐对中国音乐事业具有历史性贡献。”后来，严良堃于1954年赴苏联深造，成为柴可夫斯基音乐学院指挥系研究生，主修交响乐及合唱指挥，师从阿诺索夫、索柯洛夫二位苏联音乐家。阿诺索夫非常爱惜人才，而且一直对中国人民特别是对他曾教过的中国学生怀有深厚的感情，不管政治局势有什么变化，他都毫无保留、全心全意地教学。课余时间，严良堃抓住一切机会，观看了欧洲古典的、近代的、民间的各种不同风格的合唱团的演出，眼界大为开阔，了解了世界合唱艺术的水平。

那时候，新中国的音乐学校和演出团体中选拔出来的一批精英都在莫斯科学习过，除了严良堃外，还有吴祖强、杜鸣心、朱践耳、李德伦、郭淑珍，之后还有郑小瑛、盛中国、林耀基、殷承宗等50多位。后来，这些留苏学生学成回国，成为中国音乐事业的栋梁。

《黄河大合唱》在海外流传

莫斯科柴可夫斯基音乐厅于1957年演出俄文版《黄河大合唱》对严良堃来说意义非凡。“当时正逢苏中友好年活动，我、李德伦和郭淑珍都在莫斯科念书。那天，郭淑珍唱的是‘黄河怨’一段，李德伦担任指挥，我是艺术顾问。郭淑珍唱中文，苏联合唱团唱俄文。有意思的是，俄文演唱时将‘黄’字分成‘hu’和‘ang’两个音节发出。那个时候，我们感觉很骄傲——过去是我们用中文唱外国歌曲，这次是他们用俄文唱中国歌曲。”

不过，严良堃表示，《黄河大合唱》在新中国成立之前便在海外流传开了。最早是音乐家刘良模于1940年把《黄河大合唱》的乐谱带到了美国，第二年，纽约附近一所大学的合唱团就用英文演出了《黄河大合唱》。1942年春节时，在缅甸曼德勒云南会馆，由词作者光未然担任总领队的“缅甸华侨战工队”连续3天演出《黄河大合唱》，在眉谬、西保、腊戌等缅甸主要城镇巡回演出。1945年10月24日，联合国正式成立的庆祝会上，美国黑人歌王保罗·罗伯逊用英语演唱《黄河大合唱》中的“黄河颂”，当时的乐谱是由宋庆龄提供的。

严良堃说，鲜为人知的是，上世纪60年代，日本人也演出过《黄河大合唱》。那是在1964年，由日本神户一个劳动者业余团体用日文演唱的，乐谱由音乐家吕骥提供。歌词中有一句是“自从鬼子来，百姓遭了殃”，一个日本小伙子问，这鬼子是谁呀？有人告诉他，这鬼子是日本军国主义者。结果该团体十分忠于原作，直接在说明书上注明：鬼子即日本军国主义。

后来，《黄河大合唱》渐渐在海外流传开来。严良堃于1979年率中央合唱团赴菲律宾参加第一届国际合唱节演出以来，已在海外指挥了不下400场，演出地点包括日本、澳大利亚、美国、加拿大等数十个国家。“有时感到，在国外演出《黄河大合唱》，观众的情绪比在国内还激动。”严良堃说，“《黄河大合唱》在不同的时期、不同的国家、不同的背景下演出，由不同的演出组合演出，或是面对不同的对象演出，都能产生激动人心的效应，这就是一部杰出的民族音乐作品的伟大力量。”他说，有一次，在马来西亚演出，刚演完就下起了瓢泼大雨，大家都走不了，台下的观众就跟台上的演员互相拉歌，一位诗人即兴写了两句话：“《黄河大合唱》唱出了人们的心声，我们的血管是黄河的支流。”

新中国首次演“贝九”

谈起过去岁月中最令严良堃激动的演出和音乐作品，除了《黄河大合唱》，还有被称为世界交响乐、合唱艺术高峰的贝多芬的《第九（合唱）交响曲》。

新中国首次演出“贝九”，就是由严良堃指挥中央乐团演出的。那是在1959年，新中国成立10周年，演出是中央乐团准备的国庆三大献礼演出之一，另两大献礼是李德伦指挥肖斯塔科维奇的《第十一交响曲》和罗忠镕创作的《第一交响曲》。严良堃回忆说，当时，乐队成员的个人技术水平还很有限，又刚刚下乡劳动锻炼回来，很多地方一开始演奏起来十分吃力，合唱部分唱得也不到位。但是，“那时人们的热情和干劲非常高，大家集体攻关，互相帮助，相互分析技术问题，不光分声部练，还跨声部组成弦乐四重奏、管乐五重奏来练习，结果演出时大家唱得漂亮极了。”

中央乐团成功演出了“贝九”，大家就像过节一样。这件事情仿佛宣告了一个时代的到来。之后，全国各地许多乐团都开始演“贝九”，中央乐团的合唱团不时被“借”给这些乐团演出。后来，就连外国指挥也被吸引来指挥“贝九”，例如东德莱比锡交响乐团就曾来中国，与中央乐团的乐队和合唱团联合演出，他们的指挥冯·嘎兹指挥前3个乐章，然后将指挥棒郑重地交给了严良堃，由他来指挥最后的合唱乐章。演出后，这位德国朋友兴奋地说，中文“贝九”和德文一样好听，“席勒的诗仿佛是从中文翻译过去的一般。”许多没有机会指挥“贝九”的外国指挥闻讯赶来。1961年，苏联的权威指挥家阿诺索夫，也就是严良堃和李德伦的老师也来了。在苏联，他手里没有乐队，所以从来没有机会指挥“贝九”，这次他可过了把瘾。就连小泽征尔也曾于上世纪80年代来中国指挥了“贝九”，一遍下来，没挑出什么毛病，又将第四乐章从头到尾连着来了一遍。严良堃笑着说：“感觉中国当时成了世界各国指挥家练习指挥‘贝九’的试验田。”

★严良堃的苏联老师阿诺索夫

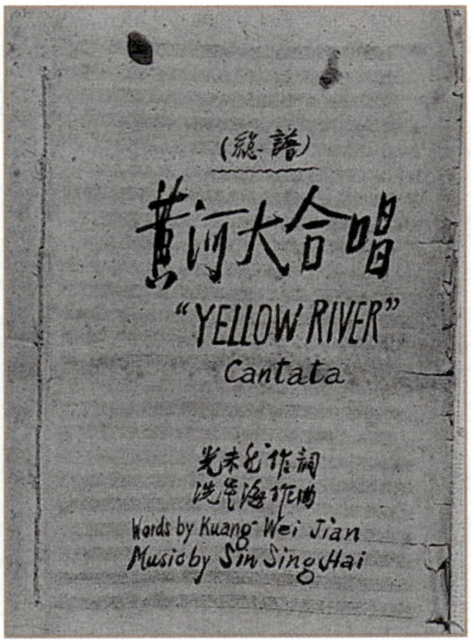

★《黄河大合唱》曲谱封面

★美国黑人歌王保罗·罗伯逊用英语演唱《黄河大合唱》中的“黄河颂”。

其实，除了《黄河大合唱》和“贝九”，严良堃还指挥过许多中外合唱名作，《长恨歌》、《海韵》、《娄山关》、《牧歌》等中国作品，贝多芬的《第三交响曲》、柴可夫斯基的《第四交响曲》、德沃夏克的《致新大陆》交响曲、海顿的《四季》、莫扎特的《安魂曲》等等都曾在他的指挥棒下展示出各不相同的音乐图景。此外，他还热情地扶持许多新作的首演，并使一些被遗忘的作品获得新生。不过，这位谦虚的指挥大师却始终称自己是个“打拍子的”，“这并不是我个人的成就，而是《黄河大合唱》等音乐所蕴含的内在精神和感染力让大家为之感动。”

“上台不要卖弄，不要表现音乐之外的东西。”这是冼星海对严良堃说过的话，严良堃一生都在认真地实践冼星海的这句真传。他从不有意表现自我和音乐内容之外的东西，而是在真诚地塑造音乐的同时不知不觉地塑造了自己。这大概就是严良堃的音乐和指挥风采使人着迷、长久回味的缘故吧！

本文采访时间：2010年 | 采访人：叶 飞

王铁锤

生于1932年，祖籍河北，著名竹笛、箫演奏家，中国北派笛子大师，中央民族乐团独奏演员，国家一级演员，政府特殊津贴荣获者。曾多次随我国音乐艺术团体出国访问演出，并在国际音乐比赛中获奖。多年来先后出版了《王铁锤笛子曲集》、《笛子吹奏入门》等书，并录制了《北派笛子大师王铁锤笛子独奏曲集》、《王铁锤笛、箫、巴乌、埙、葫芦丝演奏专集》等CD唱盘。

★王铁锤旧影。

他的笛声把印度“笛神”都吸引了

——演奏家王铁锤忆文化交流往事

1956 年访问印度时，王铁锤笛子演奏感染了台下的观众，他们振臂高呼：“印度，中国，友好，友好！”热情的印度观众送了鲜花，一位印度老人把用象牙雕刻的“笛神”送给他，说他的笛声把“笛神”都吸引了。

王铁锤老师已年近八旬，是一位精神矍铄、慈祥可亲的长者，从事笛箫吹奏近70年，是我国著名的北派笛箫吹奏大师。虽然与铁锤老师比较熟悉，但大多限于工作中的接触，这次探访铁锤老师使笔者有机会走进他的艺术世界，深入地了解他的从艺之路，并听他讲述新中国早期文化交流的悠远往事。

在世青节舞台上演奏

1932年，王铁锤出生于河北省定县子位村的一个民间管乐演奏世家，同族几十口人就能组建一支民族小乐队。由于从小受到民间音乐的熏陶，他7岁便跟父亲和吹歌会的艺人学习管子和笛子演奏，练习敲击乐器，演奏河北吹歌音乐。10岁开始登台表演。当时，村里经常来一些外边的吹奏班子，为了展示自己的本事，双方都会使出绝活，拿出看家本领，一争高低。在那样的环境里成长，造就了王铁锤永不服输和精益求精的工作态度。

★王铁锤旧影。

1947年，应华北联合大学文艺学院的邀请，王铁锤家乡的17位乐手前去演出，浓郁的民间风格、优美的旋律和活泼的演奏方式令师生们十分喜爱。不久，还未满15岁的王铁锤就被留在音乐系深造，当时的系主任是周巍峙。在联大文艺学院，王铁锤接受了正规的音乐教育，学文化、学乐理、识简谱，他如饥似渴地汲取艺术海洋里的知识。他常说："我的机遇真好，能遇到这么好的老师和这么好的学习环境，真是我做梦也想不到的事情。如果我不参加革命，走进艺术的殿堂，也许我一辈子都只是一个子位村的民间艺人。"因此，王铁锤十分珍惜这难得的学习机会，不敢有一丝一毫的懈怠。很快，他被调入华北联大文工团乐队工作，随部队转战华北、解放石家庄、进入北京城……从此，再没有放下过手中的笛子。

1949年，在匈牙利布达佩斯举办的第二届世界青年与学生和平友谊联欢节上，由作曲家李焕之改编的民族管弦乐合奏曲《放驴》生动诙谐，充满浓厚的生活气息，受到了外国朋友的热烈欢迎。演出中，王铁锤担任管子领奏，作品被首次灌成唱片。1952年，中央歌舞团成立，王铁锤调入该团民乐队工作。在此后的多次全国民间音乐会演中，他在完成自己的演出任务后，还会虚心地向各地的笛子演奏家学习，博采众长，不断地丰富自己，逐渐形成了自己独特的演奏风格。

印度老人送他“笛神”

1951 年，王铁锤参加了在柏林举行的第三届世青节。在国外长达一年的演出、参观、访问活动，使他眼界大开、受益匪浅，也激励了他决心努力继承和发展中国的传统音乐艺术。1953 年和 1955 年，王铁锤随艺术代表团到英国、美国、日本、印度、巴西、伊拉克、津巴布韦等 27 个国家访问演出，其中有许多是当时未与中国建交的国家。王铁锤和他的同事们牢记临行前周总理的嘱托，克服了很多困难，很好地完成了艺术表演和友好使者的双重任务。

让他印象尤其深刻的是 1956 年以吴晗为团长的中国文化代表团到印度访问。抵达新德里后，代表团受到了印度总统和总理的热情接见，在介绍了新中国成立后民间音乐歌舞继承发展情况后，团员们表演了节目。王铁锤用竹笛吹奏了古曲《小凉州》和表现农村结婚场面的《婚礼曲》，乐曲时而委婉深邃，时而欢快热闹，赢得了热烈的掌声。最后，他还和印度民间音乐家合奏了印度笛曲《帕蒂阿利》。乐曲欢快跳跃、幽默谐趣，优美的音乐感染了台下的观众，他们振臂高呼:“India China，拍依、拍依！（意思是印度、中国，友好、友好！）”热情的观众送上了鲜花，一位印度老人将用象牙雕刻的“笛神”赠送给王铁锤，老人说，王铁锤的笛声把印度“笛神”都吸引了。

代表团在印度参观访问近 3 个月时间，所到之处无不受到热烈的欢迎，此次访问也大大增进了中印两国的友谊。当印度前副总统拉达克里希访问中国时，毛主席在中南海颐年堂欢迎宴会上请王铁锤为客人演奏，他立刻吹奏了一首印度民间乐曲《求雨》，取得了意想不到的效果，再次受到了印度客人的称赞。

用笛声传递友谊

上世纪 60 年代初，陈毅副总理在钓鱼台国宾馆欢迎越南来访的胡志明主席。王铁锤演奏了《黄河边的故事》和《我是一个兵》两首曲子，胡志明主席很喜欢。不久，中国音协外事办的同志通知他，越南的两位音乐家专门为他写了一首笛曲《忆江南》，请他抓紧时间排练。当越南文化代表团来华访问时，王铁锤演奏了这首《忆江南》，受到了越南朋友们的热烈欢迎。

王铁锤的演奏之所以受到世界各地观众的喜爱，不仅是因为音色优美、感情充沛、气息饱满，还因为他能够演奏不同地域风格的作品。因此，在许多重要的外事活动、大型晚会和城市巡演中都能听到他那欢快的笛声。由他创作并演奏的《庆丰收》、《赶路》、《摘棉花》、《油田的早晨》等被中国唱片公司录制成唱片，并被编入音乐院校的笛子教材，甚至成为中国港澳台地区和新加坡等国家的演出曲目。如今，王铁锤老师已经离休十几年了。作为一名老文艺工作者，他离而不休，仍在为继承和弘扬民族管乐演奏而不懈努力。

本文作者：贾宗娜

梅兰芳

京剧表演艺术大师。江苏泰州人，名梅澜，字畹华、浣华。1894 年 10 月 22 日生于北京。在 50 余年的舞台艺术生涯中，形成具有独特风格的艺术流派，世称“梅派”。代表戏京剧有《贵妃醉酒》、《霸王别姬》等，昆曲有《思凡》、《游园惊梦》等。主要著作有表演艺术论文，出版有《梅兰芳文集》、《梅兰芳演出剧本选集》等。1961 年 8 月 8 日凌晨因病在北京逝世，终年 68 岁。

梅兰芳在促进我国与国际间文化交流方面作出了卓越的贡献，是我国向海外传播京剧艺术的先驱。他曾于 1919 年、1924 年和 1956 年三次访问日本，1930 年访问美国，1935 年和 1952 年两次访问苏联进行演出，获得盛誉。

新中国成立后，梅兰芳先后当选为全国人民代表大会代表、中国人民政治协商会议全国委员会常务委员、中国文学艺术界联合会副主席、中国戏剧家协会副主席，先后任中国戏曲研究院、中国戏曲学院、中国京剧院院长，1959 年 7 月加入中国共产党。

★梅兰芳访苏演出剧照。

向海外传播京剧艺术的传奇先驱

——梅兰芳与新中国早期对外文化交流

1956年访问日本之旅，由于敌对分子的仇视，演出过程并非一帆风顺。一天，梅兰芳在舞台上表演《贵妃醉酒》时，剧场有人从三楼扔下一堆传单。此时的梅兰芳沉着冷静、处之泰然，歌未断、舞未停，很快稳住了局势，向日本人民展现了一代艺术大师临危不乱的大将风范。惊慌的观众受他感染，平静了下来，继续看戏。梅兰芳以其个人魅力以及中国传统文化征服了日本观众。

梅兰芳先生在中国戏曲史上拥有不可替代的历史地位，是他率先将中国京剧带到了世界人民的面前。因而，他也是中外文化交流史上的传奇人物，是《金色记忆——新中国早期文化交流口述记录》一书不可或缺的重要人物。2011年，恰逢大师逝世50周年，京剧艺术家和戏迷们纷纷表达对大师的崇敬和追思之情。同是这一年，京剧入选联合国教科文组织“人类非物质文化遗产代表作名录”。

梅兰芳先生的次子梅绍武在追忆大师时说，先父一生在促进我国与国际间文化交流方面始终是不遗余力的。早在本世纪初，他就抱定要向海外弘扬祖国优秀文化艺术的宗旨，反驳当时国外流传的不少对中国戏曲的错误看法。他有意识地要把京剧艺术推向世界舞台，跟外国戏剧一比高低。2010年，梅兰芳的三子梅葆玖率北京京剧院梅兰芳京剧团赴美演出，正是为了纪念父亲赴美演出80周年。

梅兰芳与国际人士的交往，最早可追溯到1915年集中排演古装新戏期间。上世纪20年代中期，“梅宅”几乎成了外交场所。在那里，梅兰芳接待了来自意大利、美国、西班牙、瑞典等国的文艺界、政界、实业界、教育界人士多达六七千人。为传播京剧艺术，新中国成立之前，梅兰芳曾两次访问日本，赴美国、苏联两国演出，创造出一次次开创性的辉煌。新中国成立后，这位艺术大师仍孜孜不倦、身体力行地推动中外艺术的交流，与国际著名戏剧家、歌唱家、舞蹈家、作家和画家建立诚挚的友谊，留下佳话无数。

★ 1952 年，梅兰芳赴朝鲜慰问演出。

★ 1952 年 11 月 12 日，梅兰芳任院长的中国戏曲研究院戏曲实验学校与苏联文化代表团及艺术工作团合影。

率中国京剧代表团访问日本

梅兰芳访问的第一个国家是日本。1919 年年初，日本文学家龙居濑三极力说服梅兰芳去日本演出。梅兰芳于同年 4 月赴日，首次将中国京剧带出了国门。此后，梅兰芳又于 1924 年和 1956 年两次赴日本演出。如果说梅兰芳前两次去日本属于民间交流的话，那么他第三次去日本就是政府层面的文化交流了。

1956 年，中日两国尚未恢复正常关系。由于近代以来侵略与反侵略的交恶，加之当时日本统治集团对新中国采取敌视政策，使广大日本人民因不了解新中国而存在隔阂与疑惑。然而中日两国一衣带水，睦邻关系又十分重要。周恩来总理为化解阻碍中日两国关系正常化的坚冰，创造性地以文化交流和贸易互惠为先导，增进两国人民的友谊和了解，逐步达到恢复邦交的目的。1956 年中国京剧代表团访日就是在这样的背景下成行的。

在周总理的亲自关怀下，中国访日京剧代表团于 1956 年 3 月组成。代表团以梅兰芳为团长，欧阳予倩为第一副团长兼总导演，马少波任副团长兼秘书长，刘佳、孙平化任副团长，欧阳山尊任副秘书长。全团共 86 人，演出剧目有《贵妃醉酒》、《霸王别姬》、《奇双会》、《白蛇传》、《三岔口》等大小剧目 25 出。

★梅兰芳戏装图。

中国京剧代表团于5月20日从北京出发，经香港于26日飞抵东京。代表团在羽田机场就受到了规模盛大的热烈欢迎。日中文化交流协会会长、前首相片山哲致欢迎词时激动地说："感谢中国人民向日本人民伸出了友谊之手！"日本著名演员和各界名流热情接待了梅兰芳一行。日本国会议员在两国无邦交的情况下，破例在议会大厦宴请了代表团。

从5月26日至7月17日近两个月的时间，代表团遍访了东京、大阪、奈良、京都、神户、冈山、广岛、福冈等地，每到一地，都会在当地掀起一股"梅兰芳热"。演出时，原本每张价格为1800日元的门票甚至被炒到1万日元一张，且仍很难买到。访演期间，代表团借机向日本学习其优秀文化艺术，特意安排演员分别进行学习，如李维坤、余元龙、赵鸣复学习能剧的《杀生石》，阎世善学习《羽衣》，徐玉川、陈丽华学习京舞的《石桥》等，收获颇丰。

由于敌对分子的仇视，演出过程并非一帆风顺。代表团抵达东京后，住进饭店时已是晚上9点。在登记、检查前厅成堆的花篮时，工作人员突然发现其中一个花篮藏有定时炸弹，爆炸的时间设定在9点30分，在爱国侨胞的帮助下，炸弹很快被拆除，有惊无险。接着，代表团还收到多份企图策反梅兰芳的伪造报纸。代表团当即安排举行中外记者招待会。梅兰芳公开申明严正立场：我梅兰芳是新中国的艺术家，此次访日演出，是为了增进中日人民友好和文化交流，只谈艺术，不谈政治，任何政治阴谋，是绝不可能得逞的！"次日，日本《朝日新闻》等对小丑们的无耻行径纷纷披露指责。

有一天，梅兰芳在舞台上表演《贵妃醉酒》时，剧场有人从三楼扔下一堆传单。此时的梅兰芳沉着冷静、处之泰然，歌未断、舞未停，很快稳住了局势，向日本人民展现了一代艺术大师临危不乱的大将风范。惊慌的观众受他感染，平静了下来，继续看戏。梅兰芳以其个人魅力以及中国传统文化征服了日本观众。

周总理为代表团演出和友好活动的成功举办深感欣慰，也为大家的安全日夜牵挂。为了保证所有团员安全回国，周总理于 7 月 15 日深夜召见了英国驻华代办，恳切委托他们准时在香港启德机场武装接应。

★在羽田机场大厅，日本朋友和爱国侨胞举行了盛大的欢迎仪式。左起：梅兰芳、欧阳予倩、马少波。

★梅兰芳在苏联拍摄《虹霓关》电影，导演为爱森斯坦。

★ 1957 年，以素瓦为首的泰国艺术团一行 51 人应我国要求来华访问演出，图为在上海酒会上梅兰芳与影后素攀（左）、歌后翩西（右）。 郭宣颖提供

与苏联艺术家惺惺相惜

梅兰芳一生4次访问苏联。1935年，梅兰芳和他的京剧在苏联掀起了一阵“梅兰芳热”。新中国成立后，他又先后于1952年、1957年、1960年访苏。一次是赴维也纳参加世界和平大会回国途中在苏联短暂停留，参观游览了莫斯科、列宁格勒，并在与苏联艺术家一起举办的联欢会上表演《思凡》和“剑舞”；一次是作为中国劳动人民代表团成员，赴苏参加庆祝十月革命40周年；最后一次是去参加庆祝中苏友好同盟互助条约签订10周年。

频繁的访苏经历使梅兰芳有机会与多位苏联艺术家交流。其中，他与著名芭蕾舞蹈家、苏联人民演员乌兰诺娃的惺惺相惜最为人称道。

1952年，乌兰诺娃随苏联艺术代表团来中国，演出芭蕾舞剧《罗密欧与朱丽叶》。梅兰芳前往观看，第一次领略了“芭蕾皇后”的风采。那年乌兰诺娃已42岁，却将一个圣洁美丽、充满诗意的纯情少女演绎得完美至极。

1958年夏天，苏联电影导演柯米萨尔热夫斯基专程到北京拜会梅兰芳，将一幅《天鹅湖》剧照交给梅兰芳。原来，这是乌兰诺娃托他送给梅兰芳的，照片下角有她的签名。梅兰芳请柯米萨尔热夫斯基回国后向乌兰诺娃转达自己的谢意，并邀请她在新中国成立10周年时再访中国。

★ 1959 年，苏联国家大剧院访华芭蕾舞团全体演职员出席观看梅兰芳表演京剧，并上台祝贺。

乌兰诺娃接受了邀请。1959 年 9 月，她率苏联大剧院芭蕾舞团抵达北京，梅兰芳亲自去机场迎接。国庆前夕，苏联舞蹈家在北京首都剧场举行了开幕演出。梅兰芳怀着浓厚兴趣坐在台下观看。第一个节目是根据肖邦的名曲《仙女们》改编的芭蕾舞剧，乌兰诺娃担任主角。第二个节目是乌兰诺娃的著名作品：根据圣·桑的名曲改编的独舞《天鹅之死》。梅兰芳欣喜地发现，她的艺术日臻成熟，丰富、精练而深刻，确实已达炉火纯青的程度。梅兰芳特意为苏联《文学报》撰文，热情称赞她的精湛技艺。

梅兰芳与柯米萨尔热夫斯基的交往也很值得一提。1958 年，这位苏联导演拜会梅兰芳是为了给一部电影拍摄部分镜头。这部名为《宝镜》的电影收集了世界各国的艺术精品，乌兰诺娃为其拍摄了《天鹅湖》片断，他请求梅兰芳拍摄《霸王别姬》中舞剑的那一场。

对于拍电影，梅兰芳并不陌生。自 1920 年开始，梅兰芳在国内，在日本、美国和苏联进行过多次水银灯下的艰苦劳作。苏联摄影队和北京电影制片厂的工作人员一起来到梅兰芳的寓所，拍摄梅兰芳的日常生活部分。拍摄内容包括，四合院内外两院的寓所建筑，内院里作为梅兰芳卧室和内客厅的 7 间北房，作为饭厅和家属们卧室的 3 间厢房，以及三面环绕的走廊。接着，梅兰芳进入镜头：梅兰芳在庭院中间的梨树下，指点他的学生杜近芳和女儿梅葆玥做趟马的身段，梅兰芳的儿子梅葆玖站在旁边，姜妙香、徐兰沅这两位与梅兰芳共事了一生的老朋友，则坐在藤椅上观看他们练功……拍摄“舞剑”时，非常顺利，每个镜头只拍了一次就完成了。

1960 年年初，《宝镜》里有关中国部分的影片被送到了北京。令梅兰芳印象最深的是，李少春的一段《闹天宫》武打和群猴腾跃翻跳的场面，十分生动活泼。而梅兰芳自己的生活片段——在客厅里会见挚友的镜头，面貌神情相当清晰，《霸王别姬》中舞剑的镜头更是色彩鲜明。

★梅兰芳旧影。

将京剧送入世界戏剧之林

眼界开阔的梅兰芳的理想不是“走红”“成名角儿”，而从做一个好演员、开拓京剧剧目、丰富京剧舞台扩展为做一个文化使者、提升中国戏曲演员的地位、让中国京剧成为世界戏剧之一种，也将世界戏剧精华注入中国京剧。

在世时，梅兰芳就获得了巨大的国际声誉：日本歌舞伎演员把他演出的《天女散花》、《思凡》、《贵妃醉酒》和《虹霓关》移植过去不断上演，他的名字在日本家喻户晓；美国南加州大学和波摩那大学为表彰他对介绍东方艺术、联络中美两国人民之间的感情、沟通世界文化所作出的贡献，授予他荣誉文学博士学位；苏联艺术大师斯坦尼斯拉夫斯基称赞他表演的京剧“是充满诗意的、样式化了的现实主义”；苏联电影艺术大师爱森斯坦称他为“最伟大的造型大师”；德国戏剧家布莱希特在题为《论中国戏曲和间离效果》的论文中，兴奋地指出他多年来追求而尚未达到的，已被梅兰芳发展到极高的艺术境界……

梅兰芳先生不仅促进了各国人民对中国文化的了解，也使我国京剧艺术跻身世界戏剧之林。1957年夏，瑞典舞蹈促进协会主席海格尔受国际舞蹈协会之托为授予梅兰芳一枚荣誉奖章而专门来到北京。按照该协会的章程，只有在艺术上有极高造诣的人方可获此殊荣。梅兰芳是第14位获得该荣誉的艺术家。周恩来总理亲临授章典礼会场，他认为国际舞蹈协会将这样一枚荣誉奖章颁给中国的一名京剧演员，实际上是高度评价了中国艺术，这也是全中国人民的荣誉。

本文由叶飞根据资料整理

★梅兰芳与电影大师卓别林合影。

杜近芳

京剧表演艺术家、全国政协委员、中国京剧院演员。文化部京剧振兴指导委员会委员。

自幼随律佩芳、陈世鼐、刘玉芳等学戏，1948年拜王瑶卿为师，后又拜梅兰芳为师。1951年加入中国戏曲研究院京剧实验工作团（后转为中国京剧院），长期与李少春、叶盛兰、袁世海等艺术家同台合作，还曾问艺于王少卿、徐兰沅、周昌泰、姜妙香等。

杜近芳的艺术风格兼融梅（兰芳）、王（瑶卿）且有自己的创造，既有婀娜娇艳之美，又具刚劲坚实之力。她的演唱音色甜美、圆润清纯，真假声结合，以声传情；吐字清晰，善于控制气息、音量和节奏；舞台形象秀丽典雅，刻画人物栩栩如生。

杜近芳除擅演诸多梅派剧目外，还有许多独有剧目，如：《柳荫记》、《白蛇传》、《谢瑶环》、《桃花扇》、《野猪林》、《蝴蝶杯》、《玉簪记》、《佘赛花》、《桃花村》、《满江红》、《白毛女》、《红色娘子军》等。获第六届世界青年联欢节金奖二枚、银奖一枚；第二届金唱片奖。

★ 1963 年，田汉观看杜近芳演出的《梁红玉》。

中国爱情故事感染海外观众

——杜近芳回忆新中国早期文化交流往事

在新中国早期对外文化交流中，杜近芳是最受外国观众欢迎的中国京剧艺术家之一，她演出的京剧《白蛇传》，深深感动了海外观众。鲜为人知的是，她还是中国出访艺术团中最会算经济账、最会挣外汇的艺术家。1964 年那次访问欧洲演出，杜近芳大胆地向团领导建议，向邀请他们商业演出的西西里岛要双倍的演出价，并且给出合乎情理的理由，结果，对方爽快地答应了。此举为团里多挣得了一大笔钱。

2011 年 10 月，《金色记忆——新中国早期文化交流口述记录》一书，完成了设计和排版工作，就要进入印刷和出版流程了。一年多以来因病一直未能接受采访的著名京剧表演艺术家杜近芳，在经历了长久的病痛折磨、病体初愈之后，也终于可以在自己的家中接受采访了。记者于 10 月 20 日和 21 日连续两天到杜近芳老师在北京的家中，聆听她认真地讲述其所亲历的新中国早期文化交流的生动往事。杜近芳也因此成为收录进《金色记忆》一书的最后一位口述回忆人。

★ 1957 年在莫斯科演出《拾玉镯》获金奖。

★拜师照——杜近芳与梅兰芳合影。

★ 1956 年杜近芳演出《秋江》剧照。

从旧社会戏子到代表新中国走出去

梅兰芳的学生、扑朔迷离的身世、在京剧界艺术成就曾经达到巅峰的女旦、在老一代领导人面前敢讲真话的文化名人、颇有经济头脑的京剧艺术家……年近八旬的京剧名旦杜近芳，属于那种性格特别鲜明、表里特别如一、处世特别率真、讲话特别耿直、格外追求真善美的艺术家。在新中国早期对外文化交流中，她曾经是最受外国观众欢迎的中国京剧艺术家之一，也是鲜为人知的中国艺术团中最会和外国人算经济账、最会挣钱的艺术家。

这次采访被耽搁了一年半时间，杜近芳对自己因身体不佳一再推迟接受记者的采访怀着很深的歉意，对采访所做的准备工作也格外认真。

大红的毛衣，大红的坎肩，粉红色的围巾，白皙的皮肤，光洁的面容，大病初愈的杜近芳在记者面前依旧是声音明亮和快人快语，散发着一种感人的欢乐和活力。"回忆新中国早期京剧对外交流不能没有我呀！"她一边翻着我们的样书，一边充满自豪感地说。这位被周恩来总理和陈毅元帅称为"小鬼"的京剧名旦，曾经一举夺得 1957 年世界青年与学生和平友谊联欢节两枚金牌和一枚银牌。如若没有了她的回忆，我们的《金色记忆》一书可真是会有不小的遗憾呢。

我们连续采访了两天，听杜近芳老师兴致勃勃地回忆着往事，意犹未尽。她坐在北京家里简朴的客厅中，手里拿着一个写满了提纲的大单线本子，一边回忆，一边快乐地笑，一边在本上写，一边细细地讲述。新中国成立初期的文化交流往事，在她的口中显得那么栩栩如生，那么吸引人和富有感染力。

属相为猴的杜近芳，出生于梨园世家，其父陈喜光是唱铜锤花脸的艺人，使她从小就对戏曲耳濡目染，兴趣盎然。她自幼寡言少语，思维却很敏捷，在私塾里念书很不专心，一心向往着学戏唱戏。杜近芳幼年随京剧名家律佩芳学习青衣，6岁即登台演唱，1945年拜“通天教主”王瑶卿为师，并向王瑶卿子侄、梅兰芳的音乐圣手王少卿学习梅派戏，1950年拜梅兰芳为师，1951年加入中国戏曲研究院京剧实验工作团（中国京剧院前身），长期与叶盛兰、李少春、袁世海等艺术家同台演出。

杜近芳坦承当初学唱戏的目的是为了养家糊口，唱红后能够嫁个有钱人。她说，自己从旧社会过来，知道唱戏太难了，无论戏唱得有多红，自己的地位都是寄人篱下。新中国的成立使她不再是一个戏班里的乞丐，拥有了全新的社会地位。过去京剧名家给有钱人唱堂会，虽然得到的是金条，但是地位却不过是一个戏子，而解放后艺人们为劳苦大众唱戏，人生从此有了完全不同的意义。杜近芳说，新中国成立之后，她为国家和人民唱戏，浑身有使不完的力气。新中国对于中国文化建设所做的一件伟大的工作，是把散落在社会上的艺人和戏班组织起来，整合全国的艺术力量，成立了各类国家文艺院团，极大地焕发出了文艺工作者们的创作激情和活力，使他们的演艺生活有了大的情怀和境界，也使文艺工作者有了心灵的归属感，能够安心从事文艺创作和演出活动，经济生活和社会地位也有了基本的保证。而国家组织艺术家们出国交流和学习，则为国家文艺院团的成立和发展打下了坚实基础。

★杜近芳与田汉在一起。

从参加抗美援朝的慰问演出，到 1955 年、1956 年、1957 年、1960 年、1964 年出国演出，杜近芳亲历了新中国早期对外文化交流的诸多精彩的时刻。1955 年，她随中国艺术团访问了法国、英国、意大利、瑞士、荷兰、捷克斯洛伐克、南斯拉夫、匈牙利等欧洲八国；1956 年又赴智利、乌拉圭、巴西、阿根廷等南美洲国家演出；1957 年参加在莫斯科举行的第六届世界青年与学生和平友谊联欢节，以《拾玉镯》、《嫦娥奔月》两剧和清唱《金水桥》获得两枚金质奖章和一枚银质奖章；1960 年参加了第九届美洲国际戏剧节，到加拿大和委内瑞拉、古巴等国演出；1964 年为了庆祝中法建交，应戴高乐总统的邀请，再访法国和比利时等。作为历次出国演出艺术团的主演，杜近芳为向世界各国人民传播与弘扬京剧艺术做出了重要贡献。这个从旧社会走来、深受海外观众喜爱的京剧艺术家，在海外用自己出色的艺术表现，为新中国艺术家赢得了掌声和荣誉。

京剧《白蛇传》曾有海外版

提起新中国早期文化交流的往事，杜近芳最难忘的人是周恩来总理。她第一次见到周总理是1951年在北京中南海怀仁堂，周总理让19岁的杜近芳好好读书，虚心向老前辈艺术家学习；第二次见到周总理是1952年在北京老长安戏院，杜近芳一个人连唱了三个小时的《金·断·雷》，观众叫好连连，当又饿又渴又累的她回到后台，从兜里掏出一个烧饼，四处转悠着找水，想就着一口水把坚硬的烧饼吃下去的时候，突然看见一大群人涌入后台，心里一阵紧张的她以为自己唱砸了锅，观众来提意见了——这在旧社会可是习以为常的事情呀，但定睛一看，是周恩来总理来了！看见周总理向自己走来，她的心情变得忐忑而激动。

周总理问杜近芳："你的戏唱得满有力气呀！这个戏跟谁学的？为什么不唱《金钵记》？"杜近芳回答说："那是小科班才演的应节小戏，我可不演那种戏，我要唱大戏。"周总理笑着说："那你就跟田汉老说说，给你写个大戏唱嘛。"杜近芳说："我觉得大戏不应该叫《金钵记》，费那么大的力气唱法海，真没劲。"周总理想了片刻，说，"那就让田汉老写一个新的《白蛇传》吧。"杜近芳高兴极了，说能够好好唱唱白蛇仙子真是太好了！

1952年，杜近芳和一批文艺工作者作为第二批祖国慰问团奔赴朝鲜慰问中国人民志愿军，在朝鲜为志愿军和朝鲜观众演出了一个多月，经历了炮火硝烟的洗礼。她说，那时候，去朝鲜慰问演出可不是单纯去演出，而是去战斗，也需要随时准备付出鲜血和生命的代价。她清楚地记得，1951年4月，我国组织第一批中国人民赴朝慰问团，天津著名相声演员常宝堃（艺名"小蘑菇"，相声演员常宝华的亲哥哥，常贵田的父亲）和慰问团第二分团副团长廖亨禄及

★《白蛇传》剧组与时任文化部副部长钱俊瑞合影。

团员程树棠三人不幸在美军飞机的轰炸下壮烈牺牲。“小蘑菇”等艺术家的牺牲，给杜近芳带来很大的震动，使她抱着随时准备流血牺牲的勇敢信念前往朝鲜。在当时国际反华势力猖獗的困难形势下，她懂得了文艺工作者肩负的使命和崇高责任。以后每次出国交流，她都抱着视死如归的信念，当作是为了新中国的发展而投入的一次光荣战斗。

当她从战火硝烟的朝鲜战场像个土猴似地返回北京时，周总理在中南海紫光阁接见了赴朝慰问演出团团员。周总理对她说：“杜近芳，你的《白蛇传》田汉老已经写好了。”杜近芳第一时间就奔到田汉家，向田汉求要《白蛇传》的剧本。田汉说让杜近芳等等，待他把稿子誊清了就给她。杜近芳却完全等不及，连忙说：“不用誊！不用誊！我看得清楚！”拿了剧本就走。在王瑶卿和梅兰芳先生的亲自设计下，一周之后，杜近芳把唱腔全部都配出来了，1953年第一次在大众剧场演出就一炮走红。

★《白蛇传》剧照。

1955年，杜近芳随中国艺术团参加巴黎第二届国际戏剧节，访问了法国、英国等欧洲八国，在法国和英国演出了田汉新创作《白蛇传》中的“断桥”一折戏，引发了两国观众的强烈反响和轰动。一折优美凄婉的《断桥》，让欧洲观众如醉如痴。那时候，西方的反共宣传很厉害，认为“共产党没有人性”，是洪水猛兽。《白蛇传》的演出改变了很多外国观众的看法，戏中优美的中国爱情故事，深深感染了外国观众。她记忆犹新的是，法国观众在包厢里又跳脚又拍手，一边砸包厢的墙壁，一边大声地高喊“encore(再来一个)”！观众不让杜近芳下台，全场人声鼎沸，让她有点不知所措。起初杜近芳还以为法国观众是因为不满意而起哄呢，眼泪都差点流下来，团领导对她说“你唱得太成功了”她还将信将疑，觉得“encore”是骂人的意思。别人告诉她“encore”是要她再唱一个的意思，她还是不太相信，一直在心里琢磨着怎么验证一下。直到一天吃午饭的时候，她指着喝完的汤盘对法国服务员说“encore”，服务员果然又给她端来一盘汤，她才确信自己的演唱受到了法国观众的欢迎。

当时法国艺术评论家发表文章说：“对于中国艺术不是如何评价的问题，而是我们的形容词贫乏的问题。他们每个节目都是一首诗。但是，我们不得不遗憾地说，《白蛇传》为什么不是全剧呢？难道怀疑我们法国观众的欣赏能力吗？”

杜近芳说，田汉写的新《白蛇传》与过去不同的意义，在于过去的戏不反封建，许仙成为法海的帮凶，女人受到欺压任人处置；而新《白蛇传》中女人敢于婚姻自主，百折不挠。新戏不但给白蛇翻案，也给许仙翻案，比单一看京剧表演的技术，更具有了一种崭新的思想内涵。

后来，应部分外国观众的呼吁，为了出国演出的需要和适合外国人的欣赏习惯，周总理又请田汉写了《白蛇传》的海外版，海外版与国内版的重要区别是把婚后两人的甜甜蜜蜜改到婚前表演，把一些外国人不一定能够理解的苦戏删掉了，并按照外国人能够看得懂的思路调整了戏中的部分细节，比如添了白娘子在彩云上行走，又比如把许仙听了法海的话，给白娘子喝酒，改为老百姓为了感谢白娘子向她敬酒，白娘子不听许仙的劝喝了酒出了事等等。优美的中国爱情故事让懂得浪漫的法国观众羡慕不已，有的观众对杜近芳说，中国男女之间的爱情那么美好和充满精神境界，《白蛇传》的爱情故事那么细腻感人，而我们欧洲的很多人，只是出于生理需要，还不了解对方呢就“亲密无间”了，缺少中国爱情的韵味和深度。

当时还演出了京剧《三岔口》和《闹天宫》，都是新编的戏，受到欧洲观众的热烈欢迎。到英国演出的盛况更是让新中国的文艺工作者扬眉吐气——英国皇宫剧院外半扇墙张贴着杜近芳京剧《断桥》的巨幅剧照，大英帝国的观众排长队在剧院门口等中国京剧演出的退票。杜近芳说，她那时候更加理解了周总理所说的话：京剧是土壤里面埋着的珍珠，要放到大海里洗净才能发光，对京剧艺术的价值有了更深刻的认识。

1960 年，《白蛇传》海外版在加拿大演出时，受到了观众疯狂的欢迎，游行要求加演。在服装和道具都上了飞机，当晚 8 点就要坐飞机离开的情况下，团里决定临时加演一场，道具和布景都是瞎凑合的，观众还是久久不肯散场。好不容易观众渐渐散开了，一个鼓手一高兴，顺手敲了几下鼓，正在缓缓散去的观众以为还有返场，又兴奋地回到剧场，团长陈忠经只好一再向观众解释，请求大家离开，以免耽误了中国艺术团赶飞机。

1964 年在比利时演出《白蛇传》海外版时，比利时女王伊丽莎白前往剧院观看。当她来到剧院的时候，观众全体起立，场灯全亮。女王邀请杜近芳等艺术家到她的包厢里见面，并且称赞中国的戏曲是世界上最美的。

★杜近芳演出剧照。

★杜近芳旧影。

★ 1964 年 2 月，杜近芳、云雁铭、徐杰等在法国访演。
梁沈修供图

陈毅让杜近芳管财务

除了京剧唱得好，杜近芳的经济头脑也好。从第一次出国，她就不停地算经济账，算外汇兑换的差价。1956 年这次出国，陈毅副总理听大家反映杜近芳很会管钱，就让杜近芳管艺术团的账。陈毅还劝艺术家们看点政治经济学方面的书籍。他说，一支口红的价钱够老百姓吃一年的，要知道什么钱该花，什么钱不该花。杜近芳认真地客串这次出访艺术团的财务，精打细算，为团里省了也挣了不少钱。她说，咱们的中直院团应该学会算经济账，好的演出就要争取好的价格，但是必须要有巧妙的方式方法。

1964 年杜近芳随中国艺术团到苏联演出时，对方把接待标准分成一、二、三等，让我们选择伙食的标准。选一等太贵，选三等怕人家瞧不起，怎么办呢？杜近芳想出了一个办法。她和苏联人谈判说：“我不和你谈几等伙食标准，我只是想告诉你们，我们必须保证艺术家的热量，早餐 2 个鸡蛋，牛奶、水果、面包必须有；中午牛排、沙拉，汤必须有，你的物价涨我就随着涨，你的物价降我就随着降。”这样，既节省了钱，又维护了尊严和保证了艺术家的营养。

还有一次，她听说意大利西西里岛方面邀请他们去顺访演出，便悄悄地向团长建议说，去西西里岛的演出费要比平常翻一番，因为那里的社会治安不好，我们去那里需要冒一定的风险。她代表团里去跟对方谈判，把该岛治安不好大家心里害怕的情况坦率地告诉给对方，结果对方通情达理地答应了演出费翻倍的条件。

杜近芳说：我这人喜欢琢磨事，什么都有兴趣，属于万金油。我其实不懂什么经济，但是不会没关系，只要我们用心，到国外商演就不会吃经济亏。她说，当时一次出访要走好几个国家，有不少是顺道的商演。由于中国艺术团的演出质量非常高，受到很多演出商的追捧，给国家挣了大量的外汇。比如去加拿大演出时，连剧院走道的票都卖了30美元一张，楼梯上坐满了观众。杜近芳说，兑换外币也是一个挣钱的渠道，如何兑换外币是很有讲究的，兑换得当能赚不少差价。

不仅担任“财务大臣”，杜近芳还曾经在出国艺术团里负责礼宾工作。艺术家们穿什么样的服装，何时更换礼服，用餐的规范，都有着严格的要求。她说，周总理曾经对他们说过，外事无小事。只要涉及到外事工作，芝麻粒大的事情都是大西瓜。出国访演的每个艺术工作者都代表着新中国的形象，一言一行必须高度自律，都有着严格要求。在那些年代里，新中国的艺术家们牢记周总理的教导，本着既不妄自菲薄也不闭关锁国的对外文化交流基本原则，一次又一次地用自己的艺术和言行，向海外观众展示了新中国人民崭新的精神风貌和欣欣向荣的国家形象。

本文采访时间：2011年 | 采访人：张小兰

★“文革”前夕杜近芳的生活照。

附录

珍藏图片

1949~1966

★ 1955 年印度文化代表团访华，团长是印外交部副部长钱德。 朱普慧供图

★ 1961 年中国艺术团随陈毅副总理访问印尼，双方签订中印尼友好条约和文化合作协定。
白毓华供图

★ 1966 年，田汉、梅兰芳与日本前进座剧团交流。 叶瑞福供图

★苏联著名小提琴家奥伊斯特拉赫（人民演员、列宁勋章获得者、斯大林奖金获得者）1957 年访华。图为中国音协主席吕骥向奥伊斯特拉赫祝酒。

★ 1959 年，文化部副部长夏衍、对外文委副主任张致祥前往机场迎接乌兰诺娃等苏联芭蕾舞团人员。
叶瑞福供图

★ 1960 年对外文协、剧协举行宴会，夏衍副会长向日本话剧团副团长千田是也敬酒。 叶瑞福供图

★ 1960 年，曹禺和夫人向日本话剧团朋友敬酒。 叶瑞福供图

★ 1963 年 12 月 27 日，阳翰笙与中岛签署中日两国民间文化交流共同声明。
叶渭渠、唐月梅供图

★ 1965 年，楚图南与中岛健藏签署中日民间文化交流协议。　叶渭渠、唐月梅供图

★ 1951 年，参加第三届世青节。

中國民主青年代表團

★ 1949 年，中国民主青年文工团到达布达佩斯。梁沈修供图

★ 1951 年，参加第三届世青节，图为在后台排练。罗昌遐供图

★ 1951 年，参加第三届世青节，当地群众献花。 罗昌遐供图

★ 1952 年，匈牙利国家人民文工团“五一”劳动节在天安门前表演。

★ 1955 年，中国古典歌舞剧团赴北欧访问演出。

★ 1955 年，中国古典歌舞剧团赴北欧访问演出。

★ 1956 年，罗马尼亚“云雀”民间音乐舞蹈团访华。

★ 1956 年 6 月，沈雁冰会见罗马尼亚“云雀”民间音乐舞蹈团团长。
丁永宁供图

叶瑞福供图

★苏联大马戏团首次访华演出开幕式。
（1956 年 10 月 29 日 ~1957 年 3 月 14 日）　　叶瑞福供图

★ 1956 年，苏联大马戏团下厂为工人演出。 梁沈修供图

★ 1957 年，泰国艺术团老教师为中国演员张均穿泰国舞蹈服。

★ 1957 年，以素瓦为首的泰国艺术团一行 51 人应我国要求来华访问演出，演出大合唱《中泰一家亲》。 郭宣颖供图

★ 1957 年，泰国影后素攀与翩西在广州表演双人舞《洛神舞》。 郭宣颖供图

★ 1957 年 9 月，参加亚非电影周的代表在广州中山堂前与华南歌舞团演员合影。郭宣颖供图

★ 1957 年，印度卡玛拉姐妹访华演出。 叶瑞福供图

★ 1959 年，法国巴黎杂技团在北京体育馆演出。

★ 1959 年 10 月，乌兰诺娃在北京人民大会堂演出《吉赛尔》，时年 50 岁。

★ 1959 年乌兰诺娃在颐和园。
梁沈修供图

★ 1959 年，苏联大剧院芭蕾舞团著名演员乌兰诺娃给中国艺术家们签名留念。
叶瑞福供图

★ 1960 年，波兰玛佐夫舍歌舞团访华演出。 梁沈修供图

★ 1960 年缅甸艺术团访华演出。叶瑞福供图

★ 1961 年，苏联著名指挥家阿诺索夫与中央乐团合作演出。

叶瑞福供图

★ 1961 年苏联演员在故宫。 梁沈修供图

★ 1962 年中国京剧四团访问日本。

★ 1962 年中国京剧四团访问日本演出剧照。

★ 1962 年中国京剧四团访问日本演出剧照。

★ 1964 年，日本松山芭团访华演出《祇园祭》。 叶瑞福供图

★ 1964 年，松山树子来华演出舞剧《白毛女》。白毛女——松山树子，大春——石田种生。

梁沈修供图

★ 1964 年，日本松山芭团在北京天安门留影。　叶瑞福供图

★ 1965 年，柬埔寨皇家芭团访华演出中国舞蹈。 叶瑞福供图

★中国青年文工团团员在国外。

★祝你们演出成功！（1966 年罗马尼亚人民军歌舞团访华）

叶瑞福供图

后记

历经两年多的精心策划和辛勤工作，由中华人民共和国文化部党组书记、部长蔡武题写封面，党组副书记、副部长赵少华担任主编并作序，由作家出版社出版的《金色记忆——新中国早期文化交流口述记录》一书，终于在2012年出版发行了！全书抢救性地记录了新中国早期对外文化交流的生动往事，参与该书口述回忆的老艺术家们饱含着青春的激情，满怀着对祖国文化艺术工作的挚爱与深情，为我们讲述了新中国成立初期对外文化交流工作的辉煌起步和卓越成果。

这部书的顺利出版，不仅得益于老一代对外文化工作者的积极倡议和热情参与，也凝聚着文化部领导、文化部外联局、中国文化报社的高度重视和辛勤努力，时任外联局局长董俊新、现任局长侯湘华，中国文化报社社长孔繁灼、总编辑刘承萱对本书的编辑、出版工作给予了很大的支持，文化部外联局副局长于芃，以及蓝素红、时坚东、李立言、王杨、杨建兴等同志为本书的出版做出了重要的贡献。本书由中国文化报社国际文化部负责具体的编辑和出版工作，国际文化部主任张小兰以及编辑叶飞、陈璐为本书的编辑、出版工作付出了辛勤的汗水。

特别要衷心感谢周巍峙同志对本书的大力支持和帮助，周老对这次采访活动和全书的编辑工作，始终给予了可贵的支持和关心。

感谢参与采访回忆活动的老同志提供大量珍贵的历史图片。由于“文革”的浩劫，有的老同志无法提供更加丰富的老照片，成为本书深深的遗憾。

愿这部书能够帮助后来人，铭记那段难忘的岁月和辉煌的历史，愿更多的读者从这部书中有所获益。

编者

2012 年 1 月

采访感悟

如果没有了记忆，也就没有了历史，而记忆若失去了传承，也不会形成历史。参与文化部外联局“岁月如歌——新中国文化交流早期记忆”项目采访工作的最深体会，是再次充分领略了老一代艺术工作者身上的那种大写的精神。在这个市场经济时代，不少年轻人重物质、轻精神，是必须引起我们高度重视的关乎国家前途和命运的问题。引导年轻人与老一代的精神对接，让可贵的优良传统影响年轻人精神品格的形成，是这个采访系列最有价值的贡献之一。当然，抢救和整理即将随老一代艺术工作者的鲜活记忆而去的新中国早期文化交流历史，也是这项漫长的采访工作在未来无法重获的珍贵价值。

——张小兰

（中国文化报社高级记者，北京大学法学硕士，60 后）

能参与这次抢救性的系列采访，对于 80 后的我是一种幸运。它令一个生活在信息快餐时代的新闻工作者获得沉淀、充实的喜悦，令一个深受解构主义影响的大脑重新审视自我并学会真心尊重文化前辈——在直接面对这些知名老艺术家之前，他们是父辈的偶像，是代表国家艺术水准的“老明星”，形象不可谓不鲜明，但其实我们对他们不甚了解。当他们面对面向我们讲述历史，当得知一些老艺术家在接受采访前忽然病倒甚至去世的消息，紧迫感和使命感的袭来，令一些微妙的变化在我们身上发生，这无疑是良性的。

——叶 飞

（中国文化报社记者，北京外国语大学文学硕士 ,80 后）

随着采访的逐渐深入，仿佛有一扇门正在我们面前缓缓打开，走进去，竟是这样一片沉淀着无数美好回忆的广阔天地！在老艺术家、老干部们深情的讲述中，岁月重温梦想与光荣，历史变得温暖而鲜活：旧艺人在新中国焕发青春，迸发出的感恩和忠诚，让我们热泪盈眶；文化交流带来的认可和友情，使我们欢欣鼓舞；没有硝烟的战场上的艰苦卓绝的斗争，令我们惊心动魄；老同志在今昔对比中产生的感悟，又给我们反省和思考……我常怪自己没有一支能还原亮丽时光的生花妙笔，可无论如何，真心感谢人生中能有这样一个珍贵的机会，可以为历史拂去尘埃，让心灵得以净化，并有这样一些文字存留。

——陈 璐

（中国文化报社记者，山东大学历史学硕士 ,80 后）

口述者语录

新中国成立早期的文化交流工作目的是非常明确的，是有明确的方针和宗旨的。第一是进行爱国主义的宣传，每个艺术团成员都是新中国的形象代表，担负着让世界了解新中国的光荣使命；第二是向世界展现优秀的中国艺术；第三是出国学习，为新中国的文化建设培养人才。那时在解放区呆久了的人们，学习新东西的愿望十分强烈，在国外往往是晚上演出，白天学习参观，不知疲倦地在汲取外国一切有价值的艺术养分，也为新中国各门类艺术的发展培养了人才和准备了干部。

——中国文联名誉主席周巍峙

1952 年，周恩来总理把电影《白毛女》拷贝送给了来中国访问的日本国会议员帆足计。日本松山芭蕾舞团创始人清水正夫是这部电影在日本最初的观众之一，在东京江东区的一家小礼堂看完这部电影后，他把夫人松山树子也带进了放映场。同样深受感动的松山树子改编并亲自担纲主演，把这个中国故事搬上日本的芭蕾舞台。1955 年，松山树子应邀访问中国时，周总理对她说，田华是电影“喜儿”，王昆是歌剧“喜儿”，松山树子是芭蕾舞“喜儿”，你们是中日友谊的象征。

——著名表演艺术家田华

1950 年，在布拉格车站，欢迎的群众因为迎接第一个来自新中国的代表团而无比高兴，把每一个团员抬起来游行。大会期间，各国的代表们不断地找中国的学生代表谈话、签字、交换徽章，他们想知道中国如何从苦难里斗争过来，想知道新中国的一切情况。在盛大的招待会上，捷克青年联盟的合唱团还专门用中文演唱了一首《东方红》，大家都情不自禁跟着哼唱起来。当各种洋腔洋调汇成同一种旋律、汇成同一种语言之时，在场的每一个中国人都不自觉地把背挺得更直、把头抬得更高！

——中国音乐家协会名誉主席吴祖强

东方歌舞团去大连演出从古巴学来的恰恰舞，一些大连观众认为恰恰舞不停地扭屁股很不健康，是黄色舞蹈。陈毅知道了以后哈哈大笑说：“我就不信偌大的中国扭两下屁股就扭垮了！”还有人说东方歌舞团的歌唱演员拿话筒的姿势像咖啡馆里卖唱的，任仲夷同志听后坚定地说：“工具握在谁的手里就为谁所用，拿在无产阶级的手里就为无产阶级所用。”有了领导同志的鼓励，东方歌舞团才得以放开胆子去学习外国的艺术。

——著名歌唱艺术家王昆

1949~1966